Verlag Via Nova

KLAUS MANFRED JANKO

Das Geheimnis deiner Seele

Entdecke dein wahres Sein

Verlag Via Nova

1. Auflage 2010
Verlag Via Nova, Alte Landstr. 12, 36100 Petersberg
Telefon: (06 61) 6 29 73
Fax: (06 61) 96 79 560
E-Mail: info@verlag-vianova.de
Internet: www.verlag-vianova.de / www.transpersonale.de
Umschlaggestaltung: Guter Punkt, München
Satz: Sebastian Carl
Druck und Verarbeitung: Fuldaer Verlagsanstalt, 36037 Fulda

© Alle Rechte vorbehalten

ISBN 978-3-86616-180-1

*Für alle Seelen, die in
Freiheit tanzen wollen.*

Inhalt

Vorwort 9

1	Seelenwärme	13
2	Seelenbewusstsein	15
3	Seelenwahrheit	20
4	Seelenpläne	22
5	Seelenkräfte	25
6	Seelenfrieden	32
7	Seelengewissen	35
8	Seelenschicksal	38
9	Seelenreichtum	42
10	Seelenschwingung	47
11	Seelenglück	51
12	Seelenliebe	55
13	Seelenfreiheit	59
14	Seelensprache	65
15	Seelendialog	69
16	Seelenkarma	73
17	Seelenbegegnungen	76
18	Seelenträume	82
19	Seelenharmonie	85
20	Seeleninkarnation	90
21	Seelenwachstum	92
22	Seelenschatten	99
23	Seelengelassenheit	106
24	Seelenfreude	112
25	Seelenweg	116
26	Seelenwünsche	119
27	Seelenbeziehungen	127

28 Seelenabenteuer 132
29 Seelenzeit 137
30 Seelentanz 140
31 Seelenerfahrungen 144
32 Seelenfühlen 148
33 Seelenemotionen 156
34 Seelenmasken 160
35 Seelenheilung 165
36 Seelenpotenzial 174
37 Seelenerleuchtung 179

Nachwort 187
Angebot 188

Vorwort

Liebe Leserin, lieber Leser,

Sie haben dieses Buch in die Hand genommen, da es Sie angezogen hat. Nichts auf dieser Welt geschieht zufällig. Alles hat seinen tieferen Sinn. Der Sinn, warum Sie dieses Buch in Händen halten, scheint zu sein, dass in ihm etwas steckt, was für Sie bestimmt ist. Vielleicht möchten Sie es zunächst Seite für Seite von vorne bis hinten in Ruhe durchlesen. Vielleicht ist es auch gut für Sie, hin und wieder einfach eine Seite aufzuschlagen, um dort zu finden, was gerade jetzt für Sie eine Bedeutung hat. Vielleicht hat Sie dieses Buch auch deshalb angezogen, weil Sie es einem anderen Menschen schenken möchten.

Der Mensch ist ein Wesen, das aus Körper, Seele und Geist besteht. Diese Wahrheit ist so alt wie die Menschheit selbst und so jung wie der heutige Tag. Weisheitslehrer aller Zeiten stimmen darin überein. Jeder wahrhaft bewusste Mensch lebt in der Erkenntnis dieser Wahrheit. Diese Wahrheit steckt in jedem von uns, auch in demjenigen, der sich dessen noch nicht bewusst ist. Dieses Bewusstsein können wir nur in unserem tiefen Inneren finden. Um das Tor dorthin zu passieren, müssen wir unseren Verstand hinter uns lassen. Ein einziger Schritt ermöglicht uns den Eintritt in das, was uns selbst ausmacht. In das, was wir selbst wirklich sind. In das eigentliche Selbst unseres Daseins. In den Kern unseres Wesens. In unsere zeitlose und formlose Existenz. In unser unsterbliches Zentrum, das für die Zeit unseres irdischen Daseins in unserm Körper wohnt und wir als Seele bezeichnen.

Es wäre daher eigentlich naheliegend, dass wir uns alle auf die Suche begeben und die Reise nach innen antreten, um uns selbst zu erkennen, zu verstehen und letztlich dort unser Glück zu finden. Doch die meisten Menschen der vergangenen Zeiten waren noch nicht bereit, diesen Weg nach innen zu gehen.

Sie haben stattdessen genau die umgekehrte Richtung gewählt. Sie haben das Glück im Außen gesucht, in der Hoffnung, dann auch im Inneren glücklich zu sein. Dies führte zu dem irrigen Glauben, dass materieller Reichtum im Außen automatisch zu mehr innerem Reichtum führen würde, obwohl es genau umgekehrt ist. Und so hat sich all unsere Entwicklung und Forschung auf dieses eine Ziel im Außen konzentriert. Um diesen „Fortschritt" im Außen noch zu steigern, haben uns die von uns selbst beauftragten Wissenschaften in eine zunehmend technisierte und automatisierte Welt geführt. Eine Welt, in der der Mensch zum Erschaffer von Maschinen wurde, die ihm sein Leben erleichtern, verbessern und schließlich verschönern sollten. Die Herstellung von Gütern aller Art mittels Maschinen hat den Materialismus – die Materie – in den Mittelpunkt unseres Lebens gestellt. Dieses von uns selbst erschaffene Weltbild hat sich auch auf unsere Sichtweise über uns selbst übertragen. So haben wir unseren Körper, also den materiellen Teil von uns, über alles gestellt. Unser männlich dominierendes, logisches Verstandesdenken hat diese Kultur erschaffen und ausgebaut. Unser Geist hat sich vorrangig auf die Themen im Außen konzentriert. Unseren inneren, seelischen Bereich haben wir dabei mehr und mehr vernachlässigt, ignoriert, unterdrückt oder seine Existenz sogar geleugnet. Auch dann, wenn wir uns unserer Seele nicht bewusst sind, ist sie dennoch vorhanden. Alles, was unterdrückt wird, leidet und strebt nach Freiheit. Und so erleben wir heute, wenn wir aufmerksam hinschauen, wie sich die Seelenkräfte überall ihren Weg in die Freiheit bahnen. Der heutige Mensch erkennt mehr und mehr, dass er eben doch mehr ist als die Summe seiner Körperteile. Dass er nicht wie eine gefühllose Maschine gebaut ist, die zu funktionieren hat, zwischendurch gewartet, repariert und irgendwann verschrottet wird, wenn man sie nicht mehr gebrauchen kann. Nein, in dieser Rolle fühlt er sich nicht wohl – dies entspricht nicht der wahren Natur des Menschen. Er fühlt, dass sein Seelenleben vernachlässigt wurde, und sehnt sich nach Liebe und Geborgenheit. Er wünscht sich die Freude und Harmonie, das Gefühl von Glücklichsein zurück. Und er fühlt, dass all die Antworten, die er dort draußen so lange gesucht hat, letztlich in seinem Inneren zu finden sind.

Wir haben unseren Körper studiert, ihn durchleuchtet, seziert und in alle Einzelteile zerlegt, bis in die kleinsten Teilchen hineingeschaut – ihn von allen

Seiten betrachtet, ergründet und versucht zu verstehen. Und dennoch bleibt er ein Wunder, das wir niemals mit unserem Verstand in allen Bereichen erfassen können.

Aber was wissen wir von unserer Seele? Haben wir uns jemals die Mühe gemacht, sie zu verstehen? Hingespürt, was sie uns über unsere Gefühle, unsere innere Stimme zu sagen hat? Entdeckt, welche Fülle von Eigenschaften sie in sich trägt? Sind wir uns unserer Seele bewusst und ist uns klar, dass sie der Kern unserer Existenz ist? Wissen wir, dass wir die Seele selbst sind? Welche Wahrheiten hält unsere Seele, unser inneres Ich, für uns bereit?

Nach Antworten auf diese Fragen habe ich nun schon so viele Jahre gesucht und bin dabei wie in einem Puzzle immer wieder Stück für Stück vorangekommen. Puzzleteile der Weisheit habe ich allerorts gefunden: In den Wurzeln der Religion, mit der ich aufgewachsen bin. Durch die Begegnungen mit sehr vielen Menschen, die ich dank meines bisherigen Berufes erfahren durfte. Viele Jahre des Lernens und Praktizierens verschiedener Meditationsweisen. Das intensive und bewusste Erleben der Natur. Austausch und Weiterbildung bei etlichen Weisheitslehrern unserer Zeit. Lesen und Verinnerlichen der Meisterwerke spiritueller Lehrer. Überall können wir die eine Wahrheit in allem erkennen, wenn wir uns ihr öffnen. Wer sucht, der findet. Doch, obwohl wir die Wahrheit in allem erkennen können, sehen wir dort draußen nur das Abbild dessen, was wir in unserem Inneren tragen. So geht der direkte Weg zu dieser einen Wahrheit allen Seins nach innen. Dort, in den Tiefen unserer Seele, sind wir zu Hause. Dort finden wir das Geheimnis unserer Seele. Dort ist das goldene Tor zur Quelle allen Seins. Das Licht, das wir dort finden, erleuchtet schließlich nicht nur uns selbst, sondern alles, was existiert, und wir erkennen, dass jenseits der Dualität alles EINS ist.

Um ganz EINS zu sein, sich näherzukommen und diese intime Ebene der Seele zu betreten, ist es hilfreich, vom förmlichen „SIE" zum wärmeren „DU" überzugehen, denn die Seele kennt kein „SIE". So möchte ich dich in diesem Buch auf deiner Seelenebene ganz persönlich ansprechen und hoffe, dass „DU" dich dabei wohlfühlst.

Die meisten Menschen sind es gewohnt, ein Buch mit Informationen durch den Verstand zu erfassen. Unsere Seele hat aber ihre Heimat nicht in unserem Kopf, sondern in unserem Herzen. Deshalb solltest du versuchen, deinen Verstand so weit als möglich zurückzunehmen, ihn durchlässig und offen zu lassen, damit die Worte in dein Herz gelangen können. Nur so können Worte des Herzens dich auch dort erreichen. Nur so kann ein Dialog von Seele zu Seele stattfinden. Nur so kannst du selbst die Worte deiner Seele wahrnehmen.

In den nachfolgenden Kapiteln wollen wir unsere Seele von allen Seiten betrachten, ihre einzelnen Aspekte ergründen, ihre Qualitäten und Eigenschaften erkennen und uns mit ihrer Herkunft und mit dem Sinn ihres Daseins, mit dem Sinn unseres Hierseins auf der Erde beschäftigen. Mehr und mehr zu ihrem Kern vordringen, sie in ihrer ganzen Tiefe wahrnehmen. Dabei werden sich manche Bereiche überschneiden und Teilaspekte wiederholen, da der Kern stets derselbe ist, gleichgültig, von welcher Richtung wir uns ihm nähern.

Dieses Buch will dich weder belehren noch bekehren. Ich bitte dich nur, dein Herz zu öffnen, damit du die Wahrheit in dir selbst finden kannst!

1 Seelenwärme

„Ich bin eigentlich anders, aber ich komme so selten dazu."
ÖDÖN VON HORVATH

Vielleicht kannst du dich an irgendeinen Moment in deinem Leben erinnern, in dem du eine unbeschreibliche Wärme empfunden hast, eine Wärme, die von innen kommt und die dir das Gefühl von Verbundenheit und Geborgenheit schenkt. Eine Wärme, die dich spüren lässt, dass du ein Teil des Ganzen bist. Vielleicht kennst du diese Herzenswärme, die sich anfühlt wie ein Angenommen-Sein, ein Angekommen-Sein, und in dir eine innere Zufriedenheit erzeugt. Dieses Hochgefühl der Freude, dieses Eingebettet-Sein, in Liebe-Sein ist nichts, was der Verstand begreifen könnte, denn es lässt sich nur erfühlen. Sein inneres Dasein wahrzunehmen, im HIER und JETZT, in diesem Augenblick, ist das Gefühl, seine Seele zu spüren. Diese kostbare Erfahrung musst du nirgends kaufen, denn sie ist einfach da – immer. Du musst nur deine Augen schließen und zur Ruhe kommen, nach innen schauen und hinspüren, hinhören, zuhören, da sein – in diesem Moment. Vielleicht gelingt es mir in diesem Buch, dir ein wenig zu helfen, diesen Zugang, diesen Kanal zu dir selbst, zu deinem inneren Selbst, zu öffnen. Wenn dir das gelingt, bist du frei. Dann bist du eingetreten in die wahre Dimension des Seins. Du kannst all die Dinge tun und lassen, kaufen oder nicht kaufen, aber du musst nicht mehr. Du bist so oder so glücklich. Du ruhst in dir und bist in Frieden. Du spürst die Verbundenheit mit dem gesamten Universum, hast Zugang zu seinen unendlichen Reserven und kannst auf diese Weise spielerisch alles erreichen. Was immer du dir wünschst, ziehst du in dein Leben. Sorgen ziehen an dir vorbei und finden keinen Halt mehr. Das Glück wächst in dir und beginnt sich überall auszubreiten. Du fühlst dich frei und leicht. Du bist fest verwurzelt, hier auf dieser Erde, und fühlst dich doch mit allem, dem ganzen All, verbunden. Die Zeit spielt keine Rolle mehr und sie kommt dir vor wie eine große Illusion. Du spürst die Kräfte in dir wachsen und möchtest mit deinen starken Händen die ganze Welt umarmen. In deinem Herzen spürst du die wahrhaftige Wärme des Lebens. Diese Seelenwärme entsteht durch den endlosen Energiestrom der Liebe, der sich, wie aus einem überlaufenden Gefäß, in dich hinein, durch dich hindurch und in deine Welt ergießt.

2 Seelenbewusstsein

"Das Selbst ist die eigenschaftslose reine Wirklichkeit, in deren Licht Körper und Ego aufleuchten. Wenn alle Gedanken zur Ruhe gekommen sind, bleibt das reine Bewusstsein zurück."
RAMANA MAHARSHI

Bist du dir deiner Seele bewusst? Glaubst du an die Existenz deiner Seele? Kannst du sie fühlen? Nimmst du die Kommunikation zwischen deiner Seele und deinem Verstand wahr? Kannst du deine Gedanken ordnen und unterscheiden, was aus dem reinen Verstandesdenken entsteht und was aus den Tiefen deiner Seele entspringt? Auch wenn es, äußerlich betrachtet, nicht den Anschein macht, so glaubt doch die Mehrzahl der Menschen an die Existenz einer Seele in ihrem Körper. Viele glauben an etwas Übermenschliches, an ein Seelenleben, das sich, so hoffen sie, wohl nach ihrem physischen Tode offenbaren wird und ihnen ein Weiterleben in der jenseitigen Welt, als Seele ohne Körper, ermöglichen wird. Den meisten fehlt jedoch der praktische Bezug dazu. Sie haben leider noch kein ausreichendes Bewusstsein entwickelt, um diesen Glauben auch in der Gegenwart erleben zu können.

Der Geist steht über der Materie. Er hat die Macht, Materie zu formen und zu verändern. Der Geist des schöpferischen Universums hat all das erschaffen, was existiert – also auch unseren Körper, unsere Seele und unseren Geist. Der Geist des Göttlichen durchdringt daher jede unserer Zellen. Da uns ein freier Wille zugesprochen wurde, haben wir als Menschen die Wahl, ob wir über unsere Seele in der Verbindung mit der Weisheit des göttlichen Geistes leben oder ob wir uns in der Abkehr von ihm verselbständigen und im Geiste unseres eigenen Denkens eine Egostruktur aufbauen wollen. Leider fällt es den meisten Menschen in den westlichen Ländern heutzutage schwer, diese Wahlmöglichkeit überhaupt wahrzunehmen, da sie durch das egoistische, materielle Streben ihrer Vorfahren der letzten Jahrhunderte überwiegend die zweite Variante überliefert und vermittelt bekamen.

Um wieder in eine bewusste Entscheidungsfreiheit zu gelangen, ist es wichtig, dass wir uns mehr vom sachbezogenen, trennenden und analytischen Denken frei machen, damit wir mithilfe unseres Bewusstsein wieder die unsichtbaren, seelischen Ebenen entdecken können und durch sie wieder Zugang zum höheren Geist des Lebens erlangen.

Alles ist mit allem verbunden. Das ganze Universum ist nach diesem Prinzip aufgebaut. Ebenso ist es in unserem Körper. So können wir unsere einzelnen Organe betrachten und sehen ihre Verschiedenheit, ihre Abgegrenztheit, und doch sind sie alle miteinander verbunden. Durch sichtbare Verbindungen, wie z. B. unsere Blutbahnen oder Nervenstränge, aber eben auch durch unsichtbare wie z. B. unsere Meridiane oder die Energiekanäle zwischen unseren Chakren. So kann man, z. B. an den Ohren, Verbindungen zu allen wichtigen Organen finden. Die Akupunktur bedient sich dieser Wege. Genauso sind unsere Organe mit unseren Füßen verbunden. An den Fußsohlen gibt es Reflexpunkte, die auf die Organe bezogen sind. Alles ist mit allem verbunden. Viele neu entstandene Forschungszweige, wie z. B. die Neurobiologie, die Psychoneuroimmunologie, die Psychokardiologie oder die Quantenphysik, entwickeln mehr und mehr ein Verständnis für diese ganzheitlichen Zusammenhänge.

Auch deine Seele ist mit allem verbunden. Sie ist zwar dem Herzzentrum zugeordnet, aber dennoch ist sie überall. Sie ist in jeder einzelnen Zelle in dir. Sie existiert auch mitten in deinem Gehirn – also auch in deinen Gedanken. Sie ist allgegenwärtig. Auch kannst du sie nicht anfassen oder sehen, aber sie ist dennoch ständig da. Du kannst sie fühlen und du kannst über deine Gefühle mit ihr kommunizieren. Ja, es sind deine Gefühle, die deine Wahrnehmung von ihr ausmachen. Diese Gefühle formt dein Verstand in Worte. Da dein Verstand ständig Worte produziert, auch dann, wenn du nicht sprichst, ist es für dich scheinbar schwer zu unterscheiden, welche Worte in dir aus deinem Verstand entspringen und welche aus deiner Seele. Aber wenn deine Gedanken nicht in einer gewissen Oberflächlichkeit ablaufen, wenn du versuchst, bewusst zu sein, wenn du versuchst, ruhig zu werden, in dich hineinzuhorchen, hineinzufühlen, dann wird dir diese Unterscheidung gar nicht so schwerfallen.

Fühlen kannst du nur im JETZT. Solange du in deinen Gedanken in der Vergangenheit oder in der Zukunft bist, verweilst du in der Illusion der Zeit. Die Gegenwart ist zeitlos – sie ist JETZT! Nur JETZT kannst du fühlen, nur im JETZT kannst du deiner Seele begegnen. Lass also deine Gedanken zur Ruhe kommen und fühle dich in das JETZT hinein. In den Augenblick des JETZT. Und sei aufmerksam, was geschieht. Höre die Worte, die aus deinem Inneren kommen. Die Worte, die aus deiner Seele kommen, sind weder logisch, verstandesmäßig, abgesichert, berechnend, herrschsüchtig, rechthaberisch, gewaltvoll, lautstark oder aggressiv. Die Worte deiner Seele sind niemals so! Die Botschaften deiner Seele, die dein Verstand in Worte und Sätze fasst, sind vielmehr harmonisch, friedvoll, ehrlich, weise und vollkommen liebevoll. Sie fühlen sich eher weiblich an, auch wenn du ein Mann bist. Dies ist auch der Grund, warum Männer ihrer Seele so oft kein Gehör schenken und sie ihre Gefühle so häufig unterdrücken. Sie kommen ihnen zu wenig männlich vor. Ein Mann muss schließlich ein Mann sein, er muss stark und vor allem männlich sein. Er darf seine Gefühle nicht zeigen. Vorangegangene Generationen waren von diesem Denken sehr stark geprägt. Heutzutage ist es mehr und mehr Trend, dass auch Männer Gefühle zeigen – und das ist gut so. Für den einzelnen Menschen, für den Mann, für unsere Gesellschaft und für diese ganze Welt ist es sogar dringend notwendig, dass sich auch und gerade die Männer ihrer Seele bewusst werden! Nur so kann diese Welt in Einklang und Harmonie kommen. Also, wenn du ein Mann bist, dann höre auf deine innere Stimme. Du hast sie vermutlich viel zu lange ignoriert und unterdrückt. Mache Bekanntschaft mit deiner Seele, die schon immer in dir ist und die dir so viel Gutes schenken kann.

Und wenn du eine Frau bist, dann versuche nicht den besseren Mann abzugeben, sondern leb die Qualitäten, die dir geschenkt wurden. Erlaube dir, die weiblichen Zugangskanäle zu deiner Seele zu gebrauchen, sodass du in deinem Bewusstsein wachsen kannst und dich und diese Welt reicher machst. Das Wort „Bewusstsein" hat in der westlichen Welt eine irreführende Bedeutung. Man glaubt, ein Mensch sei bewusst, wenn er ganz klar im Verstand ist. Wenn er also nicht vor sich hinträumt, sondern mit möglichst scharfem Verstand, also mit seiner linken, rationalen, männlich orientierten Gehirnhälfte, arbeitet und wie ein Computer alles ganz genau mit seinem Verstand analysiert und wahrnimmt. Dies kann man so deuten, wenn man dieses Wort „Bewusstsein" so gebrauchen will. Doch das eigentliche, das wahre Bewusstsein umfasst eine viel größere, viel höhere Dimension. Ein wahrhaft bewusster Mensch ist sich seiner selbst bewusst. Er nimmt sich zunächst selbst wahr – in seinem ganzen Da-Sein – also nicht nur seinen Körper und seinen Geist, sondern vor allem den zentralen Teil seiner Existenz, den unsichtbaren Kern – seine Seele. Erst wenn er sich dessen bewusst ist und dieses Bewusstsein praktisch verwirklicht hat, ist er im wahren Bewusstsein angekommen. Erst jetzt ist er in der Lage, auch bewusst zu handeln. Der Mensch, der in diesem BEWUSST-SEIN fest verankert ist, wird versuchen, seinen Verstand permanent im Einklang mit seinem inneren Ich, mit seiner Seele, zu halten. Aus dieser inneren Haltung heraus wird er seiner Außenwelt begegnen und diese bereichern. Nur wenige Menschen sind bisher in der Lage, diesen Zustand über einen längeren Zeitraum zu halten. Vorbilder können uns die großen spirituellen Meister der Vergangenheit und Gegenwart sein. Wir alle gehen unterschiedliche Wege und haben doch alle gemeinsam dasselbe Ziel, dort anzukommen – im bewussten Zustand des SEINS.

Dabei spielt es keine Rolle, wie weit dieses Ziel scheinbar noch von dir entfernt ist. Jeder Schritt, den du in diese Richtung gehst, ist ein Schritt nach vorne, ein riesiger Entwicklungsschritt auf deiner Reise in Zeit und Raum. Hab Mut und entdecke dich selbst! Entdecke deine Seele und erkenne, dass du eigentlich schon angekommen bist. Entdecke dich selbst. Finde die Ruhe in dir selbst. Lerne dich zu entspannen. Lerne irgendeine Entspannungstechnik, die deinen Verstand zu Ruhe kommen lässt, damit dein inneres Fühlen Raum gewinnen kann. Lerne zu meditieren. Die Meditation hilft dir, anfangs deine Gedanken zu beobachten. So wirst du zum Zeugen, der seine eigenen Gedanken wertungsfrei beobachtet. Dabei wirst du zuerst feststellen, dass sich fast alle Themen, über die dein Verstand nachdenkt, in der Vergangenheit oder in der Zukunft abspielen. Das Leben findet aber im HIER und JETZT statt. In der Gegenwart. Durch das Beobachten deiner Gedanken bist du im JETZT angekommen. Mithilfe eines Mantras oder mit dem Beobachten deines Atems führt dich die Meditation in einen Zustand ohne Gedanken. In dieser reinsten Form der Gegenwart bist du außerhalb von Zeit und jenseits der Formen angekommen und dennoch vollkommen gegenwärtig. In dieser Schwingungsebene bist du dir deiner Seele bewusst, indem du EINS mit ihr bist – reines Bewusstsein. Innere Zufriedenheit, vollkommene Harmonie, unendliche Freude und tiefer innerer Frieden können sich nun in dir entfalten und breiten vor dir einen Blumenteppich der Glückseligkeit aus. Nimm all diese Schönheit mit in deinen Alltag hinein und lasse dieses Blütenmeer in deinem Leben wahrhaft aufblühen.

3 Seelenwahrheit

„Die Seele ist der Wahrnehmer und Offenbarer der Wahrheit."
RALPH WALDO EMERSON, ESSAYS AND POEMS

Deine Seele ist, in ihrer tiefsten Tiefe, absolute Reinheit. Sie trägt die vollkommene Wahrheit in sich, die Wahrheit des Universums, die Wahrheit der Unendlichkeit, die Wahrheit Gottes, da deine Seele aus der göttlichen Quelle entstanden ist, mit ihr stets in Verbindung steht und ständig aus ihr genährt wird. Wenn du also nach der Wahrheit suchst, dann wende dich nach innen. Dort wirst du die Wahrheit mit Sicherheit finden. Die meisten Menschen suchen die Wahrheit im Außen. Sie versuchen, ein System nach logischen Prinzipien aufzubauen, wollen Werte festlegen, die die Wahrheit in sich tragen, wollen Recht und Ordnung in Gesetzen festschreiben. Dies ist dem Grunde nach nicht falsch. Aber die wahre Grundlage hierzu kann nur aus dem Inneren des Menschen kommen. Die eine Wahrheit ruht in unseren Herzen, nicht in unserem Verstand. Den Zugang finden wir über unser inneres Gefühl. Es steigt auf aus deiner Tiefe. Es ist die Sprache deines Herzens, die Ausdrucksweise deiner Seele. Höre in die Stille in dir hinein. Fühle, in welche Richtung dich deine Intuition lenkt. Es ist deine innere Stimme, die dich zu leiten vermag. Ihr kannst du vertrauen. Sie ist Wahrheit. Du lebst in einer machtvollen Zeit. Es ist die Zeit des Übergangs vom Fische- ins Wassermannzeitalter, die uns schon viele gravierende Veränderungen beschert hat. Und es stehen uns noch mehr weltbewegende Ereignisse bevor, die vielen von uns zunächst unbequem oder unangenehm erscheinen werden. Wir müssen lernen, der Wahrheit ins Auge zu schauen, erkennen, was wir durch unser Denken und unser Tun verursacht haben, und lernen, dafür die Verantwortung zu tragen. Immer mehr Menschen werden sich der Wahrheit, die sie in sich tragen, bewusst werden. Ihre Gedanken und Taten werden sich in Wahrhaftigkeit verwandeln und somit immer mehr Gutes in die Welt hineintragen. Der Wassermann ist spielerisch. Er ist überaus kreativ und ein witziger Gesell. Er ist in der Tat in der Lage, vollkommen neue Ideen zu kreieren und durchzusetzen – vorzugsweise auf unkomplizierte, unkonventionelle Art und Weise. Er ist ein bisschen wie ein Kobold. Wir leben in einer sehr, sehr lichtvollen Zeit, eine Zeit der Wahrheit, die durch das Licht zutage tritt und immer deutlicher sichtbar wird. Die Impulse kommen überall von innen und verbreiten sich nicht mehr zentralistisch, sonder peripher über die ganze Erde. Überall, rund um den Globus verteilt, bilden sich einzelne Lichtpunkte, die sich wiederum zu Lichterketten verbinden. Daraus entstehen Lichtteppiche und schließlich lichtvolle Landschaften. Diese Lichter sind leuchtende Seelen. Seelen, die erwacht sind. Wahrheit, die in den Menschen aufsteigt und sich endlich von innen nach außen kehrt, sich zeigt und offenbart. Dies siehst du, wenn du dich auf das Positive in dieser Welt ausrichtest, überall. Schau hin, öffne deine Augen und du siehst es wahrhaftig überall. Politiker mit guten, neuen Ansätzen tauchen plötzlich wie aus dem Nichts auf. Unser Wirtschaftssystem ist im Begriff, sich zu erneuern. Neue Techniken, die lange in den Schubladen herumlagen, treten nach und nach hervor und bahnen sich ihren Weg. Die Einsicht der Menschen für positive Erneuerung nimmt stetig zu. Schau dir nicht die schlechten Nachrichten an und lass dir nicht weismachen, diese würden gar die Wahrheit widerspiegeln. Richte deine Aufmerksamkeit nach innen. Spüre selbst, was in dir steckt und von dort hochkommen will, heraus will, endlich gelebt werden möchte. Und wenn du im Außen schaust, dann schau auf das Gute und du wirst die Wahrheit überall entdecken. Die Wahrheit ist wie eine Blume unter dem Asphalt. Sie hat die Kraft, nach außen durchzubrechen. Die Kraft und Macht, die heutzutage in ihr steckt, ist unvergleichlich groß. Du lebst in einer Zeit, in der sie übermächtig ist. Du selbst entscheidest, ob auch du nun endlich dieser deiner Wahrheit in dir volles Gehör schenken möchtest. Vertraue der göttlichen Wahrheit in dir. Sie wird aus dir deine größten Schätze zum Vorschein bringen, die bisher im Verborgenen lagen. Durch sie werden all deine Masken fallen, weil du sie nicht mehr brauchst. Die Verwandlung deiner selbst gleicht der eines Froschkönigs, doch mit dem entscheidenden Unterschied, dass es sich nicht um ein Märchen handelt, sondern um die Wahrheit deines Lebens. Dein Leben ist authentisch geworden. Du gehst vollkommen auf in der einen Wahrheit allen Seins. Du lebst, wie du bist, du lebst, was du bist, und du entdeckst, dass du die Wahrheit selbst bist.

4 Seelenpläne

Manche Menschen sind antriebslos. Vielleicht geht es dir ab und zu auch so, dass du dir wie gelähmt vorkommst, keinen Impuls verspürst, der dich antreibt, du nicht richtig weißt, wie es weitergehen soll in deinem Leben. Dein Verstand gibt dir keine Antworten, die dir wirklich helfen können. Deine Mitmenschen um dich herum geben dir zwar Ratschläge, doch irgendwie weißt du auch damit nichts anzufangen. Du bist in der Tat ratlos, weißt nicht, wohin dein Weg gehen soll. Alles fühlt sich so leer an, vielleicht sogar sinnlos. So suchst du nach Abwechslung, um diese Leere in dir zu füllen. Schaust fern und findest in der Ferne doch nicht das, was du suchst. Trinkst vielleicht mehr Alkohol, als dir gut tut. Meinst vielleicht, dass dir andere berauschende Erlebnisse Glück und Zufriedenheit schenken. Doch, wo du auch suchst, ist das Glück entweder gar nicht zu erreichen oder nur von kurzer Dauer. Selbst die erotischen Freuden verlieren ihre begeisternde Wirkung relativ schnell wieder und fordern eine ständige Wiederholung. Es ist, als ob du Meerwasser trinken würdest. Es kann deinen Durst nach wahrem Sinn und wahrem Glück einfach nicht stillen. So drohst du, inmitten des endlosen Ozeans deines Lebens zu verdursten. So bist du vielleicht schon dein ganzes Leben auf der Suche nach dem Glück in dir und scheinst es nicht zu finden, oder wenn du es einmal in deinen Händen hältst, rinnt es dir wie Wasser allzu schnell zwischen deinen Fingern hindurch.

Vielleicht ist dir das Ganze auch gar nicht so richtig bewusst, da du dich tagein, tagaus in deine Arbeit vergräbst. Viele Menschen sind tatsächlich vollkommen arbeitssüchtig. Die Arbeit gehört zum Leben, ist Teil des Lebens, aber sie darf nicht der alleinige Inhalt sein. Viel wichtiger ist, dass dir deine Arbeit wirklich Spaß macht, dass du eine sinnvolle Aufgabe erfüllst. Etwas, das deinem Leben einen Sinn gibt und auch für deine Mitmenschen einen Nutzen bringt. Deine Arbeit muss sich gut anfühlen, der Menschheit einen positiven Dienst erweisen. Wenn du in deiner Arbeit keinen Sinn siehst, wenn sie sich leer anfühlt, wenn sie dich ganz und gar nicht befriedigt und du auch sonst in deinem Leben meinst, nur so dahinzuleben, sodass dir alles irgendwie gar keine Freude bereitet, dann hast du bis jetzt deine Lebensaufgabe noch nicht gefunden. Jeder Mensch trägt seine Lebensaufgabe in sich. Jede Seele hat sich für dieses, ihr jetziges Leben, etwas vorgenommen. Dies mag nicht in allen Details festgelegt sein, aber die Richtung hast du dir selbst vorgenommen. Das Grundsätzliche war klar. Die Lebensaufgabe trägt jeder in sich. Nur viele finden sie nicht, erkennen ihre Lebenspläne nicht mehr. Entweder, weil sie nicht danach suchen, nicht auf ihre innere Stimme hören, oder weil sie im Außen danach suchen. Du findest sie aber nur in dir, indem du nach innen gehst und auf deine Gefühle achtest. Indem du deinen Verstand sozusagen zum Stillstand bringst, dich entspannst und vollkommen zur Ruhe kommst.

In diesem Zustand des Lauschens nach der Stimme des Herzens frage dein Herz, was deine Lebensaufgabe ist. Frage es, was ihm wirklich Freude macht. Wo sind deine Begabungen? Was gelingt dir am besten? Wo sind deine Stärken, deine Kräfte? In welchem Bereich fühlst du dich zu Hause? Was liegt dir besonders? Doch lass nicht deinen Verstand antworten, sondern fühle, was dein Herz, deine Seele zu sagen hat. Vielleicht kommt da keine spontane Antwort, aber du kannst sicher sein, dass sie kommen wird. Oftmals unerwartet, aus heiterem Himmel. Nach dem Aufwachen am frühen Morgen oder mitten in der Nacht. So ist es auch ratsam, vor dem Schlafengehen in einen solchen inneren Dialog zu gehen.

Eine andere, sehr effektive Möglichkeit ist es, wenn du zurückgehst in deine Kindheit. Kinder, vor allem kleine Kinder, sind noch viel mehr im seelischen Bereich präsent. Der Verstand ist noch nicht so vordergründig. Kinder leben mehr aus dem inneren Impuls heraus, machen wirklich das, was ihnen Spaß macht. Wo hattest du deinen Spaß im Leben – als Kind? Was hat dich am meisten begeistert? Wo waren damals deine Stärken? Wo hast du die Kraft, die Power in dir gespürt? Sei mutig in deinen Gedanken. Schieb die Zweifel, die vielleicht in dir hochkommen, beiseite. Wenn dein Verstand dir einreden will, dass du dein Leben doch lieber so sein lassen solltest, dass das doch alles keinen Wert habe, dass du nicht in der Lage seist, deine Arbeit, dein Leben oder deine Beziehungen zu verändern, dass du es gar nicht schaffen könntest, dich zu verändern, dann lass dich durch solche Gedanken nicht behindern. Dein Ego in dir versucht vieles abzublocken. Schieb es beiseite. Schenk ihm keine Beachtung. Lass lieber deine Gefühle in der beschriebenen Weise sich in dir entfalten. Die Ideen und Visionen, die sich aus dem Inneren deines Herzens offenbaren, sind die richtigen. Dein Leben ist kostbar. Du lebst dieses Leben nur einmal, und es wäre jammerschade, wenn du dein Potenzial und deine Möglichkeiten brachliegen lassen würdest. Viel zu schade! Darum nimm all deinen Mut zusammen und versuch die Ideen und Impulse, die in dir stecken und herauswollen, ernst zu nehmen. Versuche sie umzusetzen. Schritt für Schritt. Und du wirst sehen, dass dein Leben wieder einen Sinn bekommt, dass du Freude und Spaß daran hast zu leben. Es kann auch ein Hobby sein, das du ganz neu anfängst. Vielleicht bleibt es ein Hobby, vielleicht wird es zu deiner Berufung. Vielleicht machst du einen Beruf daraus. Es ist nie zu spät. Viele Menschen entdecken erst mit fortschreitendem Alter, dass etwas ganz anders in ihnen steckt, dass sie ihr Leben verändern wollen und etwas Neues entstehen will. Hab Mut und vertraue auf dich. Vertraue deinen inneren Kräften, die dir genügend Macht verleihen werden, um deine Träume und Visionen zu verwirklichen. Im Übrigen bist du nicht alleine. Denk daran, deine Seele ist ein Teil des Universums. Sie trägt den göttlichen Kern in sich und kann sich jederzeit der universellen Kräfte bedienen.

5 Seelenkräfte

„Das Handeln ist nur die notwendige Instrumentation, um die Einheit mit dem Herrn allen Handelns zu erreichen, es ist nur der Übergang vom Willen und der Kraft der Unwissenheit zu Wille und Kraft des Lichts."
SRI AUROBINDO

Sicherlich kennst auch du Menschen in deinem Umfeld, die schier Unglaubliches leisten, die offensichtlich unbändige Kräfte in sich haben, die erfolgreich sind und denen alles gelingt. Ihre Energie scheint aus einer Batterie zu stammen, die ständig voll ist. Und trotz allem, was diese Menschen leisten und zuwege bringen, haben sie immer noch ein strahlendes und freundliches Lächeln parat. All dies scheint ihnen offenbar recht leicht zu fallen und so manches fällt ihnen obendrein noch direkt in den Schoß.

Woher nehmen diese Leute ihre Kraft? Woher nehmen sie ihren Mut? Wer verleiht ihnen ihre Macht? Vielleicht fühlst du dich ganz und gar nicht kraftvoll und kommst dir gegenüber solchen Menschen noch viel mutloser, viel machtloser vor. Vielleicht verspürst du auch ein wenig Neid in dir. Oder du ärgerst dich gar über die scheinbare Ungerechtigkeit in diesem Leben. Du fragst dich: Warum bin ich nicht mit solchen Kräften gesegnet? Wenn du so denkst, ist das vollkommen verständlich.

Doch die Kräfte des Universums stehen jedem zur Verfügung. Kein einziger Mensch auf Erden ist davon abgeschnitten. Es sei denn, du schneidest dich selbst davon ab, findest keinen Zugang zu dem endlosen Energiestrom des Lebens – weil du nicht daran glaubst und deshalb nicht danach suchst. Suche und du wirst finden! In diesen Worten steckt die ganze Wahrheit. Doch du fragst dich, wo soll ich suchen? Du schaust dir diese erfolgreichen Leute an und denkst vielleicht: So wie der- oder diejenige könnte ich nie sein. Ich bin ganz anders. Ich kann so was nicht. Nun, du kannst sicherlich ein Vorbild haben, ein Idol und ihm nachstreben, ihm in die Karten schauen und manches von ihm lernen. Oftmals ist das Idol aber so groß, so übermächtig, dass es einem am nötigen Mut fehlt, ihm wirklich nachzueifern, da man nicht glaubt, jemals in diese Höhen des Erfolgs aufsteigen zu können. Doch die meisten erfolgreichen Menschen haben irgendwann einmal klein angefangen. Alle zusammen haben eines gemeinsam: Sie glauben an ihren Erfolg! „Euch geschehe nach eurem Glauben" (Matthäus 9, 29). „Man muss nur wollen und daran glauben, dann wird es gelingen" (Graf Zeppelin). Gerade die weniger erfolgreichen Menschen denken oft, solche Erklärungen seien Ein*bild*ung, und im Grunde genommen haben sie auch recht. Denn der, der glaubt, *bild*et sich tatsächlich etwas ein. Er macht sich ein ***Bild*** von dem, was er erreichen möchte. Und dieses ***Bild*** hat er innerlich ständig vor Augen. Dieses ***Bild*** trägt er in sich. Er fühlt es und über die Gefühle kommuniziert sein Verstand mit seiner Seele. Die Seele wiederum kommuniziert mit dem Universum. Auf diese Weise setzt sich das Schwingungsmuster fort und zieht dadurch die Umstände und Ereignisse an, die in Resonanz mit ihm sind. Das Schwingungsmuster des Glaubens an einen Misserfolg wirkt sich auf demselben Wege aus, in gleicher Präzision.

Dies mag sich für dich vielleicht allzu fantastisch anhören, und auch dabei hast du recht. Die Fantasie nimmt tatsächlich ihren Lauf, und das ist in der Tat fantastisch! All die erfolgreichen Menschen, die auf dieser Erde je gelebt haben, leben oder leben werden, ziehen ihren Erfolg letztlich aus der Wirksamkeit der geistigen Gesetze. Dem ist so, unabhängig davon, ob ihnen die Funktion dieser Gesetze nun bewusst ist oder nicht. Die geistigen Gesetze wirken ebenso präzise wie die physikalischen.

Noch weitaus effektiver, sinnvoller und ganzheitlicher kannst du dein in dir vorhandenes Kraftpotenzial entfalten, indem du bewusst deine inneren Seelenkräfte aktivierst. Wahrhaftiger Erfolg kommt von innen. In der Ruhe steckt die Kraft! Die Ruhe findest du in dir. Wenn du im Außen erfolgreich sein willst, musst du zuerst im Inneren erfolgreich sein. Musst deinen Erfolg im Inneren spüren. Wenn du den Zugang zu deinen Seelenkräften findest, wird sich dein innerer Erfolg auch in deiner Außenwelt manifestieren. Doch vielleicht fragst du dich nun: Wie soll das geschehen? Wie soll ich in meinem Inneren eine solche Kraft finden? Mach dir klar, dass alles, was du hast, alles, was du bist, von Gott kommt. Du kannst ihn Gott nennen, das Göttliche oder die große Mutter, wenn du ein religiöser Mensch bist. Du kannst es dir auch als das Universum vorstellen oder als die allumfassende, universale Energiequelle allen Lebens oder als die unendliche, bedingungslose Liebe. Unabhängig von deinem Glauben daran und deiner Vorstellung darüber existiert diese eine Quelle, der Ursprung und das Zentrum allen Lebens – also auch deines Lebens. Von dort beziehst du deine Energie und deine Kraft. Diese Tatsache hat nichts damit zu tun, ob dein Verstand daran glaubt oder nicht, ob du es dir vorstellen kannst, vorstellen willst oder nicht, ob die Menschen dies anerkennen oder nicht. Wenn du dich aber bewusst und willentlich diesen endlosen Kräften öffnest und dich ihrer bedienen willst, dann musst du auch dort anklopfen, dich dorthin wenden. Wer anklopft, dem wird aufgetan.

Doch wie soll das praktisch geschehen? Es gibt verschiedene Wege, wie du das machen kannst. Du kannst dich in eine Kirche setzen und dort zur Ruhe kommen, ganz im Stillen ein Gebet sprechen. Dasselbe kannst du auf einer Bank im Wald oder sonst irgendwo, ganz allein für dich tun. Doch es ist entscheidend, wie du das machst. Leere Worte ohne Gefühl haben kaum eine Chance auf Resonanz. Ein wahrhaftiges Gebet kommt von Herzen, es ist weder aufgesetzt noch gekünstelt und der Verstand hat daran nur den Anteil des Formulierens der Worte. Die Essenz des Gebetes kommt aus deinem Innersten.

Wenn du einen Schritt weitergehen möchtest, dann kann dein Gebet auch ins Wortlose hinüberwechseln. So wie sich manche Menschen auf einer tieferen Ebene ganz ohne Worte verstehen – von Herz zu Herz, so funktioniert auch die Kommunikation mit der Quelle allen Seins – mit Gott. Dabei kommt dein Verstand vollkommen zur Ruhe und das Gebet wird zur Meditation – zum Dialog mit dem Göttlichen. Dies ist der Eintritt in die Einheit allen Seins. Da bist du EINS mit dem Universum und direkt verbunden mit der lichtvollen Solartankstelle des göttlichen Energiestroms. Beginne einen Meditationskurs oder fange zunächst mit einem Tiefenentspannungskurs an. Der Weg der Meditation ist der Königsweg zu den endlosen Kräften dieses Universums. Sehr hilfreich können am Anfang auch Meditationshörkassetten oder CDs sein. Doch wichtig ist, dass du auch ganz allein für dich übst. Ohne Lehrer, ohne Worte von außen – ganz für dich – vielleicht am Anfang mit einer wohlklingenden, harmonischen Instrumentalmusik. Aber dann nur mit dir allein, ohne Beiwerk. Mehr brauchst du nicht. Das ist die reinste und effektivste Form. Dann sitzt du da und schließt deine Augen. Spürst, wie du immer und immer mehr zur Ruhe kommst. Die Bilder des Tages ziehen an dir vorbei, wie ein Zug, der an dir vorbeifährt und in der Ferne verschwindet. Deine Gedanken kommen ganz zur Ruhe. Dies gelingt dir leichter, wenn du dich auf deinen Atem konzentrierst. Auf das Ein- und Ausatmen. Am Anfang kannst du die Konzentration dadurch verstärken, indem du ein Wort für das Ein- und eines für das Ausatmen denkst. Also z. B. „Liebe" beim Einatmen und „Sein" beim Ausatmen.

Anfangs wird dir dein Verstand mit Bildern und Gedanken dazwischenfunken. Dann ist es hilfreich, wenn du dem keine Beachtung schenkst, wenn du dich nicht darüber ärgerst, sondern diese Bilder einfach liebevoll an dir vorbeiziehen lässt. Wie Wolken, die der Wind wegtreibt. Wenn du dich über die Gedanken aufregst, gibst du ihnen nur Macht und du bist wieder im Verstandesdenken verhaftet. Dort kann aber keine wahre Meditation stattfinden. Versuche, den Verstand hinter dir zu lassen, und entspanne dich. Öffne dein Herz, damit die Energie fließen kann. Kehre zu deinem Atem zurück und sprich deine Worte – immer weiter. Irgendwann, vielleicht nach 10 oder 15 Minuten, werden deine Gehirnwellen den Alphazustand erreichen. In diesem Zustand bist du meditativ. Du kommst in eine andere Wahrnehmung. Wenn du dabei aufrecht sitzt, wird dir dies helfen, in der notwendigen Wachheit und Präsenz zu bleiben. Wenn du liegst, kann es sein, dass du einschläfst. Da kannst du dich zwar auch entspannen, aber eben nicht bewusst meditieren. Im Bewusstseinszustand der Meditation kannst du Zugang zu den unsichtbaren Kräften des Universums finden. Du musst deine Erwartungshaltung aufgeben. Es kann sein, dass du die erste Zeit überhaupt keine besonderen Empfindungen hast. Dann genieße einfach die Ruhe, die dir dieser Zustand schenkt. Und sei dankbar dafür. In der Meditation kann man nichts erzwingen. Alles, was kommt, kommt freiwillig zu dir, wie ein Geschenk. Wenn du regelmäßig meditierst, wirst du diesen Ort der Ruhe in dir, mehr und mehr schätzen lernen. Du wirst diesen Rückzug in dich selbst immer mehr genießen und daraus Kraft tanken. Es ist der Ort, der dir den Zugang zur Quelle allen Seins ermöglicht – jederzeit.

Am besten ist es, du reservierst dir für diese kostbaren Minuten bestimmte Zeiten, z. B. morgens, nach dem Aufwachen, und abends, vor dem Einschlafen. So kann der Tag ganz neu und bewusst beginnen und so gehst du kraftvoll in den neuen Tag hinein. Vor dem Einschlafen kommst du zur Ruhe und kannst diese in deinen Schlaf mit hineinnehmen. Ein ruhiger und ausgeglichener Schlaf ist dann wieder die Grundlage für einen erfolgreichen neuen Tag usw. Unabhängig von diesen Ritualen, die dir Ordnung und Halt geben, kannst du jederzeit in dein inneres Heiligtum hineingehen. Mit der Zeit wirst du lernen, auch von äußeren Einflüssen unabhängig zu sein. So kannst du im Bus, im Zug, auf der Toilette oder sonst wo jederzeit für ein paar Minuten die Augen schließen und legst dabei in kurzer Zeit sozusagen einen Boxenstopp ein. Die Energie, die du auf diese Weise auftankst, ist vollkommen unschädlich, 100 % regenerativ und hat eine Power, von der du bisher vermutlich nicht einmal zu träumen wagtest.

Ich kenne einige berühmte Persönlichkeiten, die nur auf diese Weise Tagesleistungen vollbringen, die einem kaum menschenmöglich erscheinen. Dabei sind diese Lebensweisheiten bzw. Lebenspraktiken nicht neu. So leben die Benediktiner in ihren Klöstern schon seit vielen hundert Jahren nach dem Prinzip: Ora et labora – bete und arbeite. Wenn man deren Lebensweise einmal näher betrachtet, erkennt man, dass die Mönche dort genau nach diesem Prinzip leben. Sie vollbringen dadurch große Arbeitsleistungen, indem sie durch den rituellen Wechsel zwischen Arbeit und Rückzug in die Stille – ins Gebet – ihre Kraft tanken.

Die Einfachheit und Effektivität dieser Art des Lebens ist uns in unserer modernen, hektischen Welt schon lange abhandengekommen. Unsere heutige Lebensweise in den Industrieländern raubt uns vor allem deshalb so viel Kraft, weil wir uns die notwendigen Ruhepausen zwischendurch nicht gönnen. Wir meinen, alles am Stück leisten zu müssen, und sind dann nach acht oder mehr Stunden vollkommen ausgepowert. Hinzu kommen die permanente Reizüberflutung und die Erwartungshaltung, dies alles sei noch nicht genug. Die Addition daraus ergibt unser persönliches Päckchen Stress, das bei vielen von uns zu einem Stresspaket angewachsen ist, das kaum mehr geschultert werden kann. Der Hilfeschrei der Seele äußert sich dann meist durch Krankheitssymptome, die allesamt die Aufgabe haben, uns wieder auf unseren richtigen Weg zu bringen.

Sicherlich ist eine sportliche Betätigung vor oder nach der Arbeit, vor allem für bewegungs- und frischluftarme Berufe, ein empfehlenswerter Ausgleich, doch kann man dadurch weder die notwendigen Ruhephasen während des Arbeitsprozesses ersetzen, noch die universellen, kosmischen Kräfte richtig aktivieren.

Wichtig ist es, sein Leben in einen gesunden Rhythmus zu bringen. Wenn wir in uns hineinschauen, entdecken wir zunächst unseren Atem und unseren Herzschlag. Beide stehen in unmittelbarer Verbindung und zeigen uns am besten, wie wir leben sollen. Beim Einatmen dehnen sich unsere Lungenflügel aus und beim Ausatmen erschlaffen sie wieder und bleiben, für einen kurzen Moment, entspannt. Unser Herz zieht sich zusammen und presst das Blut in die Arterien, dann erschlafft es und hält ebenso, für einen kurzen Augenblick, den entspannten Zustand. So macht uns die Natur vor, wie ein natürlicher Rhythmus funktioniert.

Glücklicherweise öffnen sich immer mehr Menschen diesen Erkenntnissen. Durch das Verstehen der tieferen Zusammenhänge des Lebens und des Seins auf dieser Erde entwickelt sich nach und nach ein neues Denken. Wir stehen gerade am Anfang eines gravierenden Bewusstseinswandels, der die Grundlage dafür bildet, dass die dringend notwendigen Veränderungen in der Welt geschaffen werden. Veränderungen, die im globalen Sinne die Seelenkräfte vereinen, um der Welt auf gesellschaftlicher, wirtschaftlicher und politischer Ebene ein natürliches Gleichgewicht zu ermöglichen. Das heutige Kommunikationszeitalter bietet bessere Voraussetzungen als jemals zuvor, dass sich Menschen, Kulturen und Völker austauschen und miteinander verbinden können. Durch die Gespräche, Dialoge und den Austausch finden sich mehr und mehr Interessenverbände, Organisationen und Regierungsvertreter, die an einer globalen Lösung von Problemen interessiert sind.

So suchen die Weltreligionen endlich nach ihren Gemeinsamkeiten statt nach ihren Gegensätzen. So lernen wir von anderen, anstatt uns über das Andere, das Fremde zu erheben. So finden wir Menschen des Westens durch die Menschen des Ostens zu unseren Wurzeln der Meditation zurück, die in uns die Ruhe wieder einkehren lassen. Dabei können wir uns wieder mit unserer Quelle rückverbinden und unsere Seelenkräfte freisetzen. Jahrtausendealte Weisheitslehren offenbaren sich uns als mögliche Wege, die letztlich alle dasselbe Ziel haben. Chi Gong zeigt uns, wie wir unsere Lebensenergie wieder in Fluss bringen können. Die Zen-Meditation lehrt uns den Weg der Achtsamkeit. Yoga bringt uns durch wechselnde Übungen der Anspannung und Entspannung in unsere Mitte zurück.

Wähle den Weg, der sich für dich stimmig anfühlt. Tritt die Reise nach innen an, vertraue deiner Intuition, mit der Gewissheit: Der wahrhaft Suchende wird geführt werden. Entdecke die unerschöpfliche Quelle in dir, öffne dich ihr und entfalte deine machtvollen Seelenkräfte, die du als Geschenk erhältst, zu deinem Wohl und zum Wohl dieser Welt.

6 Seelenfrieden

"Frieden schaffen heißt frei sein von Gedanken und als das reine Bewusstsein verweilen."
RAMANA MAHARSHI

Viele Menschen reden über Frieden, wünschen sich Frieden in dieser Welt. Jahrtausende ist dieser Wunsch schon in den Köpfen der Menschen. Viel wurde darüber diskutiert. Vieles wurde schon darüber geschrieben. Vieles wurde versucht, um diesen Frieden möglich zu machen. Große Fortschritte auf dem Weg des Friedens wurden schon erreicht. Dabei denken wir an Menschen wie Mahatma Gandhi, den Dalai Lama oder so manchen Friedensnobelpreisträger. Dennoch gibt es viele Menschen, die den Glauben an eine friedvolle, friedliche Welt verloren haben. Sie richten ihren Blick auf die Feindseligkeiten und Kriege. Obwohl sie eigentlich selbst friedvolle Absichten haben, bekommen sie eine regelrechte Wut auf diejenigen, die ihrer Ansicht nach die Schuld an all den gewaltvollen Begebenheiten tragen.

Dies ist verständlich, aber durch solche Wege können wir den wahrhaftigen Frieden nicht finden. Alles, worauf wir unsere Aufmerksamkeit lenken, verstärkt sich. Deshalb ist es wichtig, dass wir unsere Gedanken auf die Menschen und Ereignisse konzentrieren, die wahrhaftigen Frieden verbreiten. Bevor du aber im Außen nach dem Frieden rufst, musst du in dein Inneres schauen. Der Frieden ist keine Sache des Kopfes, sondern des Herzens. Wie soll ein friedliches Miteinander in deiner Familie, mit deinen Freunden, mit deinen Kollegen funktionieren, wenn du selbst nicht in deiner Mitte bist, wenn du selbst nicht deinen Frieden in dir gefunden hast? Du kannst von den anderen nicht mehr verlangen, als du selbst zu geben imstande bist.

Also richte deinen Blick nicht nach Außen und beklage dich nicht über diese Welt, die dir nicht friedvoll genug erscheint. Sondern schaue zuerst nach dir. Sei ehrlich und wahrhaftig zu dir selbst. Blicke in dein Inneres. Schau dich im Spiegel an. Bist du wirklich friedvoll? Trägst du den Frieden wirklich in dir?

Spürst du den Frieden in dir? Bist du im Einklang mit dir selbst? Bist du mit dir und deinem Leben zu-frieden? Der Un-Frieden entsteht durch Un-Zufriedenheit. Du musst die Dinge in dir selbst in Ordnung bringen. Das gelingt dir nicht im Außen. Das Außen lenkt dich nur von dir selbst ab. Doch bei aller Un-Zufriedenheit in dir, bei allem scheinbar Trostlosen oder Chaotischen, was du vielleicht in dir zu sehen meinst oder du womöglich fürchtest, in dir zu finden, wirst du erkennen, wenn du ganz tief in dich hineinschaust, dass da ein Licht brennt. Ein Licht der Hoffnung. Ein Licht inmitten aller Dunkelheit. Es ist das Leuchten deiner Seele. Es ist der Seelenfrieden, den du in dir trägst, den jeder Mensch in sich trägt. Der Kern deiner Seele, das Zentrum ist ein Abbild Gottes. Dieses Zentrum ist wie ein Funken Gottes. Ein kleiner Teil des Ganzen, aber das ganz Große in dir!

Je mehr du deine Aufmerksamkeit dorthin lenkst, umso mehr verstehst du, was wahrer Frieden wirklich bedeutet. Dieser Frieden fühlt sich so selbstverständlich an. Er muss nicht erdacht werden. Er ist einfach da. So, als ob du ganz alleine an einem zauberhaften Strand irgendwo in der Südsee stehst und auf das Meer hinausblickst: Du hörst die Wellen sanft heranrollen. Spürst den Rhythmus des Meeres. Fühlst die Unendlichkeit, könntest immer so hier stehen bleiben und bist ganz erfüllt. Erfüllt vom inneren Frieden in dir. Alles ist gut, so wie es ist. Alles fühlt sich friedvoll, harmonisch und vollkommen an. Dieses unendliche Meer des wahren Friedens steckt in dir und ist immer bei dir. Doch wenn du ihm keinen Raum gibst, wenn du deine Augen und Ohren verschließt und nur im Außen lebst, hast du keinen Zugang zu dieser Quelle des Friedens in dir. Du trägst das Zepter des Friedens in deinem Herzen und gebrauchst es nicht. Das ist so, als hättest du dein Traumauto in der Garage und benutzt es nicht – fährst es nie. Stattdessen stöberst du in Autozeitschriften und träumst von den Traumwagen, die dort abgebildet sind, oder bist neidisch auf die anderen, die schöne Autos fahren.

Wenn du also Frieden in dieser Welt suchst, dann suche den Frieden in dir. Wenn du dort zunächst keinen Frieden finden kannst, dann musst du die Steine, die dir im Weg stehen, wegräumen. Wenn du über Un-Zufriedenheit, Groll oder Hass stolperst, dann nimm diese Steine in die Hand und bitte jeden einzelnen von ihnen um Verzeihung. Vergib dir selbst für all diese Gedanken und Handlungen, die damit verknüpft sind. Liebe dich selbst, verzeihe dir selbst, und dann bitte deinen Gott, dein Universum um Verzeihung. Halte ihm die Steine und Hindernisse hin, die deinem eigenen Frieden im Weg stehen, und bitte darum, dir diese Bürde abzunehmen. So wird der Weg frei zum Urgrund deiner Seele. Dort findest du das Licht in dir, das dir den Weg zu wahrem Frieden zeigt. Dieses Licht ist der Frieden in dir. Dieses Licht wird deinen Geist mit dem Geist des Göttlichen verbinden und die Dunkelheit auflösen. So wird sich der Frieden in dir mehr und mehr ausbreiten. Wenn du dich darin Tag für Tag übst, wirst du zu einem Licht des Friedens werden. Dann brauchst du in dieser Welt gar nicht mehr viel für den Frieden zu tun, denn du bist selbst Frieden. Das Licht des Friedens, deines Friedens, wird in die Welt hinausstrahlen und dort, wo du bist, die Welt erhellen. So wird dieses Licht den Frieden in der Welt verbreiten.

7 Seelengewissen

Jeder Mensch hat ein Gewissen. Viele Menschen denken dabei an ihr schlechtes Gewissen, wie manche es nennen, an das innere Gefühl, das in ihnen aufsteigt, wenn etwas nicht in Ordnung ist. Wenn ihre Worte, ihre Taten ein Gefühl in ihnen erzeugt haben, das sich schlecht anfühlt. Doch es gibt gar kein schlechtes Gewissen! Das Gewissen, das du in dir trägst, ist niemals schlecht. Ganz im Gegenteil, es ist gut. Du trägst in dir ein gutes Gewissen. Dieses Gewissen, das nicht deinem Verstand entspringt, sondern sozusagen als Gefühlsweisheit aus deinem inneren Sein wahrgenommen wird, ist im Grunde nichts anderes als die innere Stimme deiner Seele. Und deine Seele ist nicht schlecht, wie manche gar behaupten. Sie ist gut. Das Zentrum deiner Seele ist göttlich und entspricht damit der höchsten Schwingungsebene, die existiert. Sie ist durch und durch gut. In Schulnoten ausgedrückt sogar sehr gut! Das, was du als ein schlechtes Gewissen bezeichnest, ist in Wahrheit dein gutes Gewissen. Die innere Stimme deiner Seele, die ihren Kommentar abgibt, ja vielleicht, wenn notwendig, auch eine deutliche Warnung ausspricht.

Dies ist dann vonnöten, wenn dein Verstand so stark von deinem Ego oder negativen Einflüssen von außen geleitet wird, dass du in eine falsche Richtung gehst. Wenn deine Worte und Taten dir und anderen nicht gut tun. Wenn du dir oder ihnen Schaden zufügen würdest. Dein Gewissen ist sozusagen dein kostenloses Frühwarnsystem, das sich ständig auf Automatikfunktion befindet. Es steht dir jederzeit zur Verfügung und versucht dich in die richtige Bahn zu leiten. Doch du bist hier auf dieser Erde mit einem freien Willen ausgestattet, du kannst dich natürlich auch über die Ratschläge und Warnungen deiner Seele hinwegsetzen. Auch wenn dies nicht zu deinem Besten ist und du vielleicht anderen Menschen oder Wesen dabei schadest. Dann nehmen die Dinge ihren Lauf und du musst die Konsequenzen deiner Worte und Taten selbst verantworten und tragen. Dies wird schmerzlich für dich sein. Das Gesetz von Ursache und Wirkung wird dann dein Schicksal beeinflussen.

So kommt es, dass wir Menschen nach „unguten" Worten und Taten ein, wie wir es manchmal nennen, schlechtes Gewissen haben. Wenn du in einer solchen Situation stecken solltest, bedenke, dass dir deine Seele kein schlechtes Gewissen machen will. Dies ist, wenn du so denken solltest, nur deine Interpretation dafür. Sie will dich vielmehr auf den rechten Weg bringen. Dich zur Korrektur animieren. Dich auffordern, wieder ins rechte Lot zu kommen. Die Dinge wieder gerade zu rücken, in Ordnung zu bringen. Die Worte oder die Taten auszugleichen. Wieder gutzumachen. Sie strebt immer den Weg der Versöhnung, der Wiedergutmachung, den Pfad des Friedens an.

Beobachte doch einmal die Menschen in deinem Umfeld, vertraute Personen, mit denen du auch mal über tiefere Themen sprichst. Du wirst feststellen, dass jeder dieses Gewissen in sich trägt. Das liegt daran, dass jeder Mensch ausnahmslos den göttlichen Kern in sich trägt, unabhängig von seinem Glauben. Seine Seele wird nie verstummen. Vielleicht willst du nun einwenden, es gäbe doch Menschen ohne ein Gewissen. Vielleicht meinst du sogar, einen Menschen persönlich zu kennen, der scheinbar gewissenlos durch das Leben geht. Vielleicht ganz und gar rücksichtslos mit seinen Mitmenschen oder der sonstigen Natur um sich herum umgeht. Doch auch dieser Mensch ist nicht seelenlos. Er ist nur haltlos. Er ist haltlos, weil sich seine Gedanken mehr und mehr von seiner Seele, von Gott entfernt haben. Die Seele ist deshalb nicht weiter entfernt. So wie Gott, die göttliche Kraft, immerzu präsent und greifbar ist. Doch dieser Mensch hat sich gedanklich von seiner Seele entfernt. Er hat die Augen und Ohren vor ihr verschlossen. Er versucht, ihre Stimme in seinem Inneren zu unterdrücken. Er übertönt diese Stimme vielleicht mit den Worten seines Verstandes, mit lauter Musik, ständigen Aktivitäten oder Ablenkungen. Vielleicht kann er die innere Stimme auch ganz und gar nicht mehr ertragen, da die Gedanken, die in ihm kreisen, so sehr anders sind. So negativ, dass er die Diskrepanz, den Gegensatz zu den reinen Worten seiner Seele nicht mehr aushalten kann. Den Spagat zwischen beidem nicht mehr halten kann. So kommt es, dass viele dieser betroffenen Menschen versuchen, z. B. durch Alkohol oder Drogen dieses Spannungsfeld auszuschalten. Sie wollen dabei in ein anderes Bewusstsein gelangen, um diesem unerträglichen Zustand zu entweichen, suchen dabei den Zustand von Freude und Glück und können doch nur für kurze Momente den Anschein dessen erhaschen. Diese

Zustände haben aber mit Bewusst-Sein gar nichts mehr zu tun. Es ist vielmehr ein Un-Bewusst-Sein. Das wahre Bewusst-Sein verschwindet vorübergehend. Der Mensch ist sich und seiner Seele dann gar nicht mehr bewusst.
Er kann die Wahrheit nicht mehr sehen. Doch die Seele meint es gut mit ihm. Sobald die Wirkung der konsumierten Mittel nachlässt, meldet sich sein Gewissen, seine Seele wieder. Er tut gut daran, auf sie zu hören. Sie ist wie eine Mutter. Sie ist immer und immer wieder für ihn da.

Doch manche Menschen hören auch jetzt nicht auf ihre innere Stimme, ertränken oder unterdrücken die inneren Worte gleich wieder im Ansatz. Wer im Inneren gar nicht mehr sucht, der sucht nur noch im Äußeren. Für viele wird dies dann zu einer Sucht. Diese Menschen leiden oftmals sehr. Sie benötigen dringend Hilfe durch den Strom der göttlichen Liebe. Doch dieser Strom des Lichts kann den Menschen auf dem natürlichen Weg, über seine Seele, nicht mehr erreichen. So ist oft ein dramatisches Eingreifen, ein Wachrütteln notwendig, damit der Mensch seine Chance für eine Neuorientierung bekommt.

Diese Ereignisse kommen dann scheinbar von außen und werden von uns oft als Schicksalsschläge bezeichnet. Deshalb ist es gut, wenn du rechtzeitig auf deine innere Stimme, auf dein Ge-wissen hörst. Das Wissen deiner Seele ist Weisheit. Denn deine Seele ist wahrhaftig weise. Sie weiß jederzeit, was für dich gut ist, was dir gut tut und welche Wege du gehen kannst. Wenn du ein Feingefühl für deine innere Stimme entwickelst, wirst du ihrer immer mehr bewusst. So wird sie dir in jedem Augenblick deines Lebens zur Seite stehen. Du kannst sie jederzeit hören, inmitten deiner Gedanken, als liebevolle und stets positive und ehrliche Stimme. Und sie wird dir, wenn du dich auf dem rechten Weg befindest, deine Worte und Taten als wohltuende, harmonische Empfindungen in deinem ganzen Körper quittieren. Ebenso, wie sie dir in deiner äußeren Welt deine Worte und Taten in Resonanz widerspiegeln wird. Schau dein Leben im Außen an. Es ist das Abbild deines Inneren. Wenn du in dem äußeren Film deines Lebens, Glück, Harmonie, Freude und Frieden widergespiegelt siehst, dann lebst du nach dem göttlichen GE-WISSEN, nach der göttlichen GEWISS-HEIT deiner Seele.

8 Seelenschicksal

„Das Schicksal mischt die Karten und wir spielen."
ARTHUR SCHOPENHAUER

Sehr viele Menschen auf dieser Erde leben unbewusst. Sie wissen eigentlich nicht so recht, was mit ihnen auf dieser Welt geschieht. Sie kämpfen sich mehr oder weniger durchs Leben. Entweder meinen sie, alles, was ihnen widerfährt, sei letztlich Zufall, auf den sie selbst so gut wie keinen Einfluss haben. Sie verstehen ihr Schicksal als eine Aneinanderreihung von Ereignissen, die im Außen auf sie zukommen. So bleibt ihnen nur die Hoffnung, dass diese äußeren Umstände möglichst keine unangenehmen Szenarien beinhalten und sie von Krankheit und menschlichen oder materiellen Verlusten verschont bleiben. Oder sie glauben an ein Schicksal, an eine höhere Macht, die ihnen diese Ereignisse sozusagen ins Haus schickt. An einen Gott, der all diese Dinge lenkt. Doch gleichzeitig stellen sie diesen Gott infrage. Wie kann ein liebender, ein guter Gott so negative Ereignisse ersinnen und diese auch noch zur Wirklichkeit werden lassen?

Um all dies zu verstehen, müssen wir auch hier unseren Blick nach innen wenden. In der Stille – in der Tiefe – finden wir die Antworten auf die großen Fragen unseres Lebens. Dort finden wir die geistigen Gesetze, die genauso wirken wie die Naturgesetze, die wir mit unseren materiell ausgerichteten Wissenschaften bereits entdeckt haben. Wenn wir jedoch diese geistigen Bereiche erkunden wollen, wie dies viele Geistesforscher vor uns schon getan haben, dann entdecken wir früher oder später genau diese geistigen Gesetze, die schon immer existiert haben und bis zum heutigen Tage exakt wirken. Ob wir als Menschen uns dessen bewusst waren oder heute bewusst sind, spielt dabei keine Rolle.

Eines der machtvollsten geistigen Gesetze ist das Gesetz von Ursache und Wirkung. Jeder Gedanke, den du denkst, jede Tat, die du vollbringst, erschafft eine Ursache. Danach ist diese Welt nicht mehr dieselbe, die sie vorher war.

Dies beginnt bereits mit einem Gedanken in dir, der sich unsichtbar in diesem Universum fortpflanzt, noch bevor es überhaupt zu einer Tat kommt. Alle unsere Gedanken setzen bereits die Ursache für eine Wirkung, die sich zwangsläufig im Außen manifestieren wird. „Der Glaube versetzt Berge" (Korinther 13, 2 & Hiob 9, 5). „Und alles, was ihr bittet im Gebet, so ihr glaubet, werdet ihr's empfangen" (Matthäus 21,22). Gedanken sind in der Tat sehr machtvoll. Wichtig zu wissen ist jedoch, dass ein positiver Gedanke vielfach stärker wirkt als ein negativer. Jeder Tat geht mindestens ein Gedanke voraus. Deshalb ist jede Tat die Folge eines, oft mehrerer, meist vieler Gedanken.

Die Wirkung von Taten ist uns eher bewusst. Und dennoch geschieht es häufig, dass wir durch unser Tun ziemlich unkluge Ursachen setzen, die dann unangenehme Folgen nach sich ziehen. Und das, obwohl wir die wahrscheinlichen Konsequenzen eigentlich schon vorher geahnt haben oder gar voraussehen konnten. Wenn du z. B. jemanden anschreist, weißt du, dass derjenige darauf reagieren wird. Er wird zurückschreien oder weinen. Vielleicht zieht er sich auch wortlos zurück und ignoriert äußerlich deine Worte. Aber in seinem Inneren wird er wütend oder traurig sein. Dieses Ereignis wird auch zu einem späteren Zeitpunkt eures Lebens eine Wirkung haben. Vielleicht wiederholt sich die Szene oder es kommen negative Gefühle auf bei der Erinnerung an diesen Vorfall. Wenn du dein Gegenüber aber liebevoll umarmst, ihm liebevolle Worte sagst, weißt du, dass dies ebenso eine entsprechende Wirkung haben wird. Du bekommst vielleicht ganz direkt liebevolle Worte und Gesten zurück. Vielleicht verzeiht dir auch derjenige oder diejenige nun deine vorangegangenen negativen Worte oder Handlungen.

Diese einfachen, direkten Wirkungen auf eine Ursache sind uns leicht verständlich. Die größeren, weiteren Zusammenhänge nehmen wir aber oftmals weniger oder gar nicht wahr. Dies liegt daran, dass wir eben viel zu unbewusst leben. Auch wenn wir das nicht gerne hören wollen und sich vor allem unser Ego gegen solche Erklärungen vehement wehrt, so ist es doch wahr, dass wir letztlich primär unser Schicksal selbst verursachen und daher auch die Wirkung, die es zur Folge hat, selbst verantworten müssen. Krankheit, Leid und andere Schicksalsschläge sind daher in erster Linie die Folge oder Wirkung aus den Ursachen, die wir in diesem oder einem Vorläuferleben selbst gesetzt haben. Wer z. B. ständig nur dem Geld hinterherrennt, nicht zur Ruhe kommt und sein inneres Gleichgewicht verloren hat, wird irgendwann durch verschiedene Warnungen seines Körpers den Hinweis seiner Seele bekommen, dass hier etwas krank – nicht mehr in Ordnung ist. Die Tatsache, dass gerade diese Menschen derartige Symptome meist durch Medikamente unterdrücken, weil sie der ursächlichen Wahrheit nicht ins Auge schauen wollen, führt dann praktisch zwangs-läufig in die Zwangs-pause, die wir heute mit dem Modewort „Burnout" bezeichnen. Die Seele gibt dabei quasi den Befehl: „Schachmatt setzen!", den der Körper dann durch heftigste Symptomatik gewissenhaft umsetzt. Die meisten Betroffenen sind anfänglich der Meinung, die Umwelt, die Arbeit, der Stress und eben all die anderen sind schuld daran. Aber es geht gar nicht um Schuld, sondern ganz einfach um Ursache und Wirkung und vor allem um die Bewusstwerdung eben dieser Zusammenhänge und um den höheren Sinn, der hinter all dem steckt. Wer dennoch alle Warnungen ignoriert und einfach nicht hören und nicht fühlen will, der muss mit weiteren Konsequenzen – sprich Wirkungen – rechnen. Oftmals reißen dann besonders tiefgreifende Ereignisse Schicksalsgräben in uns auf, die dann den Zugang zu unserer Seele freisetzen. Leider sind viele erst dann bereit, sich ihrem Bewusstseinsprozess hinzugeben.

Da alles mit allem verbunden ist, sind auch wir mit den Menschen in unserer Familie, unserem Umfeld, unserer Arbeit, unserem Land und mit dieser ganzen Erde in Verbindung. Deshalb wird unser einzelnes Schicksal auch von einem Gruppenschicksal überlagert. Wenn wir also z. B. den Etat unserer Gemeinde als Bürger derselben verschwenden, wenn wir alle ständig und überall mit einem Handy telefonieren müssen, wenn wir uns mit immer noch größeren, schnelleren und emissionsreicheren Fahrzeugen und vielen anderen Handlungen das Klima verändern, dann müssen wir im Kollektiv auch diese Aus-wirkungen verantworten und er-tragen. Letztlich liegt der Sinn dieser unangenehmen Konsequenzen nicht in einer Bestrafung, sondern in dem Ziel der Einsicht und Bewusstwerdung, wie dies auch beim Schicksal des einzelnen Individuums der Fall ist.

Da wir nicht nur als Menschen untereinander in Verbindung stehen, sondern genauso auch mit den Tieren, den Pflanzen und allem, was auf dieser Erde existiert, verbunden sind, leben wir mit allem Irdischen in einer Schicksalsgemeinschaft. Deshalb leiden beispielsweise nicht nur die Tiere durch unser Verhalten, das wir ihnen in Form von Massentierhaltungen, den Tiertransporten, Tierversuchen und den grausamen Tötungen antun, sondern wir erhalten – nach dem Gesetz von Ursache und Wirkung – unsere Schicksalsquittung in Form von BSE, Vogelgrippe, Schweinegrippe usw. zurück. Die Urwälder dieser Erde werden überwiegend deshalb abgeholzt, damit für ein paar Jahre Soja angebaut werden kann, um unseren ausufernden Fleischkonsum zu stillen. Das Fehlen der grünen Lungen dieser Welt würde weitreichende Folgen für uns haben. So leiden wir als Gemeinschaft direkt und indirekt an diesen und vielen anderen Folgen unserer Gedanken und Taten, da wir uns dem Ursache-Wirkung-Prinzip nicht entziehen können. Jeder im Kollektiv trägt direkt oder indirekt die Verantwortung für diese Ver-ursachungen und muss daher auch die Aus-wirkungen mittragen. Es ist an der Zeit, dass wir dieser unserer Verantwortung gerecht werden, bevor wir die gesamte Natur und damit uns selbst vollends zerstören!

Die Lösung der kollektiven Probleme beginnt jedoch nicht, wie viele glauben, in der Masse des Kollektivs der Menschheit, sondern liegt in Wahrheit in jedem Einzelnen von uns. Wer selbst kein Bewusstsein erlangt oder trotz seines Bewusstseins nicht danach handelt, wird im Kreislauf von Ursache und Wirkung verstrickt bleiben. Wer jedoch sein Schicksal selbst in die Hand nimmt, indem er bewusste Gedanken in bewusste Taten verwandelt, die im Einklang mit seiner göttlichen Herkunft stehen, der wird nicht nur sein eigenes Schicksal in Frieden, Harmonie und Freude verwandeln, sondern auch das der anderen. Über deine Seele hast du den direkten Zugang zu der Quelle der Weisheit, die dir durch deine Intuition genau die Gedanken geben wird, die du zur richtigen Zeit am richtigen Ort benötigst, um dein Lebensschicksal zu meistern und deinen Beitrag zum Gesamtschicksal dieser Welt zu leisten. Der Schlüssel hierzu ist die Hingabe – die Hingabe in die Offenbarungen, die dir selbst zuteilwerden. Dann bist du wahrhaftig ein freier Mensch und ein weiser Gestalter deines Schicksals.

9 Seelenreichtum

Möchtest du gerne reich sein, ein Leben ohne Sorgen führen, tun und lassen können, was du willst? Möchtest du dir alles leisten können und nur noch die Dinge tun, die dir Spaß machen? Wer möchte das nicht? Die meisten Menschen träumen von so einem Leben und glauben dennoch nicht wirklich daran, dass sie auserwählt sind, so zu leben. Sie meinen, sie hätten nicht genügend Geld dazu, wären leider ins falsche Elternhaus hineingeboren worden, wurden bisher von der Lottofee ignoriert oder sie seien einfach vom Pech verfolgt. So hat sich in den meisten Köpfen der Glaube verfestigt, dass der Schlüssel zur Erfüllung all ihrer Träume eine ausreichende Geldmenge wäre, obwohl uns kluge Menschen wie Albert Einstein eines Besseren belehren: „Die besten Dinge im Leben sind nicht die, die man für Geld bekommt." Doch die weltweit noch dominierende kapitalistische Weltanschauung will uns nach wie vor die gegenteilige Meinung „verkaufen". So träumen die meisten ihren Traum weiter, anstatt ihn zu leben, da es bisher mit dem notwendigen, großen Geldsegen noch nicht geklappt hat.

Ersatzweise schauen sich daher Millionen von Menschen ihre Träume vom Reichtum wenigstens im Fernsehen an. Sie sehen zu, wie andere ihren Traum vom „vollkommenen Reichtum" leben. Viele suchen auch in den Romanwelten der Bücher die Traumprinzen und Traumfrauen, die an ihrer Stelle das Leben führen, welches sie leider selbst in ihrer Wirklichkeit nie leben. Vielleicht geht es dir ja ähnlich. Vielleicht hast auch du schon unzählige Male von einem Leben in Reichtum geträumt, dir diese Art zu leben schon so oft in Filmen angesehen. Wenn du die Schauspieler genau beobachtest, wirst du feststellen, dass sie alle etwas gemeinsam haben. Sie „fühlen" sich reich an! Sie stellen ein Leben zur Schau, dass sie mit einer gewissen Selbstverständlichkeit leben. Sie treten auf wie ein reicher Mensch. Sie spielen die Rolle des Reichen. Sie tun so, als ob sie reich sind. Diese Rolle spielen sie authentisch und mit innerer Überzeugung. Schau dir in der Wirklichkeit z. B. die reichen Villen- oder Jachtbesitzer an. Auch sie spielen diese Rolle der Reichen – das Leben ist tatsächlich ein Spiel. Nun wirst du denken, es sei ja kein Kunststück, sich so zu fühlen und das Leben spielerisch zu sehen, wenn man nur so im Geld „schwimmt". Doch das Entscheidende an diesem Gefühl ist, dass es zuerst da sein muss. Du kannst niemals reich werden, wenn du dich nicht zuvor reich fühlst. Diese Menschen haben allesamt an ihren Reichtum geglaubt, es zuvor gefühlt, dieses Lebensgefühl, lange bevor es sich manifestiert hat, in sich getragen. Der Lottogewinner hat vor seiner Ziehung an ein Leben in Reichtum geglaubt – bewusst oder unbewusst. Der Tellerwäscher hat schon während des Tellerwaschens an seine spätere Karriere geglaubt, sich in seinen Gedanken reich gefühlt, an seinen Erfolg geglaubt, noch bevor er zum Millionär wurde.

An was glaubst du? An deinen Reichtum? Oder daran, dass du gerne reich sein würdest? Mit Letzterem kannst du nie reich werden. Nur was du im JETZT glaubst, kann sich in der Zukunft erfüllen. „… dir geschehe, wie du geglaubt hast." (Matthäus 8,13) „Alle Dinge sind möglich dem, der da glaubt" (Markus 9,23). Vielleicht stellst du diese Aussagen infrage, da du selbst die Erfahrung gemacht hast, dass trotz deines Glaubens an etwas deine Wünsche nicht erfüllt wurden. Aber hast du es auch gefühlt, dich ganz und gar hineingefühlt, dich von innen heraus reich gefühlt?

Die Heimat unserer Gefühle ist unsere Seele. Dort sind all die Sehnsüchte, die Hoffnungen, die Wünsche, die Träume zu Hause. Doch oft hören wir nicht auf unsere Seele, sondern lassen uns vollkommen von unserem Verstand leiten, der seine Wünsche ganz nach der Außenwelt formt, der ein Abbild dessen produziert, was er im Außen sieht. All das möchte er auch haben, und er versucht Ideen und Strategien zu entwickeln, um diese Ziele zu erreichen. Dabei muss er sich mächtig anstrengen und ist auf der Suche nach Wegen, um sein Ziel des Reichtums zu er-reichen. Die verstandesmäßigen Wege zum Reichtum, die uns die Außenwelt vorspielt, setzen auf harte, schweißtreibende Arbeit, Glück oder gar unseriöse oder sogar betrügerische oder kriminelle Methoden. Der Schlüssel zum wahren Reichtum, den jeder in sich trägt, kann jedoch nicht mit dem Verstand erfasst werden. Um wahren Reichtum zu erlangen, musst du den umgekehrten Weg gehen. Geh den Weg nach innen. Lass deinen Verstand zur Ruhe kommen. Lass die Bilder des äußeren Reichtums zunächst einmal an dir vorbeiziehen. Wenn du in vollkommener Ruhe und Harmonie bist, dann höre in dich hinein. Schau, was dort auf dich wartet, und entdecke den inneren Reichtum, der bereits vorhanden ist. Welche Gefühle wollen da hochkommen? Welche Wünsche sind da tief in dir drinnen? Wie sieht dein wahres Leben aus, von dem deine Seele träumt? Wie stellt sie sich ein reiches Leben vor? Was möchte sie er-reichen? Was willst du – in deinem Inneren – wirklich er-reichen? Oder hast du schon alles er-reicht?

Der Wechsel vom Verstandesbewusstsein zum Seelenbewusstsein führt dich von der äußeren Welt unbeständiger Reichtumsgedanken in die Welt der beständigen, wahrhaftigen Gegenwart des inneren Reichtums. Je öfter du dorthin gelangst und je intensiver deine Wahrnehmungen dort werden, umso klarer wird dir schließlich, was du wirklich willst, was du wirklich brauchst, und was nicht. Nicht im Äußeren, sondern im Inneren ist diese Klarheit zu finden. Vielleicht wird dir dann klar, dass deine wahren Wünsche ganz anders aussehen, als du dir dies in deinem Verstandesbewusstsein bisher ausgedacht hast. Geh durch diese Prozesse der Selbstfindung und erkenne, was deine Seele unter einem reichen Leben versteht. Vielleicht findest du dort Vorstellungen und Wünsche nach bestimmten materiellen Dingen. Ganz sicher aber wirst du auch andere Ziele vorfinden, nach denen deine Seele reich-lich verlangt. Wie sieht es mit Frieden, Harmonie und Liebe aus? Hat sie schon genug davon?

Erforsche die wahren Bedürfnisse und Wünsche deiner Seele. Nicht die Befriedigung der Bedürfnisse, die dir deine Außenwelt zu implantieren versucht, wird dich wahrhaftig reich machen, sondern die Erfüllung deiner wahren Wünsche in deinem Inneren wird dir deinen wahren Reichtum bescheren. Vielleicht wirst du auf dieser Entdeckungsreise in dein Inneres feststellen, dass du so manchen Schatz schon in dir trägst, dass du so manches Ziel in deinem Leben bereits er-reicht hast. Vielleicht wird sich dein Leben viel reicher anfühlen, wenn du feststellst, dass die äußeren Ziele, die in deinem Kopf bisher dominiert haben, gar nicht mit deinen inneren Zielen übereinstimmen. Vielleicht bist du schon viel reicher, als du bisher gedacht hast. Vielleicht erkennst du aber auch, dass du bisher auf dem Holzweg gegangen bist. Vielleicht wird dir klar, dass dein Beruf oder die ganze Ausrichtung deines bisherigen Lebens gar nicht mit deinen inneren Wünschen übereinstimmt. Dann ist vielleicht der Zeitpunkt gekommen, um ein ganz neues Leben zu beginnen – eine neue Richtung einzuschlagen. Vielleicht entdeckst du nicht nur deine inneren Wünsche und Ziele, sondern verspürst auch einen sehr starken inneren Impuls, eine innere Kraft, die dir plötzlich, scheinbar aus dem Nichts, neue Energie schenkt. Eine Kraft, die nach außen will und zur Verwirklichung drängt. Vertraue deiner inneren Stimme, vertraue deinen inneren Seelenkräften. Deine Seele ist mit dem unendlichen Energiestrom des Universums verbunden. Alles, was du je in deinem Leben erreichen möchtest, ist durch diese Kraft realisierbar. Die Kraft wirkt über deine Gedanken, über deine Vorstellungen und deine Gefühle und formt die Visionen, die sich schließlich daraus materialisieren. Das Gesetz der Anziehung wird dir auf ehrlichem Wege und mit Leichtigkeit ein Leben in Fülle und wahrem Reichtum schenken. Aber bedenke, Reichtum ist nicht gleich Geld – Reichtum ist Fülle und Vollkommenheit, Ganzheit in allen Bereichen – innen wie außen. Geld kann uns so manche Wünsche im Außen erfüllen, über die wir uns auch im Inneren erfreuen können, doch es ist letztlich nur Mittel zum Zweck und nicht der Reichtum selbst.

Wenn dir also klar geworden ist, was du tief in deinem Inneren wirklich willst, wie dein Leben in wahrem Reichtum aussieht, dann beginne, es dir vorzustellen. Nutze deinen Verstand, um dir dies ganz genau vorzustellen – aber dann ist es wichtig, dass du dich vor allem in diesen Zustand hineinfühlst. Stelle dir vor, wie es sich anfühlt, so zu leben, die Arbeit zu tun, die du möchtest, den Partner neben dir zu haben, der mit dir harmoniert, dich an den Dingen zu erfreuen, die dir gefallen. Wie fühlen sich deine Erlebnisse an, nach denen du dich sehnst? Je öfter und intensiver du diese Gefühle in deinem Inneren in der Gegenwart erlebst, du im Jetzt in diese Rolle, in dieses Bild mit deinem ganzen Körper, deinem ganzen Dasein hineinschlüpfst, desto stärker sendet deine Seele diese Gefühlsschwingungen ins Universum. Nach dem Gesetz der Resonanz erfolgt hieraus eine Antwort, die zu dieser Schwingung passend ist.

Am Anfang war das Wort, der Gedanke, aus dem alles entsteht. Durch Dankbarkeit kannst du diesen Vorgang noch verstärken. Sei dankbar für das, was du bereits an Geschenken in deinem Leben erhalten hast, für deine positiven Gefühle, und danke bereits im Voraus für das, was du dir wünschst. Wenn du am Ende eines Briefes schreibst: „Im Voraus besten Dank für Ihre Bemühungen", wird der Adressat angespornt, sich noch mehr Mühe zu geben, aufgrund des Dankes, den du im Voraus ausgesprochen hast. Auf dieselbe Weise wird das Universum sich entsprechend Mühe geben, deine Wünsche zu erfüllen. Wie fühlt es sich für dich an, wenn du jemandem seinen Herzenswunsch erfüllst, indem du ihm sein Wunschgeschenk überreichst, und er nicht einmal danke sagt? Und wie fühlt es sich an, wenn er dir vor Freude um den Hals fällt?

Du bist aus dem Stoff des Universums erschaffen und die höchst schwingende Essenz darin ist Liebe. Wer also Liebe und Dankbarkeit aussendet, erhält genau das zurück. Vielleicht ist es für dich schwer vorstellbar, dass dein Wunsch nach einem Leben in wahrhaftigem Reichtum so einfach erfüllt werden kann. Doch gerade die Vorstellung darüber, dass dies nicht möglich, schwierig oder problematisch wäre, verhindert eben die Erfüllung. Deshalb wirf deine Zweifel ein für alle Mal über Bord, vertraue der göttlichen Kraft, die dich erschaffen hat und mit der du durch deine Seele in ewiger Einheit bist, und öffne dich dem wahren Reichtum in dir. Und sollte dein Reichtum trotz aller Wünsche, Affirmationen, Gebete, Gedanken und Gefühle der Dankbarkeit im Äußeren nicht in Erscheinung treten, dann frage dich, ob die Nichterfüllung nicht doch aus einem Mangelbewusstsein deiner Verstandesgedanken, deines Egos resultiert. Frage dich, ob du bereits inneren Reichtum erlangt hast. Wer innerlich wahrhaftig reich ist, der erkennt auch den Reichtum im Außen. Vielleicht hast du die Art der Offenbarung im Außen missverstanden oder der wahre Zeitpunkt für eine äußere Manifestation ist noch nicht erreicht. Bedenke außerdem, dass das Universum ein Mysterium ist, das wir mit unserem menschlichen Verstand nur zu einem ganz kleinen Teil erfassen können. Wahrhaftiger Glaube und Vertrauen stellen nichts infrage. Deshalb vertraue dem göttlichen Universum, das dich erschaffen hat, dich trägt und zusammenhält, und halte den Glauben aufrecht, dass es jederzeit weiß, was in welchem Augenblick das wahrhaft Richtige für dich ist. Erkenne, dass in jedem Moment immer der zeitlose Reichtum der Unendlichkeit enthalten ist und er-lebe dies, indem du dich dem hingibst – innen wie außen.

10 Seelenschwingung

Alles, was ist, ist in Schwingung. Alles schwingt. Nicht nur die Töne, die wir hören, entstehen durch Schwingungen in einer bestimmten Frequenz. Alles, was wir auf dieser Erde wahrnehmen können, hat eine eigene Schwingung – schwingt in seinem Energiemuster. Oberflächlich betrachtet besteht das materielle Universum aus flüssigen, festen und gasförmigen Stoffen. Doch die Atome und noch viel kleinere Teilchen, die diese Daseinsformen bilden, sind ebenfalls in Schwingung, halten ihren Zustand durch ihr Schwingungsmuster. Alles ist Energie, die in Bewegung ist – die schwingt. Je nach Dichte bzw. Schwingungsfrequenz verändern sich die Daseinsformen. So hat ein Stein z. B. eine sehr dichte, niedrig schwingende Form angenommen. Doch auch über die materielle Ebene hinaus ist alles in Schwingung. So nimmt ein sehr hoher Ton eine „leichte" und hoch schwingende Frequenzform an.

Selbst unsere Gedanken sind hohe Schwingungsfrequenzen, die wie ein Ton jenseits der materiellen Ebene vorhanden sind. Dennoch sind unsere Gedanken genauso real, wie das, was wir sehen und anfassen können. Es ist eine hohe Schwingungsenergie, die da in unseren Köpfen existiert und doch nur indirekt sichtbar gemacht werden kann. Durch die moderne Medizin sind wir z. B. durch Hirnstrommessungen (EEG) in der Lage, diese Schwingungsfrequenzen nachzuweisen. Wenn wir unsere Gedankenwelt einmal näher betrachten, dann stellen wir fest, dass auch hier große Unterschiede vorhanden sind. Da gibt es Gedanken, die positive Formen annehmen und sehr viel höher schwingen als negative. So befinden sich unsere friedvollen, lebensbejahenden, harmonischen oder liebevollen Gedanken in hohen Schwingungsebenen. Während sich pessimistische, hoffnungslose, rachsüchtige oder gewaltvolle Gedanken in niedrigen Schwingungsebenen bewegen.

Gedanken sind frei. Wir alle hier sind als Menschen mit einem freien Willen ausgestattet. Wir selbst treffen die Entscheidung über das, was wir denken wollen. Wir bestimmen also, in welcher Schwingungsfrequenz wir denken wollen. Da jedoch alles mit allem verbunden ist, sind auch unsere Gedanken mit allem verbunden. So wie sich Wasser zu Eis oder Dampf verwandeln und dabei seinen Zustand verändern kann, so sind unsere Gedanken imstande, sich in Form und Materie zu verwandeln. „Wir sind, was wir denken. Alles, was wir sind, entsteht aus unseren Gedanken. Mit unseren Gedanken formen wir die Welt" (Siddhartha Gautama).

Wenn du also ein Leben in Frieden und Harmonie, ein Leben im Einklang mit der göttlichen Ordnung führen möchtest, ein Leben in Freude und Überfluss, dann musst du zunächst deine Gedanken in diese Richtung formen. Es ist praktisch unmöglich, dauerhaft solch ein Leben zu führen, wenn die Gedanken in eine ganz andere, negative Richtung weisen. Wenn du also eine Wut auf die Kriege in dieser Welt und auf deren Verursacher in dir hegst, und sei es auch auf den Kleinkrieg in deiner Familie oder in deinem nahen Umfeld, kannst du niemals dazu beitragen, diesen Zustand zu verändern. Wenn du Frieden willst, musst du zuerst friedlich denken. Erst wenn du vollkommen mit dir und deinen Gedanken in Frieden bist, kannst du zum Frieden in deiner äußeren Welt beitragen. Erst innen, dann außen. So übertragen sich alle Schwingungszustände deiner Gedanken immer und ständig auf deinen ganzen Körper und auf die Welt um dich herum. Kannst du dich an einen Zustand höchster Erregung, größter Wut in dir erinnern? Wie hat dein Körper reagiert? Was sagt dein Herz – dein Kreislauf dazu? Und wie fühlt sich ein tiefer, friedvoller Entspannungszustand an, wenn du mit dir selbst im Reinen bist, wenn alles im Lot ist und deine Gedanken in vollkommener Harmonie schwingen? Wie schwingt da dein Körper mit? Wie fühlt er sich an? Du siehst selbst, wie sehr dein Denken deinen materiellen Körper beeinflusst.

Nun geh einen Schritt weiter in die Außenwelt. Erinnere dich an eine Situation, in der du liebevolle und wohltuende Worte einem Menschen gegenüber geäußert hast. Wie hat er darauf reagiert? Und nun denke über eine Situation nach, in der du jemanden beschimpft hast oder ihm Vorwürfe gemacht hast. Wie hat derjenige reagiert? Wie hat er sich wohl danach gefühlt? Und wie hat seine Schwingung dann auf dich gewirkt? Wenn du tiefer und länger über solche eigenen Erfahrungen nachdenkst, wirst du mehr und mehr feststellen, wie elementar alles mit allem verbunden ist. Dann wird dir klar, wie sehr du mit positiven Gedanken dein Leben und das der anderen positiv beeinflussen kannst.

Vielen von uns ist dies durchaus bewusst und dennoch leben wir so oft nicht konsequent genug nach den Erkenntnissen dieser Zusammenhänge. So kommen wir oftmals in ein Fahrwasser von alten Verhaltensmustern oder Verhaltensrollen und merken meist erst hinterher, wie unsere Gedanken und unser daraus entstandenes Verhalten ganz und gar nicht mit unseren Vorsätzen übereinstimmen. Die Frage ist daher, wie kann man seine Gedanken im positiven Bereich halten – auf einer hohen Frequenz schwingen lassen? Am einfachsten wäre es, man hätte einen ständigen Begleiter, einen Aufpasser, der uns nicht besserwisserisch, sondern auf liebevolle Weise an unsere Vorsätze erinnert, der sofort eingreift, wenn es vonnöten ist, und uns bei der kleinsten Kursabweichung wieder auf Kurs – in eine hohe Schwingung – bringt. Das Fantastische für jeden von uns ist, dass wir diesen liebevollen Begleiter bereits in uns tragen. Und zwar einen, der bestens Bescheid weiß und der bereits selbst in der höchsten Frequenz schwingt, die überhaupt existiert. So schwingt auch dein Inneres, deine Seele in ihrem Kern auf der höchsten Schwingungsebene! So wie das Kind das Blut von Mutter und Vater in sich trägt, so trägst du die höchste geistige Schwingung in dir, in deiner Seele – da du ein Kind Gottes, ein Kind der einen ewigen und unerschöpflichen Quelle bist. Du bist nach dem Ebenbild Gottes geschaffen und trägst daher auch die höchste aller Schwingungsfrequenzen in dir – es ist die göttliche, wahrhaftige, alles umfassende Liebes-Schwingung!

Wenn die Schwingung deiner Gedanken in Resonanz mit deinem Inneren, mit deiner Seele ist, dann fühlst du dich wohl, bist in Harmonie, im Einklang mit deiner Seele – mit dem Ursprung allen Seins. Dieser Zustand wird sich in der Welt fortpflanzen, indem deine Impulse scheinbar unsichtbar nach außen treten. Wie ein Echo wird dir deine Umwelt Schwingungen derselben Frequenz zurückschicken. Je höher deine Schwingung, umso mehr wird sich dieser Effekt verstärken. Die Welt um dich herum wird mehr und mehr in Resonanz zu deiner hohen Schwingung treten. Auf wundervolle Weise wird sich so dein Leben mehr und mehr zum Guten verwandeln.

Sollten sich deine Gefühle jedoch noch eher negativ an-fühlen und deine Gedanken eher von Mangel, Ärger, Groll, Wut oder anderen unangenehmen Zuständen beherrscht sein, so bist du in Disharmonie mit deiner Seele. Die Schwingungsebene deiner Gedanken und der daraus resultierenden Taten stimmt damit nicht mit der deiner Seele überein. Die Frequenz, in der deine Gedanken schwingen und senden, ist eine andere, eine niedrigere, als deine Seele erzeugt. Diese Diskrepanz, diese Ungleichheit erzeugt eine Spannung. Diese innere Anspannung empfindest du in Form von negativen Gefühlen. Je mehr der Schwingungszustand deiner Gedanken und deines ganzen Körpers vom Idealzustand deiner Seele entfernt ist, umso größer ist dieser Spannungszustand und umso mehr leidest du unter diesen negativen Gefühlen. Der Gradmesser, an dem du zweifelsfrei erkennen kannst, ob du auf Kurs bist, sind deine Gefühle. Gefühle sind die direkte Anzeige, ob dein Außen und Innen im Einklang sind. Fühlst du dich schlecht, so bist du nicht in deiner Lebensspur, ist dein Außen mit dem Innen nicht deckungsgleich – dann musst du dringend korrigieren! Deshalb solltest du deinen Gefühlen die größte Aufmerksamkeit schenken. Sie sind die Sprache deiner Seele. Ihnen solltest du vertrauen. Wenn du ihnen vertraust, vertraust du dir selbst, vertraust du deinem wahren Selbst, vertraust du der einen wahren Quelle allen Lebens, mit der du über deine Seele in ständiger Verbindung bist. Höre also auf deine innere Stimme und richte dein Leben nach ihr aus. Dein Verstand ist dir dabei ein Hilfsmittel. Du bist nicht dein Verstand, sondern der Verstand ist ein Teil von dir, ein Werkzeug von dir. Du darfst ihn nicht zum Herrn in deinem Hause machen. Du bist der Herr, du bist deine Seele, und der Verstand ist dazu da, dir zu dienen. Er soll dir dabei behilflich sein, deine inneren seelischen Wünsche in praktischer Form umzusetzen.

Ebenso verhält es sich mit deinem Ego. Du bist nicht dein Ego, sondern dein Ego ist ein Teil von dir und es dient dir dazu, die Wünsche deiner Seele in dieser Welt durchzusetzen. Das Ego ist nicht dazu da, dein Licht unter den Scheffel zu stellen, sondern es frohen Mutes und mit einer inneren Selbstsicherheit nach außen zu tragen. Wenn dein Verstand, dein Ego, dein ganzer Körper bis in jede Zelle hinein vollkommen auf der Schwingungsebene der all-einen Quelle ist, bist du im Licht, ist alles in dir erhellt. Dann brauchst du das Paradies im Außen nicht mehr zu suchen, denn es ist in dir. Dann brauchst du nicht mehr nach der Erleuchtung zu suchen, denn in dir ist das Licht. Dann schwingt dein ganzes Körper-Seele-Geist-Wesen im göttlichen Einklang.

11 Seelenglück

*„Aus den Wolken muss es fallen,
aus der Götter Schoß das Glück,
und der mächtigste von allen
Herrschern ist der Augenblick."*
FRIEDRICH SCHILLER

Im Grunde seines Herzens möchte jeder Mensch glücklich sein. Unser ganzes Streben nach mehr Geld, mehr materiellem Wohlstand, mehr Reisen, mehr Aktivität im Außen dient letztlich diesem einen Ziel, glücklich zu sein. Doch viele merken, dass man dieses Glück nicht richtig greifen kann. Es scheint, als könne man es nicht festhalten, nicht besitzen. Denn kaum hat man das materielle Ziel seiner Träume erreicht, scheint das Glück plötzlich verschwunden zu sein. So suchen wir nach neuen Zielen, die uns dann hoffentlich dauerhafter glücklich machen. Doch es ist wie mit dem Meerwasser, das man trinkt, es kann den Durst nach Glück nicht stillen.

So irren viele umher und drehen sich in einer endlosen Schleife, die niemals im „Lande des Glücks" zu enden scheint. Manche geben die Suche dann irgendwann auf und versinken im Meer der Langeweile. Andere haben erst gar nicht groß zu suchen begonnen, weil sie der Meinung sind, dass das Glück offenbar nicht für sie bestimmt sei und dass sie eher zu den Verlierern statt zu den Gewinnern zählen. Es gibt auch Menschen, die glauben, sie hätten kein Glück verdient oder dieses Glück existiere überhaupt nicht. Scheinbar wenige in unserer so genannten zivilisierten Welt haben das wahre Glück tatsächlich gefunden.

Doch was ist das wahre Glück? Existiert es überhaupt? Und wenn ja, wo kann man es wirklich finden? Wie kommt es, dass viele arme Menschen oder solche, die in einem einfachen Umfeld leben, ein Strahlen in ihren Augen haben, ein Lächeln, das uns zeigt, dass sie ganz offensichtlich glücklich sind? Warum gibt es unter den Menschen, die im üppigen Wohlstand leben, so viele unzufriedene Gesichter, wenn doch der materielle Reichtum das Glück verheißt? Und weshalb gibt es unter ihnen auch solche, die dennoch einen zufriedenen und glücklichen Eindruck machen? Der Schlüssel zu all diesen Fragen liegt auch hier in unserem Inneren. Egal, wie die Zustände im Außen um uns herum zu sein scheinen – in erster Linie sind diese nicht entscheidend für unser Glück. Wie sollten sie auch. Denn das Glück kann ja nur im Innen empfunden werden – da tief in unserem Inneren sind unsere Gefühle. Und glücklich sein ist nun mal ein Gefühl. Es ist nichts, das man anfassen könnte. Es ist nichts, was man sehen könnte. Man kann es mit unseren klassischen fünf Sinnen nicht erfassen. Und doch gibt es dieses wundervolle Gefühl – dieses Gefühl des Glücklich*seins*.

Doch viele Menschen verwechseln die kurzfristigen Momente des Sich-glücklich-Fühlens, die aus Verliebtheit, Erreichen eines ersehnten Zieles oder Ähnlichem herrühren, mit dem Gefühl des wahren, dauerhaften Glücklich-*sein*s, das von innen kommt. Der Weg zu diesem wahrhaftigen, beständigen Glücklich*sein* ist jedoch gar kein Weg, sondern der Eintritt in einen Zustand. Das ***Sein*** ist ein Zustand – eine Wahrheit – eine Tatsache – etwas, das vorhanden ist. Es muss nicht erst erschaffen werden. Es ist schon da. Wir müssen es nur *sein* lassen (d. h. nicht bleiben lassen, sondern zulassen).

Aber wie soll das gehen? Wo ist dieses Glück und wie kann man es zulassen – herauslassen? Alles Glück dieser Erde ist in allem vorhanden. In jedem Stein. In jedem Baum, im Wasser und in der Erde. In jedem Tier und in jedem Menschen. Nichts ist getrennt. Alles ist mit allem verbunden. Alles hat den gleichen Ursprung. Alles existiert aus demselben Ursprung. Alles lebt – alles fühlt. Alles ist durchdrungen von demselben Glück. Dem Glück zu ***sein***. Wenn wir uns dies wirklich bewusstmachen – die Verbundenheit mit allem, was ist, klarmachen, dann entsteht in uns das Gefühl von ***Einssein***. Dann fühlen wir uns nicht mehr getrennt – isoliert, als Einzelner, der umherirrt auf der Suche nach dem großen Glück, nach Zugehörigkeit, nach Zusammengehörigkeit, nach Angenommen*sein*. Dann erhellt sich in uns eine Ahnung davon, dass wir bereits angehörig, angenommen und ***eins*** sind und es schon immer waren. Mit dem Begreifen, das alles ***eins*** ist und wir ein zugehöriger Teil des Ganzen sind und dies auch immer bleiben werden, zerfällt das Vakuum, das sich in unseren Gedanken und Vorstellungen gebildet hat und in das wir ständig versuchen, jeden Krümel äußerlich gefundenen Glücks hineinzuschaufeln. Doch dieses Vakuum kann niemals vollgeschaufelt werden, da es eine pure Illusion unseres Egos ist. Eine Fata Morgana, die sich plötzlich in Nichts auflöst, wenn wir unsere Aufmerksamkeit von der fixierten Suche nach dem Glück aufgeben und uns auf das besinnen, was wir bereits sind, was wir bereits haben. Auf das, was bereits ist – auf das Vorhanden*sein* der *Ein*heit! *Eins* zu *sein* bedeutet glücklich sein. Das Glück, *ein* Teil des Universums zu *sein*. *Einssein* mit dieser Welt als *ein* Teil dieser ganzen Erde. *Ein* Zugehöriger zu *einer* Staatengemeinschaft. *Ein* Mitarbeiter *einer* Firma. *Ein* Familienmitglied *einer* Familie. *Ein* Teil *einer* Liebesbeziehung. *Eine* hin*ein*geborene Seele als Teil *einer* großen Seelengemeinschaft. Wenn wir uns nochmals den ärmeren Völkern und ursprünglichen Lebensgemeinschaften zuwenden, dann sehen wir, dass diese Menschen in einer sehr großen Verbundenheit mit ihresgleichen und der Natur leben. Darin liegt letztlich auch deren Schlüssel zur Zufriedenheit und zu ihrem Glücklich*sein*. Sie sind *eins* mit ihren Mitmenschen, *eins* mit der Natur, *eins* mit sich selbst.

In unserer modernen, materiellen Welt, wollen wir uns mehr und mehr individualisieren. Uns von den andern abheben, abgrenzen, etwas Besonderes sein. Dies führt uns mehr und mehr ins Gegenteil der Einheit – in die Trennung, in die Isolation. Und so sitzt manch einer allein in seinem goldenen Palast und fragt sich: Warum bin ich nicht glücklich? Der Schlüssel zum Glück ist daher in erster Linie keine Frage des Geldes – keine Frage, ob arm oder reich. Es ist eine Frage des inneren Gefühls. Eine Frage, wie es in uns selbst aussieht, wie wir uns selbst wahrnehmen und ob wir uns als zugehörig und verbunden mit allem fühlen, was ist oder nicht. Wenn wir die Außenwelt einmal ausblenden, all unsere Wünsche und zahlreichen Bedürfnisse einmal vergessen, uns einmal in die Ruhe begeben, versuchen, in einen meditativen Zustand zu gelangen, um in der Tiefe unseres Inneren nach dem Glück des Lebens zu suchen, dann finden wir sehr bald heraus, dass es das Leben selbst ist, das uns glücklich macht. Dann spüren wir, welches Glück es für uns bedeutet, da zu sein. Hier zu sein. Dann ist bereits ein jeder Atemzug ein Moment vollkommenen Glücks. Ein Geschenk im Ein- und Ausatmen. Ein Angeschlossensein an den großen Atem dieser Welt, ohne selbst dafür Sorge tragen zu müssen. Wenn wir die Aufmerksamkeit auf unseren Herzschlag richten, dann spüren wir die Verbundenheit mit dem großen Takt des ganzen Lebens – so wie alle unsere Organe bis in die kleinste Zelle hinein mit dem Strom des Lebens verbunden sind. Wenn wir in noch tiefere Bewusstseinszustände abtauchen und unsere Gedanken ganz zur Ruhe kommen lassen, erahnen oder spüren wir den Zustand, den Raum außerhalb von Zeit und Begrifflichkeit, sind da im HIER und JETZT und doch losgelöst von den Dingen, die uns umgeben. Im zeitlosen Zustand des Nichts – das gleichzeitig alles umfasst. Dort, in der vollkommenen Verbundenheit mit allem *Sein*, können wir das wahre Glück finden. Dort ist das wahrhafte Glück zu Hause und allgegenwärtig. Dort ist das Glück in allem *Sein*. Es muss nicht mehr erdacht, erfahren oder vollbracht werden, da es bereits *ist*. Dort ist die zeitlose Quelle des wahren Glücks, von der wir für unser Leben endlos schöpfen können. Wenn du in dir dieses Glück gefunden hast, wirst du nie mehr im Außen nach dem Glück suchen. Du wirst dann den umgekehrten Weg gehen. Das Glück in dir wird mehr und mehr wachsen und Licht in alle Dunkelheit bringen. Dieses innere Glück brennt dann wie ein Feuer in dir, dessen Flammen aus der Liebe genährt werden. Es durchdringt dann dein ganzes Innere und wird schließlich übergreifen in deine Welt, die dich umgibt. Dann wirst du entdecken, dass das Stück Brot auf dem Teller genauso viel Glück bedeutet wie ein üppiges Mahl auf deinem Tisch. Dann wird der Schmetterling auf einer Blüte dein Herz berühren. Dann wird dich das Lächeln eines Greises ebenso erheben wie die strahlenden Augen eines kleinen Kindes. Dann wirst du Dankbarkeit für jede Berührung des Windes auf deiner Haut empfinden und jeden Tropfen Wasser als Lebenselixier verehren. Dann wird dich der wärmende Sonnenstrahl an den Ursprung deines *Seins* erinnern und du siehst die Schönheit und Vollkommenheit in allem, was dich umgibt. Dann wird sich das Glück in deinen Augen in jedem Gegenüber widerspiegeln und diese hohe Energie wird wie ein Funken überspringen und sich auch im Außen mehr und mehr ausbreiten. Die Welt um dich herum wird wie ein Echo antworten und dir Glücksgeschenke überreichen, wo zuvor nur Widerstände waren. So wird das Glück keine Illusion der Zukunft mehr für dich sein, sondern du wirst erkennen, dass es nur im HIER und JETZT, im Augenblick der Gegenwart, erfahrbar ist, durch den endlosen Strom der Liebe in dir – der schon immer da war und nie versiegen wird.

12 Seelenliebe

„Denn Liebe, die etwas anderes sucht als die Offenbarung des eigenen Mysteriums, ist nicht Liebe, sondern nur ein ausgeworfenes Netz: und nur das Nutzlose wird gefangen."
KHALIL GIBRAN

Jeder will geliebt werden, in Liebe sein, ob ihm dies nun bewusst ist oder nicht. So viel schon wurde über die Liebe geschrieben und berichtet. Wie viele Liebesromane wurden schon erdacht, geschrieben und gelesen? Wie viele Liebesfilme wurden schon gedreht und angeschaut? Wie oft schon warst du verliebt? Und wie sehr hast du das Sehnen danach verspürt? Und wie weh hat es getan, wenn dir die Liebe versagt wurde oder du sie, in deinen Augen, verloren hattest? Mancher hat seinen Schmerz tief in sich vergraben und damit sein Herz verschlossen – sodass all die Liebe, die überall vorhanden ist, ihn gar nicht mehr erreichen kann. Die Liebe ist das zentrale Thema des **Mensch-Seins**. Sie ist wie Wasser in der Wüste und unser wahres Lebenselixier. Aus ihr kann alles gedeihen, mit ihr kann alles gelingen und durch sie kann alles entstehen. Sie ist die Quelle allen **Seins**. Sie ist der Ursprung allen Lebens. Sie ist das Leben selbst.

Doch wo ist die wahre Liebe nun zu finden? Wie kann man sie erreichen? Wie kann sie uns erreichen? Die großen Meister, Mystiker und Propheten der Geschichte haben uns gelehrt, was die wahre Liebe wirklich ist und wie man in der Liebe leben kann. Doch unsere moderne Art zu denken und zu handeln ist mehr und mehr durch unseren Verstand geprägt. Und so versuchen wir auch die Liebe auf diese Weise zu erfassen, machen uns mit unserem Intellekt ein Bild von ihr und suchen dieses Bild im Äußeren. So soll der Lebenspartner diesem Bild entsprechen. So soll er uns die Liebe schenken, die unserem erdachten Bild entspricht. Solange der Partner imstande ist, dies zu erbringen, erhält er von uns das als Dank zurück, was wir Liebe nennen. Doch ist das Liebe, die wahre Liebe? Was ist, wenn unser Partner ganz plötzlich nicht mehr unserem erdachten Bild entspricht? Wenn er nicht das tut, was wir von ihm erwarten? Ist er dann nicht mehr liebenswert? Ziehen wir dann unsere Zuneigung, die wir Liebe nennen, zurück? Ist das nicht wie ein Handel, bei dem ich nach Erhalt der Ware mit Geld den Ausgleich schaffe? Und nur so viel Geld gebe, wie mir die Ware wert ist?

Doch die wahre Liebe des Lebens ist keine Ware, die man kaufen kann, denn sie ist das Leben selbst. Diese einzig wahre Liebe kann nicht erworben oder erarbeitet werden. Sie ist kein Handel und muss nicht bezahlt oder ausgeglichen werden. Sie kann deshalb auch nicht besessen oder festgehalten werden. Sie ist völlig frei, zeitlos und dennoch überall präsent. Sie ist der Funken Gottes, der in allem, was existiert, enthalten ist. Sie ist die Kraft, die Energie, die in jedem Menschen steckt und die in jeder deiner Zellen integriert ist. Der Kern deiner Seele ist aus ihr geschaffen. Die wahre Liebe ist die Liebe Gottes, die in deinem Herzzentrum zu Hause ist. Dort, in dir selbst, bist du mit der Quelle der unendlichen, allumfassenden Liebe verbunden. Das größte Geschenk, das du dir selbst machen kannst, ist deine bewusste Entscheidung, dich dieser Energiequelle in dir zuzuwenden – diese Quelle in dir für dich zu entdecken und aus dieser Quelle zu schöpfen.

Dort findest du den wahren Frieden und die wahre Liebe gleichermaßen. Dort bist du angenommen, so wie du bist. Dort bist du geliebt, geborgen und getragen. Dort ist dein Selbst, das ganz Liebe ist – Selbstliebe in seiner ursprünglichsten Form. Hier endet alles Suchen nach Liebe im Außen. Diese Liebe ist nicht von dieser Welt und doch ist alles in dieser Welt von ihr durchdrungen. Dein Schlüssel zum Tor dieser einzig wahren Liebe ist deine Bereitschaft, dein Herz zu öffnen für diese Liebe. Lass all deine Erwartungen fallen, schiebe deinen Verstand beiseite, da es hier nichts zu verstehen gibt. Schenke deinem Ego keine Beachtung, da es hier nichts zu behaupten gibt. Hier geht es um Hingabe, und die ist keine Sache des Kopfes, sondern eine Angelegenheit des Herzens. Deshalb gehe in dich – komm ganz zu dir und konzentriere dich auf dein Herzzentrum. Hab Mut und lasse alle Verletzungen und Enttäuschungen, die du jemals empfunden hast, hinter dir. Sei zuversichtlich und habe Vertrauen in die unendliche Macht deines wahren Ursprungs. Glaube an das Gute in dir und fühle in dich hinein, höre in dich hinein. Schaue auf deine inneren Bilder. Entdecke die grenzenlose Liebe in dir, die dich trägt, die dich annimmt, schützt und begleitet. Öffne dein Herz für dich selbst und du wirst all die Liebe erfahren, die du im Außen vergebens gesucht hast. Die Quelle der Liebe ist in dir. Je öfter du dich dorthin begibst, umso heilsamer wird dieser Prozess für dich sein. Er wird dein Herz erwärmen und deine Wunden heilen, deretwegen du dein Herz verschlossen hieltest. Wenn Schmerzen und unangenehme Erinnerungen an die Oberfläche kommen, so hab Mut und unterdrücke sie nicht. Halte sie in das Feuer der Liebe, das in deinem Herzen brennt. Halte sie hin zu deinem Schöpfer, der dich umgibt und mit seiner machtvollen Energie alles zum Guten verwandelt.

Auf diese Weise reinigt sich alles, was dich bisher innerlich belastet hat, und schafft Platz für die eine, große Liebe in deinem Herzen. Dann wirst du spüren, was Selbstliebe für dich bedeutet. Diese Selbstliebe hat nichts mit Egoismus zu tun, da sie im Herzen wohnt und nicht im Kopf. Sie grenzt nicht aus, sondern schließt alles ein. Diese Selbstliebe ist die Liebe zu sich selbst. Sich selbst wahrhaftig zu lieben ist die Grundlage für alle Liebe, die du nach außen tragen möchtest. Wer sich selbst nicht wahrhaft liebt, ist zu einer wahrhaftigen Liebe im Außen nicht fähig. Wie sollst du irgendjemanden oder irgendetwas da draußen wirklich lieben, wenn du dich selbst nicht liebst? Die Liebe in deinem Herzen nimmt dich so an, wie du bist. So, wie du erschaffen wurdest. Mit deinem Körper, so, wie er ist. Mit deinen Stärken ebenso wie mit deinen Schwächen. Mit deinen Talenten und deinen Unzulänglichkeiten. Du liebst dich selbst um der Liebe willen. Ohne Gegenleistungen, ohne irgendwelche Erwartungshaltungen erfüllen zu müssen. Deine SELBST-LIEBE liebt dich und dein Leben, da du dein Leben und die LIEBE SELBST bist. In diesem Stadium der Selbst-Erkenntnis kann man im Grunde genommen nicht einmal mehr von Selbstliebe sprechen, da sich das eigene Selbst in der Einheit des Ganzen erkennt, darin aufgeht und sich als die eine ALLUMFASSENDE LIEBE wahrnimmt.

Wer auf direktem Weg seiner Bestimmung folgen möchte, der geht den Weg der Liebe. Gönn dir die Liebe, die in dir ist und die auf dich wartet – vielleicht schon viel zu lange! Nimm dir täglich mehr und mehr Zeit für die wahre Liebe in dir. Vielleicht fängst du damit an, dir morgens nach dem Aufwachen und abends vor dem Schlafengehen Zeit zu nehmen, um dir deiner selbst und deiner Liebe zu dir selbst bewusst zu werden. Versuche still zu werden und gib dich dem hin, was ist. Gib dich dem hin, was kommt. Gib dich dem hin, was geschieht. Die Hingabe ist der Schlüssel zum Tor der Liebe, die du empfangen darfst. So wird sich dein Wohlbefinden mehr und mehr verbessern und du wirst die Liebe in deinem Herzen mehr und mehr wachsen sehen. Wenn du immer und immer wieder in der Stille, in deinem Inneren, in deinem Herzen, dieser allumfassenden Liebe Raum gibst, wirst du deinen Energiedurst endlich stillen können. Noch bevor dein Energievorrat zur Neige geht, kehrst du zu deiner Seelentankstelle zurück und füllst deine Liebesspeicher. So kann dir der Liebessprit nie mehr ausgehen. Und da das Universum kostenlose und endlose Liebesenergie bereithält, bist du nun auch in der Lage, von der überschüssigen Energie abzugeben. Jetzt erst, da du selbst durch und durch von Liebe erfüllt bist, kannst du von dir Energie an andere abgeben, die Liebe, die du selbst erfahren hast, an andere weitergeben.

So wirst du zu einem Kanal der Liebe. Dabei musst du deine Liebesspeicher gar nicht antasten, sondern öffnest dein Herz für die allumfassende, göttliche Liebe, füllst deine Liebesspeicher und lässt die überschüssige Liebesenergie durch dich hindurchfließen und gibst sie dabei an andere weiter. Dies geschieht nicht durch Gedankenkraft, sondern durch die Herzenskräfte, die du dabei in dir aktivierst und freisetzt. Ein offenes Herz kann gar nicht anders, als Liebe nach außen zu verströmen. Dabei wird die allumfassende Liebe jeden und alles um dich herum erfassen. Sie ist grenzenlos und grenzt nichts und niemanden aus. Sie ist selbstlos und fordert nichts zurück. Sie ist friedvoll und verbindet alles miteinander. Sie ist harmonisch und verbreitet Glückseligkeit. Sie ist freudvoll und schließt alles ein. Sie ist der Ursprung allen Seins, die Antwort auf alle Fragen und das Ziel allen Lebens. Entdecke, dass dein wahres Sein die Liebe ist.

13 Seelenfreiheit

Je mehr Unfreiheit wir erlebt oder eine solche empfunden haben, umso mehr dürstet es uns nach Freiheit. Doch die Freiheit war nie verloren, sie war nie weg, genauso wenig wie die Freude, die Harmonie, die Schönheit, die Liebe oder die Vollkommenheit. Alles ist nur eine Frage der Wahrnehmung – des Bewusstseins. Jeder Mensch trägt die Freiheit in sich – jeder Mensch ist frei. Die Freiheit ist im Innern unserer Seele zu Hause. Niemand kann uns diese wahrhaftige innere Freiheit nehmen. Sie ist eine unendliche, eine, die weder von Zeit noch Raum gefangen werden kann. Es spielt keine Rolle, ob wir am Ende der Welt über die Weite des Ozeans schauen, am Fließband stehen oder im Gefängnis sitzen – die innere Freiheit ist immer da. Ob wir sie wahrnehmen und erfahren, hängt allein von unserem Bewusstsein und unserer Gegenwärtigkeit ab.

Doch in welchem Bewusstsein leben wir, in welchem Bewusstsein lebst du? Wenn du, wie viele Menschen, ebenfalls glaubst, du seist der Denker, der im Hirn eines Körpers wohnt, dann bist du zwangsläufig mehr oder weniger unfrei. Du bist dann abhängig vom Inhalt deiner Gedanken. Während deines Urlaubs am Meer wird es dir leichter fallen, dich frei zu fühlen, weil die Wahrscheinlichkeit groß ist, dass deine Gedanken mit Freiheit zu tun haben. Vielleicht denkst du: „Endlich nicht mehr arbeiten, mal drei Wochen total ausspannen – nichts mehr tun müssen." Doch selbst dahinter verbirgt sich die Unfreiheit, denn was ist, wenn der Urlaub bald zu Ende geht? Wenn du am Fließband arbeitest, wird es dir noch schwerer fallen, dich frei zu fühlen, und im Gefängnis wird es noch schwieriger.

Der Denker denkt, Freiheit ist, wenn man tun und lassen kann, was man will. Wenn einem absolut niemand irgendwelche Vorschriften macht. Wenn man überall hingehen kann, wohin man will. Wenn man sich alles kaufen kann, was man will. Ja, nach seinen Vorstellungen wäre er vollkommen frei, wenn er keinerlei Begrenzungen irgendwelcher Art hätte! Doch all dies sind nur Illusionen des Verstandes. Es ist niemals möglich, diese Art von Freiheit zu erreichen, und wenn dies dennoch möglich wäre, würde sie sich früher oder später wieder in Unfreiheit verwandeln. Wer so denkt, der ist völlig in der räumlich und zeitlich begrenzten Welt der Dualität gefangen. Für ihn ist Freiheit untrennbar mit Unfreiheit verbunden. Seine gedankliche Vorstellung, er selbst sei nur ein materieller Körper mit elektrischen Denkprozessen in seinem Hirn, hält ihn davon ab, seine wahrhaftige Freiheit zu finden. So wird sich der, der tun und lassen kann, was er will, unfrei fühlen bei dem Gedanken, jemand könnte ihm diese Freiheit irgendwann wieder wegnehmen.

Der Denker, der scheinbar alle Freiheit erlangt hat, wird unfrei, sobald er über seinen bevorstehenden Tod nachdenkt. Dieser wird ihm seine erlangte Freiheit wieder nehmen. Der Millionär wird sich unfrei fühlen, da er befürchtet, man könne ihm etwas von seinem Reichtum stehlen oder zerstören. Er wird sich nicht mehr frei bewegen können, weil er Angst vor Raubüberfällen oder Kidnapping hat. Aber nicht nur unsere Gedanken des Augenblicks können in uns die Vorstellung von momentaner Unfreiheit erschaffen. Zu einem großen Teil sind dafür auch unserer Glaubensmuster verantwortlich, die wir in unserem Unterbewusstsein gespeichert haben. Diese haben sich durch unsere zahlreichen eigenen Erfahrungen im Leben gebildet, die wir in unseren Gedanken als Unfreiheit interpretiert haben. So tragen die meisten Menschen in sich den Glauben, dass es Freiheit in Wirklichkeit gar nicht gibt. Übrig bleibt die scheinbare Gewissheit von einem mehr oder weniger unfreien Leben, das vor ihnen liegt und mit jedem Tag dem Ende aller Freiheitsillusionen näher rückt. Doch alle Schatten der Unfreiheit, auch den Schatten des Todes, wirft der Denker selbst, indem er sich nicht der lichten Seite des Lebens zuwendet. Doch, wo Licht ist, gibt es keine Dunkelheit – wo wahre Freiheit ist, gibt es keine Unfreiheit. Wer vollständig im Gegenwartsbewusstsein seiner Seele ist, sieht nur noch das Licht und keine Schatten mehr. Er ist vollkommen frei.

„Leben ohne Freiheit ist wie ein Körper ohne Seele."
Khalil Gibran

Freiheit ist das Leben einer Seele in einem Körper. Um diese Freiheit zu entdecken, müssen wir uns jedoch als Seele begreifen und erfahren und nicht als der nüchterne Denker. Begreifen können wir das theoretisch, indem wir uns damit befassen und darüber nachdenken. Bewusst wird uns dies erst, wenn wir es tatsächlich erfahren. Wenn wir uns unserer Seele mehr und mehr nähern, bis wir uns schließlich ganz und gar als Seele erkennen, die in einem Körper inkarniert ist – die diesen Körper beseelt. Unser Bewusstsein wechselt dabei in die Perspektive der eigenen Seelenpräsenz. In diesem Bewusstsein erleben wir inmitten des Raums, der uns umgibt, Raumlosigkeit, in der Zeit, in der wir leben, Zeitlosigkeit und innerhalb der Dualität, die um Freiheit und Unfreiheit ringt, wahre Freiheit, die alles umgibt. Wahre Freiheit ist grenzenlos – sie kennt keine Grenzen. Begrenzungen können wir nur in unserem Kopf erschaffen, nicht in unserer Seele.

Die größte Begrenzung, die der Denker in unserem Kopf erdenken kann, ist seine Vorstellung vom Tod, als das totale Ende seiner eigenen Existenz – die höchste Form von Unfreiheit: „Dann kann ich gar nichts mehr machen – ICH BIN NICHTS mehr!" Dennoch hat der Denker eine Ahnung von der Freiheit, denn er denkt auch: „Dann bin ich endlich frei – ICH MUSS gar NICHTS mehr machen!" Das wahre Wissen über die Freiheit finden wir nicht in unserem Kopf, sondern in unserem Herzen. Freiheit hat nichts mit Machen oder Nicht-Machen zu tun. In unserer Seelenpräsenz wissen wir, dass der Tod keine Grenze für uns darstellt, da wir unsterblich sind. Grenzenlose Existenz bedeutet unbegrenzte Freiheit.

Doch die Grenzenlosigkeit beginnt nicht erst nach unserem physischen Tode. Wir können sie als vollkommene Freiheit in unserem Leben, in dieser Inkarnation, jederzeit, in jedem Augenblick erleben. Viele unserer Mitmenschen haben uns sogar in den extremsten Situationen gezeigt, dass Freiheit tatsächlich allgegenwärtig erfahrbar ist. So konnten Patienten mit Locked-in-Syndrom oder Menschen, die jahrelang im Wachkoma lagen, mit uns in Kontakt treten und darüber berichten, dass sie trotz Wahrnehmung ihrer körperlichen Unfreiheit ihre innere Freiheit wiedererlangen konnten. Gefangene, die jahrelang äußerliche Unfreiheit ertragen mussten, konnten kurz vor ihrer Hinrichtung die Gnade von Seelenpräsenz und innerer Freiheit erfahren, indem sie das Unannehmbare annahmen, sich diesem schließlich vollständig hingaben und damit die innere Transformation ermöglichten. Schwerstkranke Krebspatienten konnten sich durch die Hingabe in ihr Schicksal aus den Strukturen ihrer Vergangenheit befreien und ihre Seelenfreiheit wiederentdecken. So konnten viele von ihnen sogar das Wunder vollständiger körperlicher Heilung erleben, die selbst Fachärzte nicht mehr für möglich gehalten hatten.

Doch wir können auch ohne solche drastischen Schicksale Freiheit im Innen wie im Außen erleben. Wichtig ist nur die Reihenfolge. Freiheit beginnt innen! Die innere Freiheit sieht jedoch anders aus als das, was sich unser Verstand gewöhnlich unter Freiheit vorstellt. Für diese Freiheit muss man nichts tun, man kann sie nicht erlangen, nicht kaufen oder erhalten, denn sie ist schon da. Die innere Freiheit ist in der Erkenntnis zu Hause, dass alles, was ist, Freiheit ist. Wenn wir die Grenzenlosigkeit des Seins erfahren, erkennen wir die innere Freiheit, da die Abwesenheit von Begrenzungen Freiheit ist. Freiheit kennt kein Entweder-oder, sondern nur ein Sowohl-als-auch. Sie teilt nicht, sondern verbindet alles zur Einheit des Seins. Wahre Freiheit hat ihren Ursprung nicht in der Dualität, sondern in der Einheit. Wenn wir mit unserem Bewusstsein vollkommen in unserer Seelenpräsenz sind, dann befinden wir uns außerhalb der Dualität – in der Freiheit. Aus dieser Perspektive können wir uns als Seelen-Selbst wahrnehmen, das in der Einheit eingebettet ist, und wir sind dadurch in der Lage, durch den Schleier der Dualität, der die äußere Welt umgibt, hindurchzublicken. Mehr und mehr erkennen wir dabei, dass die wahre Freiheit aus der Einheit entspringt – der göttlichen Einheit allen Seins.

Wie können wir nun in die innere Freiheit gelangen? Wie können wir unserer Seelenfreiheit gewahr werden – die wirkliche Freiheit erleben? Die schönste und direkteste Art und Weise wäre wohl, wenn wir die Gnade der spontanen Erleuchtung empfangen könnten, indem wir plötzlich in der vollständigen Wahrnehmung der vollkommenen Freiheit erwachen. Doch die meisten von uns scheinen noch nicht reif dafür zu sein, da ihnen die Bereitschaft fehlt, ALLES vollkommen loszulassen, durch den letzten Rest von Finsternis hindurchzugehen und sich ganz und gar der inneren, göttlichen Freiheit hinzugeben. Und trotzdem ist der spirituelle Jackpot – die Erleuchtung – nicht nur für einige wenige Auserwählte bestimmt. Anders als in den weltlichen Lotteriezentralen steht für jeden Spieler des Lebens, für jede einzelne Menschenseele, der Hauptgewinn bereit. Um ihn in Empfang nehmen zu können, müssen wir lernen loszulassen. Dies geschieht, indem wir die in unserer karmischen

Schicksalstrommel angesammelten Lose einlösen – sie Stück für Stück loslassen – im Vertrauen darauf, dass wir mit jeder Ein-lösung unserer Er-lösung einen Schritt näher kommen. Wir beginnen nun einfach damit, Stück für Stück unsere Vergangenheit loszulassen. Wir lösen alle negativen Glaubensmuster auf, die wir über uns selbst und andere in uns tragen. Wir geben alle Überzeugungen darüber auf, wir seien in diesem oder jenem Aspekt begrenzt. Wir lassen jeden Gedanken los, der die Unendlichkeit der Möglichkeiten in uns beschränkt. Mit jedem Loslassen gewinnen wir ein Stück Freiheit zurück und lassen die Anstrengung des Festhaltens hinter uns. Wir vergeben uns selbst, indem wir das, was wir bisher als unsere Fehler und unser Versagen bezeichnet haben, als Lernerfahrungen in unserem Leben betrachten. Wir vergeben all denjenigen Mitmenschen, von denen wir dachten, dass sie uns geärgert haben, und erkennen, dass wir es waren, die sich über sie ärgerten. Wir lassen alle Gedanken von Unfrieden, Ärger, Wut und Hass los. Wir befreien uns von der enormen Unfreiheit, die dadurch auf uns lastete. Wir vergeben uns und allen anderen die Schuld und werfen alle Altlasten über Bord. Wir lassen alle Zwänge und Forderungen, die wir unseren Partnern und Mitmenschen durch unseren Denkerwillen auferlegt haben, los und geben es auf, sie ändern zu wollen. Wir lassen sie so, wie sie sind, da wir erkennen, dass sie ebenso freie Wesen sind wie wir selbst. Dabei heilen viele Verbindungen und andere lösen sich in Liebe. Wir lassen die Vergangenheit los, die unseren Freiraum der Gegenwart zu behindern versucht. Wir befreien uns von allem materiellen und geistigen Ballast, der uns mehr Belastung als Freiheit gebracht hat. Wir lassen alle unsere Begrenzungen los, die wir noch in unseren Gedanken hegen über uns, unsere Mitmenschen, unsere Gesellschaft, diese Welt und dieses Universum. Je mehr wir uns unserer inneren, wahren Freiheit nähern, umso mehr erkennen wir, dass in allem bereits die Freiheit enthalten ist – selbst in dem, was wir in unserem alten Denken als Unfreiheit interpretiert hatten. Alle alten Gedankenreste, die unseren Weg in unsere innere Freiheit noch behindern oder zu sabotieren versuchen, lassen wir nun los. Wir öffnen uns für die Vorstellung, dass alles scheinbar Unmögliche möglich ist.

So rücken wir nach und nach in unser inneres Heiligtum vor und finden schließlich in unserer Seele das Abbild der göttlichen, allgegenwärtigen Freiheit. Die inneren Schleusentore, die wir bisher verschlossen hielten, stehen nun offen und lassen den göttlichen Quellstrom der Freiheit durch unsere Seele hindurch in unseren Geist einfließen, der dadurch immer mehr Erkenntnis erlangt. Wir erkennen, dass das ganze Universums mit allen seinen Bestandteilen – einschließlich unserer eigenen Existenz – in jedem Augenblick der Gegenwärtigkeit Ausdruck dieser einen allgegenwärtigen, uneingeschränkten und wahrhaftigen Freiheit ist. Wir haben uns aus dem Kokon der Selbstreflexion des Denkers befreit und sind in unserer Seelenfreiheit erwacht, die im Licht der Wahrheit leuchtet.

„Es ist die Wahrheit, die dich frei macht,
nicht deine Anstrengung, frei zu sein."
KRISHNAMURTI

14 Seelensprache

*K*annst du die verschiedenen Sprachen, in denen deine Seele zu dir spricht, wahrnehmen? Verstehst du den Inhalt dieser Sprachen? Kannst du den Sinn dieser Botschaften verstehen? Wenn du diese Fragen mit „Ja" beantworten kannst, dann bist du zu beglückwünschen. Dann bist du in der Lage, all die Weisheiten deiner Seele in dein Leben zu integrieren. Dann wird dein Leben nicht mehr von den „Zufällen" im Außen bestimmt und muss auch nicht mehr mittels deines Verstandes und deines Egos erkämpft werden. Wenn du Zugang zu deiner Seele hast, indem du ihre verschiedenen Sprachen verstehst und durch die ständige Präsenz deines Bewusstseins diese Verbindung aufrecht erhalten kannst, dann ist es für dich möglich, dein Paradies auf Erden zu erschaffen. Dies ist tatsächlich machbar, da du über deine Seele mit der alles möglich machenden, göttlichen Quelle verbunden bist, für die es keine Grenzen gibt. Deine Seele spricht ständig zu dir, auch wenn du sie nicht hörst. Sie ist bei allem, was du denkst und tust, dabei. Denn du bist deine Seele selbst.

Die Schwierigkeit, diese Zusammenhänge zu verstehen, liegt im Verstehen selbst. Unser gesamter Körper existiert deshalb, weil er unserer Seele eine Hülle, eine Erscheinungsform in Raum und Zeit für dieses Erdenleben gibt. Alle unsere Organe erfüllen dabei ihre Aufgabe, indem sie diesem Zweck dienlich sind. Unser Gehirn ist dabei ein besonders universelles Gestaltungsmittel unsere Seele, um sich in diesem Raum und in dieser Zeit Ausdruck zu verleihen. Somit ist unser Verstand in diesem Sinne auch ein Mittel zu diesem Zweck. Auch unser Ego hat seine Aufgabe darin, den Ausdruck der Seele in dieser Welt zu verstärken.

Die Zivilisation hat uns viele Fortschritte gebracht. Doch unser Seelenbewusstsein hat sich mehr und mehr zurückgebildet zugunsten eines Verstandesbewusstseins, das durch unser Ego mehr und mehr vorangetrieben wurde. So haben viele Menschen überhaupt keinen Zugang mehr zu ihrer Seele. Sie haben die Sprachen der Seele verlernt oder leugnen gar die Existenz ihrer Seele. In solch einem Menschen herrscht der Irrglaube, er sei nur ein Körper, dessen einziges Bewusstsein der Verstand in seinem Hirn ist. Verstand und Ego haben sich scheinbar von der Seele abgespalten. Haben sich sozusagen zum Selbstzweck ernannt. Doch die Seele lässt sich nicht wegdiskutieren. Du kannst dich nicht selbst wegleugnen. Du bist du selbst und dein Selbst wird immer seinen Ausdruck finden, auch dann, wenn dein Verstand dies zu ignorieren scheint. Die meisten Menschen, die eine Wahrnehmung ihrer Seele verspüren, erfassen diese über ihre innere Stimme. Diese Stimme schiebt sich oftmals zwischen unsere logischen Gedanken oder meldet sich als Anmerkung oder Nachsatz wie eine mahnende Mutter zu Wort. Manche empfinden diese Worte auch so, als kämen sie aus ihrem Bauchraum. Sie umschreiben diese Worte in ihren Gedanken als Bauchgefühl. Andere spüren, wenn ihre Worte ganz aus dem Herzen kommen. Wenn die gedachten oder ausgesprochenen Worte aus dem Herzen kommen, fühlen sie sich warm, stimmig und rein an. Herzlich eben. Viele Menschen spüren auch sehr genau, wenn ihre Gedanken und die daraus vielleicht schon entstandenen Taten nicht im Einklang mit ihrer Seele stehen. Sie nennen dies dann ihr schlechtes Gewissen. Unsere Seele hat unendlich viele Ausdrucksformen, mit denen sie unser Leben in die richtigen Bahnen lenken möchte. So spricht sie auch ständig mit uns über unseren Körper.

Unsere moderne Medizin ist in der Vergangenheit vorrangig den verstandesmäßigen Weg gegangen. Dabei hat sie die Krankheit zum Feind des Menschen erklärt, den es zu besiegen oder zu vernichten gilt. Sei es durch chemische Medikamente, Skalpell oder Strahlung. Die meisten Krankheiten sind jedoch in Wirklichkeit keine Angriffe von außen, die wir mit Gewalt bekämpfen müssten. Die Ursachen für diese Symptome sind vielmehr in uns selbst zu finden. Diese Symptome sind fast immer Ausdruck unserer Seele, die uns zeigen will, dass in unserem Leben etwas schiefläuft, dass wir nicht mehr in unserer Bahn sind. Dass wir aus dem Gleichgewicht, aus der Mitte geraten sind – also letztlich unsere Gedanken und unser Tun nicht mehr mit unserer Seele übereinstimmen. Die Sprichwörter und Weisheiten, die auch heute noch von uns gebraucht werden, zeugen von einer Zeit, in der auch diese Körpersprache der Seele von vielen Menschen verstanden wurde. „Ich habe die Nase voll", ist z. B. Ausdruck unseres Inneren, dass wir genug von etwas, keine Lust mehr haben. Das Maß, die Nase ist voll. Es reicht. Über den Schnupfen, das

Verschnupftsein drückt sich die Seele über den Körper auf symbolische Art und Weise aus. Dabei lassen unsere Abwehrkräfte nach, sodass Erreger von außen eindringen können, um dieses Symptom zuzulassen. Das Ziel der Seele ist dabei, dass wir über diesen Umweg zur Erkenntnis gelangen, unser Leben zu ändern, unser Leben so zu gestalten, dass wir nicht mehr die Nase voll von etwas haben, sondern ganz im Gegenteil ein erfülltes Leben führen. Dass wir wieder Luft bekommen und frei atmen können und alles zur Entfaltung kommt. So deutet die seelische Ursache einer Entzündung auf einen Konflikt hin. Er ist in der Lage, den Nährboden zu schaffen für die körperlichen Prozesse, die dabei ablaufen. Dieser Konflikt ist die Diskrepanz zwischen den Vorstellungen unserer Seele und dem, was wir leben. Aus einer Erkältung geht der Körper gestärkt hervor und kann wie nach einem PC-Reset neu starten, neu beginnen, um es dieses Mal besser zu machen.

„Es schlägt mir auf den Magen" bedeutet, dass wir etwas in unserem Leben nicht richtig verdauen können. Ein Thema stößt uns immer wieder auf oder zermürbt uns. Der Körper drückt dies durch saures Aufstoßen aus oder unsere Magensäfte nagen so sehr an unserer Magenschleimhaut, wie das unverdaute Thema an uns nagt. Wenn wir das Thema auf der seelischen Ebene nicht erlösen, indem wir unsere Einstellung dazu, unsere Gedanken und Handlungen ändern, wird sich, trotz aller medizinischen Bemühungen, die unerlöste Ursache – das Symptom – aufrechterhalten oder es wird sich sogar noch weiter verstärken. Findet keine Entwicklung im Inneren statt, so sucht sich die Seele im Äußeren, im Körperlichen ihren Ausdruck. Wenn in dem vorliegenden Beispiel das Problem immer weiter an uns nagt, wird der Entzündungsprozess fortschreiten, sodass sich Löcher in unserer Magenschleimhaut manifestieren oder sich sogar tumorartige Auswüchse bilden. Mittels Operation kann zwar versucht werden, das Symptom zu eliminieren, doch der Konflikt ist deshalb immer noch nicht gelöst. Erst wenn schließlich eine Erlösung im Inneren stattfindet, ist dem Körperlichen der Nährboden für weitere Symptomatik entzogen.

Dabei will uns unsere Seele weder ärgern noch quälen. Doch wenn wir unsere innere Stimme immer wieder ignoriert, unsere Gewissensbisse geleugnet und all die anderen Gefühle ständig unterdrückt haben, bleibt unserer Seele oftmals kein anderer Ausweg, als uns über ein Symptom den rechten Weg zu weisen. Dabei fällt es unserem Verstand zunächst meist schwer, den Sinn hinter solchen Leidenswegen zu erkennen und ihn schließlich auch anzuerkennen. So kommt es, dass leider viele Menschen erst dann aufwachen, wenn sie mit sehr dramatischen oder gar lebensbedrohlichen Situationen konfrontiert werden. Oft sind sie dann erst bereit, ihre bisherigen Gedanken- und Verhaltensweisen zu hinterfragen. Manch einer hat nach solchen Situationen sein Leben völlig neu geordnet und hat so seinen wahren Weg wiedergefunden.

Glücklicherweise erleben wir gerade jetzt, dass viele jahrhunderte- und jahrtausendealte Weisheiten und Erkenntnisse wiederentdeckt und ins Bewusstsein gebracht werden. Dies trifft auch und insbesondere auf den Wissenschaftsbereich der Medizin zu. Wo eine Seele in einem Körper wohnt, da kann ein Körper letztlich nicht geheilt werden, wenn die Seele gänzlich ignoriert und geleugnet wird. Mehr und mehr erleben wir eine Umkehr von der rein körperbetonten, symptombekämpfenden Sichtweise hin zu einem ganzheitlichen Körper-Seele-Geist-Verständnis. Diese Kunst der Diagnose widmet sich weniger den Symptombereichen als vielmehr den psychosomatischen, seelisch-geistigen Ursachenebenen. Die daraus resultierenden Heilkünste suchen weniger den Kampf und die Vernichtung des Symptoms, sondern eher die Auflösung und Erlösung der Ursache. Wo keine Ursache, da auch keine Wirkung. Keine Ursache – kein Symptom. Die Selbst-Heilungskräfte spielen dabei eine zentrale Rolle. Die Verbindung zu unserem höheren Selbst – zur göttlichen Quelle – ist dabei der Königsweg zur Heilung. Die höchste Heilkraft hat die Liebe, die in uns wohnt und ständig zu uns spricht.

„Die beste Arznei für den Mensch ist der Mensch.
Der höchste Grad von Arznei ist die Liebe."
PARACELSUS

15 Seelendialog

*F*ür gewöhnlich bezeichnen wir das einseitige Reden eines Menschen als Monolog. Die Sprache und die Information, die in ihm enthalten sind, werden scheinbar wie in einer Einbahnstraße von dem einen Menschen zu dem oder den anderen transportiert. Sobald ein Zuhörer antwortet, indem er ebenfalls Worte in die entgegengesetzte Richtung spricht, nennen wir dies einen Dialog. Doch im Grunde genommen ist auch der Monolog bereits ein Dialog, da sich der Zuhörende nicht völlig passiv gegenüber den Worten des einseitig Sprechenden verhält. Der Zuhörende reagiert, er antwortet, je nach Aufmerksamkeit und Bewusstseinszustand, auch ohne Worte unentwegt mehr oder weniger intensiv. Dies geschieht bei dem, was wir Monolog nennen, zwar nicht mittels der Sprache, die wir durch unsere Laute erzeugen, doch wir treten auf andere Weise über die unterschiedlichsten Kommunikationswege in einen Dialog. So antworten wir mit Blicken, mit Gestik oder Mimik und noch viel feiner auf der telepathischen Gefühlsebene. Auf dieser feinen Schwingungsebene findet ein ständiger Energieaustausch statt, unabhängig davon, ob und wie intensiv wir diesen wahrnehmen können. Es ist ein Austausch auf der Herzebene. Ein Dialog von Seele zu Seele jenseits der Formen und Worte. Der tiefe, wahrhaftige und authentische Austausch zwischen den Menschen vollzieht sich genau in dieser Kommunikationsebene des Seins. Und dieser innere Dialog findet bei jeder Begegnung von Menschen statt – er bedarf keiner Worte.

Aber auch innerhalb unserer Daseinsform als Körper-Seele-Geist-Wesen findet ständig ein nonverbaler Dialog statt – jener unsichtbare Energieaustausch im Bereich der subtilen Schwingungsebenen. Unser Körper, unsere Seele und unser Geist sind ständig miteinander verbunden und stehen daher in jedem Moment ihres DA-SEINS im Dialog. Es ist ein ständiger Austausch von Informationen. Ein ständiger Austausch von Energie. Dies ist keine Einbahnstraße, also kein Monolog, sondern ein andauernder Dialog. Wenn deine

Gedanken von Ängsten und Sorgen beherrscht werden, reagiert deine Seele darauf, antwortet mit negativen Gefühlen. Deine Seele kommuniziert mit deinem Körper und durch diesen inneren Dialog entstehen Reaktionen deines Körpers, die sich z. B. durch Kopfschmerzen, Magenbeschwerden oder Angstschweiß äußern können. Wirst du dann beispielsweise von jemandem in den Arm genommen, wird deine Haut zärtlich gestreichelt und werden dir wohltuende, beruhigende Worte in dein Ohr geflüstert, so tritt dein Körper mit deiner Seele in einen Dialog, der sehr schnell dein Wohlbefinden verbessern wird. Deine Gefühle, die aus der Tiefe deiner Seele aufsteigen, signalisieren dir, dass sich dein Schwingungszustand wieder auf ein angenehmes Niveau erhöht hat. Die Symptome deines Körpers gehen zurück. Deine Gedanken erhellen sich und sind sehr viel positiver als zuvor. Dies ist natürlich nur eine kleine und sehr oberflächliche Ausschnittsbetrachtung dessen, was an inneren Dialogen innerhalb unserer Wesensform stattfindet, und kann letztlich nur im Zusammenhang mit unserer sogenannten Außenwelt betrachtet werden, da der Energieaustausch keine Grenze zwischen innen und außen kennt.

Je mehr du dir dieser Zusammenhänge bewusst wirst, umso mehr erkennst du, dass es weder innen noch außen Einbahnstraßen gibt. Dass alles in dir mit allem verbunden ist. Dass alles mit allem im Bezug zueinander steht. Dass überall ein ständiger Energieaustausch stattfindet, unabhängig davon, ob oder wie sehr du dies wahrnehmen kannst. Eine der Hauptursachen für niedrige Schwingungszustände und die daraus bedingten, unangenehmen Gefühlslagen, die wiederum unser Glücklich-Sein blockieren, ist die Illusion des Getrennt-Seins, die wir in unserem Verstand erschaffen und festhalten.

Wenn du dir aber bewusst machst, dass in deinem menschlichen Körper-Geist-Seele-Dasein eine vollkommene innere Verbundenheit existiert, also nichts in dir getrennt ist, sondern vollkommen ***EINS***, dann kannst du getrost deine Bedenken, Sorgen und Ängste über das ***All-ein-sein*** verwandeln in das ***ALL-EINS-SEIN*** in dir selbst. Wenn du dann dein Bewusstsein über dein Selbst hinauswachsen lässt und erkennst, dass du auch mit allen Menschen um dich herum verbunden bist, im Dialog stehst – auch dann, wenn sie keine Worte aussprechen, auch dann, wenn du sie nicht sehen kannst –, dann gibst du deiner Seele Raum, dir ihre Gefühle mitzuteilen. Das Gefühl von Geborgenheit, das Gefühl von Einheit und Zusammengehörigkeit kann sich so entfalten und deinen Geist füllen mit der Wahrheit der Verbundenheit allen *Seins*. Vielleicht hast du auf deiner tiefen Gefühlsebene die Verbindung mit einem geliebten Menschen oder einem geliebten Tier schon hin und wieder oder vielleicht sogar des Öfteren erfahren. Vielleicht kennst du den Austausch, den Dialog auf der Seelenebene, das Sich-in-die-Augen-Schauen. Kommunizieren ohne Worte, Verstehen von Herz zu Herz. Wenn du dein Herz öffnest, kannst du mit jedem Wesen auf diese Weise kommunizieren und in einen aktiven, bewussten Dialog treten. Auf der unbewussten Ebene findet dieser Dialog ohnehin statt. Durch deinen Willen und dein Bewusstsein bist du jedoch in der Lage, die Intensität zu steigern, den Energieaustausch zu erhöhen. Durch ein sehr hohes Bewusstsein kannst du sogar Raum und Zeit überwinden und beispielsweise auf telepathischem Wege Kontakt aufnehmen und Dialoge führen.

Je mehr du dir dieser Verbindungen mit der Außenwelt um dich herum bewusst wirst, desto klarer wird dir, dass es eigentlich gar keine Trennung zwischen innen und außen gibt. Denn du bist nicht nur in dir eine *Ein*heit, sondern du bist Teil *einer* größeren *Ein*heit. Du bist *ein* Teil d*einer* Außenwelt. Du bist *ein* Teil der Natur. Du bist mit allem, was dir als Außen erscheint, verbunden und damit *eins*. Auch hier ist die Trennung, die der Verstand denkt, eine Illusion. In Wahrheit ist alles *eins*. Alles ist Energie und alles ist energetisch mit allem verbunden. Da das Universum endlos ist, endet auch diese Verbundenheit an keiner Grenze – es gibt gar keine Grenze. So wie unsere Haut zwar als scheinbare, optische Grenze unseres Körpers erscheint und wir dennoch mit unserer Außenwelt verbunden, eins sind, so ist die Atmosphäre, die unsere Erde umgibt, nur die scheinbare Grenze zum Weltraum. In Wahrheit ist auch die Erde mit allem verbunden, was dort draußen existiert. Denn alles, was da „drinnen" in und auf der Erde existiert, ist genauso präzise mit allem dort „draußen" energetisch verbunden. Der Mond steht nicht nur im Dialog mit unseren Meeren und bewirkt die Gezeiten, sondern auch mit uns Menschen und allem auf der Erde. So sind wir alle Wesen des Lichts und sind deshalb auch in ständiger Verbindung mit der einen schöpferischen Quelle, die unser Leben hervorgebracht hat. Die größte sichtbare und erfahrbare Manifestation des Lichts erkennen wir in der Sonne. Sie ist nicht nur unsere materielle Heimat. Sie hat nicht nur alle Materie auf unserer Erde hervorgebracht. Sie ist nicht nur der Garant aller Lebensformen auf unserem Planeten. Sie ist viel weniger. Sie ist ein winziger Punkt der Schöpfung in einem endlosen Universum. Und doch ist sie viel mehr. Ein jeder Sonnenstrahl, der unsere Haut berührt, lässt uns erahnen, erspüren, erleben, welch große Wärme, Geborgenheit und Liebe in ihm steckt, und eröffnet den Dialog mit uns. Wir sind eingeladen, mit Dankbarkeit und Liebe zu antworten. Jeder Sonnenstrahl, der auf irgendetwas trifft, das uns umgibt, reflektiert sein Licht und lädt uns ein, mit diesem Etwas in Dialog zu treten. Wenn wir all unsere Sinne und unser Herz öffnen, erkennen wir das Wunder, die Schönheit und Vollkommenheit der Schöpfung in allem und jedem. Wir entdecken das Licht überall und erkennen, dass wir in Wahrheit mit allem verbunden sind. Diese Verbundenheit wird durch den göttlichen Dialog des Energieaustauschs erschaffen und aufrechterhalten und unsere Seele ist inmitten dieses wundervollen Seins.

16 Seelenkarma

Glaubst du an die Unsterblichkeit deiner Seele? Glaubst du an Reinkarnation – an die Wiedergeburt deiner Seele? Kannst du dir vorstellen, dass deine Seele schon viele Male auf dieser Erde in der Gestalt eines Menschenkörpers gelebt hat?

Immer mehr Menschen des Westens öffnen sich der Vorstellung von einer Seelenexistenz vor und nach unserem Leben hier auf der Erde. Gerade heute, wo uns der Kapitalismus an unsere Grenzen bringt und wir keine Antworten mehr auf die wichtigen Fragen unseres Lebens finden können, wenden sich viele Menschen wieder den Weisheitslehren alter Traditionen zu. Durch eine vorurteilslose Annäherung erfahren wir dabei die tiefe Wahrheit, die ihnen zugrunde liegt, und erkennen die vielen Übereinstimmungen in den verschiedenen Lehren, obwohl diese oftmals in völlig unterschiedlichen Kulturen unabhängig voneinander entstanden sind. Dort finden wir fast überall Grundlagen für ein Verständnis über unser Dasein auch jenseits des Sichtbaren.

Aktuelle Forschungsergebnisse verschiedener Wissenschaftler, wie z. B. Gregg Braden, geben uns sogar Hinweise, dass selbst in der christlichen Tradition die Wiedergeburt gelehrt wurde. Bahnbrechende Erkenntnisse über das Leben nach unserem physischen Tod hat uns Elisabeth Kübler-Ross in ihren Büchern und Aufzeichnungen hinterlassen. Ihre Forschungsarbeit widmete sie u. a. dem Kontakt und der Begleitung über 1000 Sterbenden. Auch der Begründer der Anthroposophie, Rudolf Steiner, zeigt uns in seinen Werken sehr detailliert die Zusammenhänge zwischen Körper, Seele und Geist und gibt uns Einblicke in die Welt des Feinstofflichen. Auch heutzutage gibt es weltweit seriöse Heiler, Seher und Medien, die in der Lage sind, uns selbst in den Zustand früherer Inkarnationen zu versetzen, sofern wir bereit sind, dies zu sehen, wieder zu erleben und zu ertragen. Dabei können karmische Ursachen erkannt, verstanden, verarbeitet und aufgelöst werden. Anerkannte Persönlichkeiten wie z. B. Rüdiger Dahlke wenden die Reinkarnationstherapie als Weg der Heilung an. Doch was ist nun Karma? Ist es die Schuld, die wir uns aus früheren Leben aufgeladen haben? Ist es die Bürde, die wir von Leben zu Leben mit uns schleppen? Ist es ein vorbestimmtes, magisches Schicksal, das mit unserer Seele verhaftet ist?

Unser Karma ist weder gut noch schlecht. Es ist kein Rucksack voll schuldhaftem Ballast, sondern ein Spiegel unser selbst. Es ist unser hilfreiches Orientierungssystem, unser Lehrer und unser Wegweiser, dessen Aufgabe einzig und allein darin besteht, uns unserem wahren Ziel des Lebens näher und näher zu bringen. Jede Inkarnation, jedes Leben, das wir auf dieser Erde leben, ist ein Entwicklungsweg unserer Seele. Während dieses Lebens sind wir dem geistigen Gesetz von Ursache und Wirkung unterworfen. Das bedeutet, dass wir durch jeden Gedanken und jede Handlung eine Ursache setzen, die eine Wirkung nach sich zieht. Jeder positive Gedanke und jede positive Handlung ziehen eine positive Wirkung nach sich. Jeder negative Gedanke und jede negative Handlung ziehen eine negative Wirkung nach sich. Wie in einem Spiegel werden uns diese Wirkungen auf der Bildfläche unseres Erlebens widergespiegelt. Ziel dieser Spiegelungen ist Erkenntnis. Erkennen wir nichts oder wollen wir nichts erkennen, so dreht sich das karmische Rad immer weiter. Nach Beendigung einer Inkarnation haben wir die Gelegenheit zur Rückschau. Wir können ein Resümee ziehen und erkennen, wie weit wir auf unserem Weg vorangekommen sind. Die große Chance der Weiterentwicklung erhalten wir durch die Gelegenheit einer weiteren Inkarnation.

Das Mitnehmen von Karma, dem schon Erfahrenen, Erlebten, aber noch Unerlösten in ein neues Leben hinein ist daher in erster Linie kein Sündenballast, sondern eine Erfahrungsgrundlage für unsere weitere Inkarnation. Wir erhalten eine neue Chance zur Weiterentwicklung und zur Erlösung alten Karmas. Alle Erfahrungen, die wir in einem Leben machen, auch und gerade die negativen, dienen uns als Beispiele für das Ursache-Wirkungs-Prinzip. Sie sollen uns durch unser Leid zur Erkenntnis führen und uns dadurch motivieren, altes Karma zu erlösen und neues Karma zu vermeiden. Dies können wir dadurch erreichen, dass wir in der Gegenwart keine Ursachen mehr setzen, die als Wirkung neues Karma zur Folge haben. Am besten gelingt uns dies, wenn wir die Einheit in allem erkennen und uns unserer Einheit mit der göttlichen

Quelle bewusst werden. Unsere illusorische, gedankliche Trennung von dieser Einheit – dem Zentrum, das viele von uns Gott nennen – wird im Christentum symbolisch durch die biblische Geschichte von Adam und Eva im Paradies dargestellt. Wenn wir jedoch darüber hinauswachsen und unseren freien Willen nicht als einen individuellen, getrennten Willen des Ganzen erkennen, sondern unseren Willen loslassen von allen Zwängen, allem Egoismus, allen Anhaftungen, allen Urteilen und Formen, dann erlöst sich unser DA-SEIN im ALL-EINS-SEIN. Dann ist unser Wille Gottes Wille und Gottes Wille unser Wille. Dann befinden wir uns in den hohen Schwingungsebenen der menschlichen Existenz. Dann sind wir im Zentrum der Liebe angekommen – außerhalb aller Dualität. Dann spiegelt sich die reine Liebe in uns selbst und wir uns in ihr. Im selben Augenblick hat der Spiegel des Karmas seine Wirkung verloren, sich im Nichts aufgelöst, da er keine Ursache mehr findet, die er widerspiegeln könnte.

Der Weg dorthin kann durch viele Inkarnationen führen. Doch die Schwingungserhöhung, die derzeit auf der Erde stattfindet, bietet uns die allerbeste Gelegenheit, diesem Ziel, das jeder in uns trägt, direkter und schneller näherzukommen als jemals zuvor. Die Schwingungserhöhung der Erde bewirkt einerseits eine drastische Verstärkung des Ursache-/Wirkungsprinzips und zwingt uns dadurch mehr und mehr zur Ein-sicht. Andererseits bewirkt sie eine Beschleunigung des Vorwärtskommens der aufrichtig Suchenden, indem es ihnen leichter fällt, ihre festgefahrenen Muster und Verhaltensweisen zu erkennen und zu transformieren, um sich so mehr und mehr von Karma freizumachen. Für sie steht das Tor zum Licht weit geöffnet, sofern sie bereit sind, die Leiter der Erkenntnis ins Reich des bewussten Seins zu erklimmen. Über die Gegenwärtigkeit von Augenblick zu Augenblick erlangen sie die kosmische Kraft, die es ihnen ermöglicht, sich Stufe um Stufe über die Daseinsform der Dualität zu erheben. Demut, Dankbarkeit, Freude, Frieden, Harmonie und Mitgefühl sind ihre ständigen Begleiter. Die Weisheit weist ihnen den Weg und die Liebe durchdringt ihr Dasein, ihre Worte und ihre Handlungen und lässt alles im Licht erstrahlen. So schaffen sie kein neues Karma, sondern bereiten den Weg für diejenigen, die ihnen nachfolgen.

17 Seelenbegegnungen

Unser Leben ist voller Begegnungen. Wir begegnen Menschen, Tieren, Pflanzen, Landschaften, Ozeanen, Seen, Flüssen – dem Wassertropfen, dem Sandkorn, dem Sonnenstrahl. Wir begegnen im Außen ständig irgendetwas Gegenständlichem, einer äußeren, scheinbar lebendigen oder nicht lebendigen Form von etwas, das existiert. Doch unsere Wahrnehmung dieser Begegnungen ist meist einseitig – sie findet hauptsächlich in unserem Kopf statt. Sobald uns etwas begegnet oder wir etwas begegnen, beginnt schon unser Verstand darüber nachzudenken, über die Form, die Farbe, die Funktion. Ob es nützlich für uns ist oder nicht, ob es uns gefällt oder nicht, ob es gefährlich oder harmlos ist, ob wir uns ihm zuwenden sollen oder nicht usw. Meist sind wir jedoch mit unseren eigenen Gedanken so beschäftigt, dass wir das Gegenständliche, das uns im Außen ständig begegnet, kaum oder gar nicht mehr wahrnehmen. Uns erscheint es wichtiger, über Vergangenes nachzusinnen oder über das, was wir später vorhaben, wo wir hinwollen, welches Ziel wir haben etc. So gehen wir oft gedankenversunken an der Fülle des Lebens vorbei – an dem Wunder der Natur, der Vielzahl, der Verschiedenheit und der Schönheit der Pflanzen und Tiere, die uns begegnen. Ihre tiefgründige, individuelle Wesenheit bleibt uns dabei meistens verschlossen, da wir ihr auf dieser Ebene gar nicht mehr begegnen. So finden die meisten Begegnungen mit ihnen, wenn überhaupt, auf einer oberflächlichen Gedankenebene statt, die lediglich analysiert, einschätzt, beurteilt, benennt und einordnet.

Die intensivsten Begegnungen haben wir mit unserer eigenen Spezies. Tagtäglich begegnen wir mehr oder weniger vielen Menschen. Doch auch da laufen wir an den meisten von ihnen in Gedanken an irgendwelche anderen Dinge vorbei – wir nehmen sie kaum wahr. Im Zug oder Bus sitzen wir vielleicht schon mal länger jemandem gegenüber und schauen uns diesen fremden Menschen an. Unser Verstand denkt über ihn nach, wie er aussieht, was er so macht, vielleicht nervt uns auch sein Äußeres oder seine Art, die Musik, die aus seinem Walkman schallt. Vielleicht finden wir die Person auch attraktiv und anziehend. So lernen wir u. U. auch jemanden näher kennen, weil wir die Person ansprechen, ein Gespräch mit ihr beginnen. Uns interessiert, woher sie kommt, wohin sie geht, was sie so macht oder welche Ansichten sie hat. Ähnlich laufen unsere Begegnungen mit Bekannten und Freunden ab. Wir geben ihnen zwar vielleicht die Hand, umarmen sie bei der Begrüßung, tauschen ein paar Küsschen aus – eine kurze Berührung –, doch dann findet die hauptsächliche Begegnung statt – von Kopf zu Kopf, ein Austausch von Worten. Wir reden, unterhalten uns, diskutieren einen ganzen Abend und sind glücklich oder unglücklich über den Gesprächsverlauf, je nachdem, ob die Erwartungen unseres Verstandes an diese Begegnung erfüllt wurden oder nicht. Sofern wir nicht ein höheres Bewusstsein entwickelt haben, laufen die meisten Begegnungen auf der oberflächlichen Bewusstseinsebene unseres Verstandesdenkens ab. Wenn wir uns dabei einmal aufmerksam selbst beobachten, dann stellen wir fest, dass wir oftmals schon während des Zuhörens unseren eigenen Gedanken mehr Aufmerksamkeit geben als den Worten des Gegenübers. Oft schnappen wir einen Satz, eine Aussage, ein Stichwort des anderen auf und schon schweifen wir ab in unsere eigene Gedankenfolge, die wir daran knüpfen, oder wir driften ab in eine dazu passende Gedankengeschichte aus unserer Vergangenheit. Wir lechzen auf die nächste Atempause unseres Gegenübers, um ihm rasch unsere Gedankenwelt auszubreiten. Oftmals kritisieren wir innerlich oder durch Worte dieses Verhalten beim Gegenüber, ohne zu erkennen, dass wir selbst nach demselben Muster verfahren.

Es gibt solche Wortbegegnungen, bei denen die Menschen nicht einmal darauf eingehen, was der andere sagt. Jeder redet nur über seine Gedanken und der andere lässt ihn reden, bis er endlich selbst zum Zuge kommt. Offensichtlich hört keiner von beiden dem anderen richtig zu, sondern jeder ist nur darauf bedacht, seine eigene Story kundzutun. Oftmals sind die Inhalte dieser Gespräche von Meinungsäußerungen geprägt. Man will seine eigene Meinung äußern. Aber nicht genug damit, der andere soll sie gefälligst auch akzeptieren, sie bejahen, ihr zustimmen. Und wenn nicht, wenn er eine andere, vielleicht gar gegensätzliche Meinung äußert, dann wird hin und her diskutiert. Aus solchen anfänglich kleinen Diskussionen über Meinungsverschiedenheiten entstehen dann oft immer größere, und diese enden nicht selten in einem Streit.

Dabei bläht sich unser Verstand zu einer gewichtigen Egopersönlichkeit auf, um die Wichtigkeit und Richtigkeit der eigenen Meinung zu demonstrieren. Je emotionaler das Ganze abläuft, umso unbewusster sind wir und umso mehr verfallen wir dem Trugbild, wir seien diese Egopersönlichkeit. So entsteht schließlich die Illusion, unser Gegen-über sei ein Gegner, ein Feind, den es gilt, zu attackieren und in die Knie zu zwingen.

Viele Begegnungen gehen natürlich auch in eine friedvollere Richtung, sind vielleicht von hohen Idealen durchdrungen, wollen das Gute bewirken und den Menschen und der Welt einen positiven Dienst tun. So begegnen sich Menschen in der Politik, in der Wirtschaft, in sozialen Einrichtungen, in Organisationen, in Religionsgemeinschaften, in Vereinen und in ihrem Privatleben auch oft mit bester Absicht und mit gegenseitigem Wohlwollen. Doch scheint ein großer Teil der menschlichen Begegnungen eher unharmonisch und unfriedlich abzulaufen, denn sonst müsste die Welt anders aussehen, als sie sich uns in vielen Bereichen darstellt. Weshalb begegnen sich viele Menschen derart ruhelos, fantasielos, mutlos, sinnlos, freudlos, friedlos? Warum finden so viele Begegnungen derart unharmonisch und lieblos statt?

Die Antwort finden wir nicht bei den anderen, sondern bei uns selbst – in uns selbst. Wir können der Außenwelt nur mit dem begegnen, was in uns ist. Und diese Welt da draußen wird uns genau das widerspiegeln, was in uns ist – ob wir wollen oder nicht, ob wir das einsehen oder nicht, es ist so. Eine friedvolle Begegnung mit anderen kann nur dann stattfinden, wenn wir zuvor den Frieden in uns gefunden und ihn in unser Bewusstsein zurückgeholt haben. Wir können erst dann einer liebevollen Außenwelt begegnen, wenn wir zuvor wieder bewusst unserer inneren Liebes-Welt begegnen und wir unser Bewusstsein in ihr verankern. Alles, was wir uns im Außen ersehnen, ist bereits in uns – in der Tiefe unseres Seins. Doch wie ist es möglich, dass wir unserer inneren Liebes-Welt begegnen? Viele Menschen können sie nicht spüren, nicht erkennen, nicht wahrnehmen – sie scheint nirgends da zu sein. Solange unser Verstand nur sich selbst begegnet, hängt die Qualität unserer Wahrnehmung davon ab, was wir denken. Wenn da also lieblose Gedanken sind, können wir uns zwar entscheiden, liebevoll zu denken, doch die Frage ist, wie lange können wir dieses bewusste Denken liebevoller Gedanken aufrechterhalten? Vielleicht bis zur nächsten negativen Äußerung unseres Gegenübers? Es ist schwer, alleine mit dem Verstand liebevoll zu bleiben. Ihm fehlt der Dünger, das Substrat, die Grund-Essenz, die aus dem tiefen Grunde des Seins alles liebevoll erblühen lässt. Doch gleichzeitig ist dieser tiefe Grund des Seins für unseren Verstand nicht erreichbar. Verstandesworte können uns zwar wie ein Wegweiser die Richtung dorthin zeigen, so wie die Worte, die hier geschrieben sind, doch den Weg kann nur unser Bewusstsein gehen – nicht der Verstand, denn der ist nur Mittel zum Zweck, ein Werkzeug unserer Seele.

Wenn wir in eine völlig andere Dimension der Begegnungen eintreten wollen, in die Welt der Seelenbegegnungen, dann müssen wir diese Seelenwelt nicht jenseits von der Welt suchen, die wir bisher wahrgenommen haben. Es handelt sich dabei auch nicht um irgendeine Fantasiewelt, in der man sich verlieren müsste, und wir müssen auch nicht jahrelang meditieren, um dorthin zu gelangen. Wir müssen gar nichts tun, um dort anzukommen, denn wir sind schon da. Alles ist nur eine Frage des Bewusstseins. Wenn wir wieder lernen, unser Bewusstsein auf das zu konzentrieren, was wir in Wahrheit sind, dann verschiebt sich unser Blickwinkel, unser Zentrum des Wahrnehmens in unser wahres inneres Sein. Diese Bewusstseinskorrektur zurück in die Position des natürlichen Seins hat zur Folge, dass wir uns nicht mehr als das identifizieren, was unser Verstand von uns denkt, sondern dass wir uns eben genau als das erkennen, was wir in Wahrheit sind. Gleichzeitig nehmen wir das Sein um uns herum völlig anders wahr, indem wir es zunehmend weniger gedanklich erfassen, sondern immer mehr fühlend wahrnehmen.

Der Verstand denkt – er nimmt seine Gedanken wahr. –
Die Seele fühlt – sie nimmt die Wahrhaftigkeit wahr.

Je mehr unser Verstand in den Hintergrund rückt, umso mehr verlassen wir mit unserem Bewusstsein die Oberflächlichkeit der Verstandesebene und betreten mehr und mehr die Gegenwärtigkeit des Seins. Es verblassen die Gedankenströme über Vergangenheit und Zukunft und schaffen Raum für die authentische Gegenwart, in der wir leben. Je tiefer wir in diesen natürlichen Zustand des Seins eintreten und je mehr wir uns darin verankern, umso mehr nimmt die Qualität unserer Begegnungen zu – sie gewinnen an Tiefe. Aus der

Tiefe unseres Seins nehmen wir jetzt unser Gegenüber in seiner Tiefe wahr. Wir fühlen es – immer feinfühliger. Wir achten es – immer achtsamer. Wir nehmen es wahr – immer wahrhaftiger. Wir lieben es – da es uns immer liebenwerter erscheint, indem wir uns immer mehr in unserem Gegenüber selbst erkennen und wir unser Gegenüber in uns selbst erkennen.

Ich bin – in dir. Du bist – in mir.

Versuche bei deiner nächsten Begegnung einmal von allen Äußerlichkeiten abzusehen, versuche jenseits der Gedanken und Formen das Wesen deines Gegenübers wahrzunehmen. Wie fühlt sich dieses Wesen an? Was drückt es aus? Was ist in ihm verborgen – jenseits seines Äußeren – jenseits der Laute, die es von sich gibt?

Du musst keine Antwort erzwingen oder erdenken wollen – alles kommt von ganz alleine. Und wenn es ein Mensch ist, der zu dir spricht, dann blicke hinter seine Worte. Nimm sie nicht wörtlich, lege sie nicht auf die Goldwaage, sondern versuche wahrzunehmen, welche innere Botschaft in ihnen steckt. Benutze deinen Verstand, um dein Spiegelbild in ihm zu erkennen. Was ist in deinem Gegenüber, das du auch in dir findest? Was ist in ihm, das dir vielleicht zu fehlen scheint? Vielleicht entdeckst du Sanftmut in seinen Augen, die dir deine eigene Sanftmut widerspiegelt oder dir sagt, dass hinter deinem Zorn deine eigene Sanftmut verborgen ist. Vielleicht siehst du die ungelebte Freude in ihm, die du selbst in dir noch nicht zum Ausdruck bringen konntest. Vielleicht ist es die Schönheit einer Blüte, die das Aufblühen deiner eigenen inneren Schönheit wecken möchte. Vielleicht ist dein Partner redegewandter und selbstsicherer, als du dich fühlst, und die tagtäglichen Begegnungen mit ihm dienen gar nicht dem Konkurrieren, sondern wollen dich lediglich auffordern, endlich über deinen eigenen Schatten zu springen, den Mut aufzubringen, aus dir herauszutreten und deine eigene innere Kraft und Stärke zu offenbaren.

So gewinnen deine Begegnungen nach und nach immer mehr an Tiefgang, an Qualität und an Sinnhaftigkeit. Jeder Tag, den du erleben darfst, bietet dir unendlich viele Möglichkeiten, um all die Schönheit und Vollkommenheit in dieser Welt aufs Neue zu entdecken. Jede einzelne Begegnung hält dafür ihre ganz besondere Gelegenheit für dich bereit. Versuche gegenwärtig zu bleiben, um unter der Oberfläche jeder dieser Begegnungen das kostbare Geschenk, das darin enthalten ist, wahrzunehmen. Halte dein Herz dafür offen und nutze deinen Verstand dazu, die positiven Aspekte der Begegnung zu verstehen, anstatt in destruktiven, negativen Analysen stecken zu bleiben. So wirst du durch alles, was dir in deinem Leben begegnet, bereichert. Je mehr du dabei die Seele deines Gegenübers wahrnimmst, umso mehr nimmst du deine eigene Seele wahr und umso mehr nimmst du die Seelenbegegnung selbst wahr. Irgendwann wirst du, wie jeder von uns, an dem Punkt ankommen, an dem sich der Schleier des Fremden lichtet und das Vertraute ganz freigibt. Du erkennst, dass derselbe licht-durchflutete Sternenstaub in dir genauso enthalten ist, wie in allem, was existiert. Alle Aspekte, die in dir enthalten sind, ob sie dir aus deiner bisherigen gedanklichen Sichtweise eher gut oder schlecht erschienen, sind Ausdruck deines So-Seins und du findest diese Aspekte genauso in alledem, was dir begegnet und umgekehrt. So verwandeln sich alle deine Begegnungen von dem scheinbaren Zusammentreffen zweier verschiedener Welten zur authentischen Wiedervereinigung dessen, was nie getrennt war, durch das Bewusstwerden der immer vorhandenen Einheit allen Seins.

„Lasse nie zu, dass du jemandem begegnest, der nicht nach der Begegnung mit dir glücklicher ist."
MUTTER TERESA

18 Seelenträume

*I*n unserer modernen und scheinbar realistischen Welt hat der Traum grundsätzlich keinen hohen Stellenwert. Da werden die Erinnerungen an einen Traum oftmals als chaotischer Wirrwarr abgetan. Menschen, die uns einen allzu verträumten Eindruck machen, werden als Träumer angesehen, die den Realitätssinn verloren haben. Deshalb ziehen sich auch viele „Träumer" oftmals in sich zurück, da sie sich von der Überzahl der „Realisten" unverstanden fühlen. Doch paradoxerweise hat auch unsere moderne Gesellschaft endlos viele Traumideale. Sie verbindet ihre Träume allerdings weniger mit der seelischen als vielmehr mit der materiellen Ebene. So träumen wir vom Traumhaus, von Urlauben an fernen Traumstränden oder von einem Traumprinzen oder einer Traumfrau in Menschengestalt. Oftmals gehen diese Träume dann doch nicht in Erfüllung und bleiben somit eben nur ein Traum. Dabei bewahrheitet sich der Begriff Traum wieder in unserem Verständnis, indem er eben doch etwas Irreales, Nichtgreifbares und meist Unerfüllbares zu sein scheint. Die Ursache hierfür liegt jedoch nicht in der Tatsache, dass dem so sei. Vielmehr liegt sie darin begründet, dass wir es nicht gewohnt sind, unsere Lebensträume überhaupt richtig wahrzunehmen. Wir haben verlernt, uns dieser Träume bewusst zu werden und sie als real zu begreifen. Erst wenn wir unsere wahren Lebensträume entdecken und uns deren Herkunft bewusst sind, macht ihre Erfüllung einen wirklichen Sinn – da ihre Verwirklichung erst unser wahres Potenzial entfaltet und uns in die Freiheit führt.

Deine wahren Träume sind nicht die, die du im Außen siehst, die dir die Werbung, deine Nachbarn oder die Gesellschaft vorgeben. Jeder Mensch hat eigene individuelle Lebensträume. Deine Träume vom Leben auf dieser Erde stecken in dir, tief in dir. Eine Möglichkeit, diese zu finden, ist, dich einmal hinzusetzen und in aller Ruhe nachzudenken und aufzuschreiben, was du in deinem Leben wirklich willst.

Wenn dir dies Schwierigkeiten bereiten sollte, dann überlege und schreibe nach und nach auf, was du nicht willst. Dann schau dir die Liste immer wieder einmal an und kehre das, was du nicht willst, ins Gegenteil um und schreibe dies daneben. So erkennst du mehr und mehr, was du wirklich willst. Diese Art des Vorgehens ist sehr aufschlussreich und wird dich ein ganzes Stück näher an deine Lebensträume bringen. Doch auf diese Art kannst du noch nicht in das Zentrum deiner wahrhaftigen Träume vordringen. Die wahren Lebensträume wollen nicht nur deinen Verstand und deinen Körper befriedigen. Was nützt dir das schönste Schloss mit einem millionenschweren Bankkonto und dem optischen Traumpartner an deiner Seite, wenn dein Herz dabei nicht erfüllt ist? Wenn dein Blick zwar cool ist, aber gelangweilt in die Ferne schweift? Du zwar äußerlich reich bist, aber innerlich verarmt, weil deine Seele nicht gehört wurde? Weil du dir nie die Mühe machtest, zu fragen, was deine wahren Träume sind – wovon deine Seele träumt, was sie nährt? Wie deine Seele hätte leben wollen – hier auf dieser Erde in diesem Menschenkörper?

Die Weisheit steckt in deiner Seele und nicht in deinem Verstand! Die Seele aber ist überall in dir integriert – auch in deinem Körper und in deinem Geist. Sie weiß daher auch genau, was für dich als ganzheitlicher Mensch gut ist. Ihr kannst du vertrauen. Wenn du ihren Lebensträumen folgst, kannst du nie fehlgehen. Steige hinab in die Geheimnisse deiner Seele. Steige auf zu den Träumen, die sie für dich bereithält – die du für dich bereithältst –, und du wirst erkennen, wie real diese Träume sich dir darstellen. Wie exakt sie zu dir passen und wie glücklich dich all die Bilder machen, die dir deine imaginäre Vorstellungskraft auf deine innere Leinwand projiziert. In der Meditation, in der Ruhe, in der Versenkung, in der Stille findest du Zugang zu dir selbst und zu deinen Träumen. Habe Mut, auch wenn dein Verstand anfangs und auch später immer wieder mal dazwischenfunkt und dir weismachen will, dass diese Visionen nicht erreichbar seien. Vor allem dann, wenn du bisher mit deinem Leben nicht zufrieden, nicht in Frieden warst, nicht in deiner Mitte, ist es möglich, dass die Träume, die du tief in dir erkennst, geradezu im Gegensatz dazu stehen, wie du bisher gelebt hast. Lass dich deshalb weder von deinem Ego, noch von dem Ego anderer abbringen. Folge deinem inneren Gefühl, das dich zur Wahrheit leiten wird. Fühle, was dich ganz und gar erfüllt. Fühle, was dir Spaß und Freude bereitet. Fühle, wo deine Talente und Fähigkeiten stecken. Fühle, wo deine Stärken liegen. Fühle, was in dir steckt und raus will. Fühle, was befreit werden will. Fühle, wovon du innerlich wirklich träumst. Fühle, was deine innere Stimme dir sagen möchte. Wenn du nachts oder morgens aufwachst und dich an einen Traum erinnern kannst, dann lass deinen Verstand in den Hintergrund treten und spüre hin, was die Kernaussage dieses Traums sein könnte. Versuche ihn, anstatt zu analysieren und zu verstehen, lieber zu erfühlen. Was will er dir symbolisch sagen? Oftmals stecken in unseren nächtlichen Träumen auch Hinweise und Botschaften, die mit unseren Lebenszielen zu tun haben. Jeder Mensch trägt in sich seine persönlichen Lebensaufgaben. Genau für diese Berufungen ist er mit den optimalen Werkzeugen in Form von Talenten, Eigenschaften und Fähigkeiten ausgestattet. Beginne das Puzzle deiner aktuellen Lebensaufgabe zu legen. Schau das ganze Bild an – indem du deine Träume schaust. Oder lege Stück für Stück deine einzelnen Puzzleteile, indem du deine Fähigkeiten, Begabungen, Eigenschaften, Wünsche usw. aneinanderreihst und zu einem Gesamtbild formst. Oftmals erkennen und sehen wir inmitten oder nach einer Krisensituation, wo unser Weg hingehen soll, in welche Richtung wir aufbrechen sollen. Es eröffnet sich uns ein Zeitfenster, durch das Licht hindurchscheint, wo zuvor Dunkelheit war. Das ist unsere Chance, jetzt sollten wir handeln, unser ganzes Potenzial nutzen und mit aller Kraft und Zielstrebigkeit unserer inneren Stimme folgen. Wenn das Herz ja sagt, kann es nicht verkehrt sein. Nimm all deinen Mut zusammen und folge deiner Intuition. Die wahren Lebensträume, die du als Lebensaufgaben, als Berufungen in dieses Leben mitgebracht hast, sind durch und durch realistisch, erstrebenswert und auch erreichbar. Sie sind der eigentliche, tiefere Sinn deines Lebens.

19 Seelenharmonie

Unsere Seele ist ein Teil des Ganzen. Das ganze Universum funktioniert nach dem Prinzip der Harmonie. Dies ist auch dann so, wenn wir dies nicht verstehen oder anerkennen. Es handelt sich dabei um ein Naturgesetz, eine feststehende Tatsache, die die Natur – die Schöpfung – so gewollt und manifestiert hat. Um dieses Gesetz der Harmonie zu verstehen, müssen wir das Bild, das unser Verstand sich bisher von dieser Welt, in der wir leben, gemacht hat, ablegen und lernen, diese Welt mit unserem Herzen wahrzunehmen, vom Verstandesdenken zum Gefühlsdenken übergehen. Gefühlsmäßig wahrnehmen, anstatt verstandesmäßig analysieren.

In Harmonie ist etwas, das in sich ausgeglichen, in der Balance, im Einklang mit sich selbst ist oder in sich selbst ruht – eins ist. Da der Mensch ein Teil des Ganzen ist, kann er sich diesem Naturgesetz nicht entziehen. So trägt jeder Mensch in seinem tiefsten Inneren den Wunsch, in Harmonie zu leben. Auch wenn dies vielen nicht bewusst ist oder manche ihr Leben eher als disharmonisch empfinden, da sie vor lauter Dunkelheit kein Licht mehr sehen, das ihr Leben als harmonisch erhellen könnte. Das Gegenteil von Harmonie ist Chaos, und so erleben und erfühlen viele Leute ihr Leben als eher chaotisch denn harmonisch. Wenn wir die Tageszeitung lesen, die Nachrichten im Radio hören oder uns die Bilder im Fernsehen anschauen, dann nehmen wir Tag für Tag chaotische Ereignisse in uns auf. Die Worte und Bilder, die wir von Hunger, Krieg und Katastrophen aufnehmen, dringen in unser Unterbewusstsein und erzeugen in uns eine disharmonische Schwingung, ein disharmonisches Weltbild. Deshalb haben viele Menschen den Glauben an das Gute verloren. Ihnen erscheint unsere Welt als ein chaotischer, freudloser Kampfschauplatz, in dem sie offenbar machtlos mittendrin stecken. Doch dieses Bild von unserer Welt, das letztlich auch uns selbst als Mensch widerspiegelt, ist nur der oberflächliche Teil, den viele von uns so wahrnehmen. Die eigentliche Wahrheit von uns selbst, die Wahrheit über diese Welt und alles Sein darüber hinaus, ist keinesfalls chaotisch. Das Universum selbst ist in vollkommener Harmonie. Es ist die Harmonie selbst. Außerhalb von Zeit und Raum gibt es keine Dualität. Das Gegenteil von Dualität ist Einheit. ***Alles*** ist ***eins*** – alles ist in Ruhe, in Ordnung, in der Mitte, in Harmonie. Unser Leben, das wir auf dieser Erde, in Zeit und Raum erleben, findet in der Dualität statt. Es gibt einen Anfang und ein Ende. Hell und dunkel. Heiß und kalt. Oben und unten. Innen und außen. Gut und böse usw.

Dies ist das Spielfeld, auf dem wir unser Spiel des Lebens spielen. Innerhalb dieses dualen Spielfeldes ist Dynamik. Alles, was in diesem Spielfeld in Zeit und Raum lebt, ist in Bewegung. Die schöpferische Natur ist in fortwährender Bewegung mit dem beständigen Ziel, alles ins Gleichgewicht zu bringen, um Harmonie zu erzeugen. Dies ist, wie gesagt, kein statischer Zustand, sondern ein energetischer, andauernder, in Bewegung befindlicher Prozess. Überall, wo wir hinschauen, entdecken wir diese wundersame, dynamische Entwicklung – hin zur Harmonie. Die Schöpfung offenbart uns dies z. B. im perfekten Zusammenspiel der gesamten Pflanzen- und Tierwelt, im Kreislauf der Jahreszeiten oder durch das Wunder der Entstehung eines Lebewesens in allen erdenklichen Formen. Alles ist im Werden und Vergehen und im Wieder-Neuwerden.

Das wahre Geheimnis hinter diesem Vorgang ist jedoch nicht das scheinbare Dahinsterben und Neuwerden, sondern der sich dabei vollziehende Prozess der Ver*wandlung*. Alles *wandelt* sich, ver*wandelt* sich – dauernd und stetig. Alle Zellen in uns teilen sich ständig und ver*wandeln* sich und damit unseren Körper fortwährend. Wir sind nicht mehr derselbe Mensch, der wir vor ein paar Sekunden noch waren. Dieser Prozess ist das Prinzip dieses Universums, das auf Wachstum, also auf Weiterentwicklung basiert. Das wahre Geheimnis dieses Prozesses liegt jedoch nicht in dem Wachstumsgedanken, den wir in unserem materialistischen Denken als eine stetige Vermehrung verstehen, sondern verbirgt sich in dem Wunder der Verwandlung, das sich hinter dem stetigen Entstehen und Vergehen verbirgt. Neben unserer Geburt erfahren wir als Mensch die größte Wandlung oder Weiterentwicklung in dem eigenen, schicksalhaften Prozess, auf den wir alle zusteuern und den wir mit dem unangenehmen Begriff „Tod" bezeichnen. Unangenehm, beängstigend oder gar schrecklich erscheint dieses stetig näherrückende Szenario all jenen, die sich mit ihrem Ego als Selbst identifizieren. Der Grund dafür ist die Tatsache, dass unser Ego, welches ja im Grunde genommen ein mehr oder weniger aufgeblasenes Fantasiegebilde ist, in dem bevorstehenden Prozess verschwinden wird, im Gegensatz zu unseren physischen Bausteinen, die in einer anderen Form weiterexistieren, und unserer seelischen Existenz, die in einer anderen Dimension weiterexistiert. Je mehr wir in unser wahres Bewusstsein hineinwachsen und uns schließlich mehr und mehr in unserem wahren Selbst erkennen, umso leichter fällt es uns, die Wahrheit hinter diesem großen Prozess der Verwandlung zu erkennen. Da die Selbstidentifikation mit unserem Ego im Prozess des sogenannten Todes ohnehin endet, ist die einfachste und effektivste Art der Vorbereitung auf diesen Zeitpunkt, dass wir nach und nach bewusst unsere Identifikation mit dem Ego Schritt für Schritt abbauen. So lösen sich auch nach und nach unsere Ängste und Sorgen auf, die wir uns über unseren bevorstehenden Tod gemacht haben.

Viele bedeutende Wissenschaftler haben letztlich gegen Ende ihres Forschens erkannt, dass wir es tatsächlich mit einer intelligenten Schöpfung zu tun haben und der physische Tod lediglich einen Verwandlungsprozess darstellt, der in die Harmonie des Lebens eingebunden ist. So können uns heute zahlreiche Sterbeforscher durch ihre Arbeit Einblicke in die jenseitige Welt geben, die wir mit unseren fünf Sinnen nicht wahrnehmen können. Das eröffnet uns ebenso die Möglichkeit, die Angst vor dem „Tod" abzubauen, ganz zu verlieren, oder es versetzt uns sogar in die Lage, in diesem natürlichen Verwandlungsprozess den Akt vollkommener Harmonie zu erkennen und zu erleben. Wer im Laufe seines Lebens gelernt und geübt hat, sich seinem Leben hinzugeben, dem fällt meist die Hingabe an diesen großen Verwandlungsprozess seines Lebens später leichter. Die Chance, diesen Prozess dann sowohl auf der geistigen wie auf der körperlichen Ebene als natürlichen Vorgang in Harmonie zu erleben, steigt dadurch erheblich. Wenn wir wieder lernen, den „Tod" als natürlichen Übergang in eine neue Dimension des Lebens zu begreifen, dann können wir die Angst vor ihm, die wir bisher als Bürde mit uns geschleppt haben, loslassen. Dann kann das Licht, das dadurch in uns aufleuchtet, den Schatten der Angst auflösen. Dann sind wir frei für ein Leben in Harmonie.

Eine andere Möglichkeit, den Todesprozess verstehen zu lernen, ist es, die Natur zu beobachten. In der Tierwelt erscheinen uns zwar, oberflächlich betrachtet, die Jagdszenen als rohe Gewaltakte, die uns auf den ersten Blick abschrecken. Wenn man aber solch einen Prozess einmal vorurteilslos wahrnimmt und vor allem die eigenen Ängste, die beim Thema „Tod" hochkommen, einmal beiseitelässt, dann kann man durchaus auch Schönheit und Harmonie darin erkennen. Um einerseits die Dramatik herauszufiltern und andererseits die Wahrnehmung zu intensivieren, empfehle ich, sich solch eine Szene einmal mehrfach in Zeitlupe anzusehen. So kann man z. B. durch intuitives Wahrnehmen der Antilopenjagdszene eines Geparden durchaus auch Schönheit, Sanftheit, Hingabe und Harmonie entdecken. Schönheit in der Bewegung beider Tiere, Sanftheit in der Ausführung des notwendigen Aktes des Erlegens, Hingabe durch das ergriffene Tier im letzten Moment und Harmonie in der Gesamtheit dieses Vorganges.

Alles, was in unserer Welt existiert, bewegt sich, formt sich zu Harmonie. So wie sich die Pflanze dem Licht zuwendet, so wie die Blüte nach der Sonne strebt. Der Mensch ist ein Teil der Natur, ein Teil des Ganzen. Er trägt wie jedes Wesen in seinem Kern die vollkommene Harmonie in sich. Dieser Kern, sein inneres Wesen, seine Seele, ist ein Teil von Gott. Neben den hochentwickelten Tierarten, wie beispielsweise Wale, Delfine oder Schimpansen, hat der Mensch zwar im intellektuellen Sinne die höchste Bewusstseinsebene von allen bekannten Lebewesen auf dieser Erde erreicht. Er trägt jedoch auch das höchste Potenzial WAHREN Bewusstseins in sich.

Viele Menschen sind sich dieses Potenzials, das in ihnen schlummert, noch nicht bewusst. Sie leben in diesem Sinne unbewusst. Sie haben noch nicht erkannt, dass unser Part in diesem unseren Leben hier nicht der ist, mittels unseres Verstandes und unseres Egos unsere niederen Instinkte und Bedürfnisse zu befriedigen. Sie haben noch nicht erkannt, dass ihre Aufgabe in diesem Leben darin besteht, sich selbst zu verwirklichen. Die Inkarnation einer jeden Seele hier hat den Sinn, sich selbst zum Ausdruck zu bringen. Die Seele, als Teil des Ganzen, möchte sich in allen Facetten ausdrücken und ausleben. Der Verstand und das Ego sollen dabei die Werkzeuge sein und nicht zu ihrem Selbstzweck werden. Da der Kern deiner Seele aus vollkommener Harmonie erschaffen ist und in vollkommener Harmonie ist, kann auch das, was du aus deiner Seele heraus nach außen lebst, nur vollkommene Harmonie erzeugen. Der Mensch hat einen freien Willen. Deshalb kannst du dich in jedem Moment deines Lebens immer wieder aufs Neue entscheiden, auf diese Art, von innen heraus, zu leben.

Wenn wir die Welt um uns herum nicht als Um-welt – als die von uns getrennte Welt da draußen – begreifen, sondern als die eine Welt, in der wir leben und mit der wir durch und durch verbunden sind, wenn wir uns als integrierten Teil dieser Welt verstehen lernen und unsere Aufgabe darin erkennen, unseren Fähigkeiten und Talente zum Ganzen beizutragen, dann schaffen wir die Grundvoraussetzung für Harmonie. Dann wird unser Verstand nicht mehr der Sklave unseres Egos sein, das vorrangig nur unsere eigenen egoistischen Ziele vor Augen hat, sondern unser Verstand nimmt unsere Seelenbedürfnisse wahr und diese werden nach dem Gesetz der Harmonie der Einheit allen Seins dienen.

Bisher sind wir Menschen als Kollektiv dieser Aufgabe nicht gerecht geworden. Der Organismus Gaia – die ganze Erde – muss daher in seiner Bemühung, in Harmonie zu kommen, heftig gegensteuern. An den gravierenden Veränderungen in der Natur erkennen wir dies deutlich. Die Erde wird dies mit uns Menschen oder ohne uns bewerkstelligen. Da für uns Menschen jedoch das Spielfeld unserer Inkarnationsmöglichkeiten die Erde darstellt, können wir auf sie nicht verzichten. Es ist also an der Zeit, dass wir uns selbst bewusst werden, uns als SELBST erkennen, unsere Lebensaufgabe wahrnehmen und sie erfüllen. Wer aufmerksam ist, der erkennt überall mehr und mehr Menschen, die diesen Weg gehen und selbst zum Wegweiser und Licht für andere werden. Gehe deinen Weg und lebe dein Potenzial von innen heraus und du wirst ein Schöpfer der Harmonie SEIN.

20 Seeleninkarnation

*I*ch lade dich ein, deinem Verstand für dieses Kapitel eine völlige Auszeit zu geben – ganz ohne Verstehen, Beurteilen und Verurteilen zu SEIN. Dich ganz und gar mit deinem inneren Wesen in die nachfolgenden Worte fallen zu lassen.

Deine Seele war schon immer da. Sie kommt aus der Unendlichkeit, sie ist in der Unendlichkeit und sie geht in die Unendlichkeit. Deine Seele existiert außerhalb von Raum und Zeit. Sie ist zeitlos. Sie stammt von Gott. Sie ist ein Teil von Gott. Du bist ein Teil von Gott. Gott ist in dir und du bist in Gott. Deine Seele ist überall zu Hause. Und doch bist du auf Reisen. Deine Reise hat dich in Zeit und Raum geführt. Der Raum, in dem du dich befindest, ist die Erde. Deine Seele hat sich auf dieser Erde inkarniert, sie hat sich durch deinen Körper materialisiert. Du bist Materie und Geist zugleich. Der Geist hat die Materie erschaffen, so wie alle Materie durch den Geist erschaffen wurde und erschaffen wird. Die Aufgabe deiner Existenz hier ist es, Erfahrungen zu machen und zu wachsen. Du willst dich entwickeln, dich zum Ausdruck bringen. Deine Seele will sich entwickeln, sich ausdrücken. Dein Körper ist das Werkzeug dazu – hier auf dieser Erde. Alle deine Zellen und Organe dienen dazu. Alles hat seine Ordnung, alles ist an seinem Platz. Dein Verstand soll dir helfen, den Entwicklungsprozess deiner Seele voranzubringen. Dein Ego soll dir helfen, dieses Vorhaben durchzusetzen. Dein Wegbegleiter ist die Freude, die dir dieses Leben hier auf der Erde versüßen möchte. Deine Seele ist in ständiger Verbindung mit dem Ursprung ihres Seins, mit dem Ursprung allen Seins. Sie kann sich jederzeit der unendlichen Weisheit und der unendlichen Kraft und Macht bedienen, da sie niemals von ihr getrennt ist. Die stärkste Macht, die existiert, ist die Liebe. Gott ist Liebe – Gott liebt alles – Gott liebt dich – uneingeschränkt – so, wie du bist. Du bist Teil dieser Liebe – du selbst bist Liebe. Mache dir diese Liebe bewusst. Erspüre sie und erlebe sie, indem du dein Herz öffnest. So kann sie in dich hineinströmen, sich ausbreiten und über dich hinauswachsen. Du musst nichts tun, sondern einfach nur loslassen – zulassen, fließen lassen. Du spürst die reinste und höchste Energie, die überhaupt existiert. Sie wird dich durch dieses Leben begleiten und geleiten. Sie hat dich in diese Welt inkarnieren lassen. Sie trägt dich durch dieses Leben auf diesem Planeten hindurch und wird dir all die Erfahrungen schenken, die du in diesem Leben machen möchtest, die du dir für dieses Leben vorgenommen hast. Sie heilt deine Wunden, die du dir selbst zugefügt hast und die du dir hast zufügen lassen. Sie heilt deine Schmerzen hier und nimmt dir den Seelenballast ab, den du aus früheren Inkarnationen mitgebracht hast. Sie ist dein Trost in den Tälern deiner Erfahrungen und dein Antrieb, der dich auf die Gipfel nach oben trägt. Sie begleitet dich im Auf und Ab dieses Lebens und geht mit dir durch das Tor jenseits dieser Welt. Sie erhebt dich aus den niederen Schwingungen der Materie hinauf in die höchsten Höhen des Lichts – zurück in die Welt, aus der du gekommen bist. Zurück blickst du auf dein Leben und siehst, was du alles genommen hast, was du alles gegeben hast. Du kehrst ein in die Welt der Einheit, in die Welt der Gegensatzlosigkeit. Dort bist du zu Hause – genau wie hier. Dort bist du geliebt – genau wie hier. Dort bist du der, der du bist – genau wie hier. Doch dort bist du dir dessen ständig bewusst. Dort spürst du die Harmonie und die Einheit – ständig. Dort ist Freude und Glück – ständig. Dort ist die Liebe allgegenwärtig und ständig. Und doch ist nichts be-ständig. Alles wächst und dehnt sich aus. So ist der Welten Lauf. Und so wächst und reift in dir der Wunsch, erneut zu kandidieren, du möchtest wieder inkarnieren. Und so dreht sich das Rad des Lebens und bringt immer wieder ein neues Erleben. Die Chance, die wir jedoch heute erleben, ist, dass wir uns alle erheben. Erheben aus dem Rad des Lebens. Bewusst werden hier auf Erden und aufsteigen in höhere Sphären.

21 Seelenwachstum

„Alles spirituelle Wachstum beruht auf der Preisgabe von Anhaftungen und egoistischen Beweggründen."
BHAGAVAD GITA

Den Beginn allen Wachstums in unserem Universum erklären die Wissenschaften meist mit einem Urknall, dem sogenannten Big Bang. Scheinbar aus dem Nichts wurde ein Wachstumsprozess in Gang gesetzt, der sich nun schon Milliarden von Jahren vollzieht und alles Leben, alles Sein in unserem Universum hervorgebracht hat. Welch ein Wunder! Welch unendliche Intelligenz muss wohl darin verborgen sein?

Welch wundersame Schöpfung hat uns selbst scheinbar aus dem Nichts erschaffen, aus einer Eizelle und einer Samenzelle, die sich vereint und durch Wachstum zu einem Wunderwerk von Körper-Seele-Geist vollendet haben? Zwei Zellen, die selbst aus dem Wachstumsprozess zweier anderer Menschen entstanden sind und zuvor noch gar nicht existiert haben – oder doch? – Alles, was wächst, hat zuvor existiert. Alles, was existiert, hatte auch vor seinem Da-Sein einen Ursprung. Der Ursprung allen Seins ist der Geist. Der Geist erschafft die Materie. Der große, machtvolle Geist allen Seins ist die Ursache, der Grund und das Zentrum aller Existenz. Er dehnt sich ständig aus. Das Universum dehnt sich ständig aus, erweitert seinen Horizont. Dieses natürliche Wachstum geschieht in absoluter Harmonie, in völliger Perfektion und in ständiger Vollendung. So perfekt, wie der große universelle Geist existiert, so perfekt funktioniert er, manifestiert er sich, durch Wachstum in allen Ebenen der Existenz. Ob wir das Wachstum einer Pflanze beobachten und uns von den prachtvollen Blüten verzaubern lassen, den Wachstumsprozess eines Bienenstocks entdecken oder miterleben, wie unsere Kinder wachsen und gedeihen, überall lädt uns die Schöpfung ein, das Wunderwerk dieser Entwicklung des Wachsens zu bestaunen.

Die ursprünglichste, reinste und vielfältigste Form des Wachstums finden wir in den noch verbliebenen Urwäldern. Dort entdecken wir die paradiesische Schönheit und Vollkommenheit. Dort finden wir unzählige Fülle in absoluter Harmonie. In diesen Urgebieten unseres Planeten können wir tatsächlich das Paradies auf Erden in seiner natürlichsten Form sehen und erleben. Doch was ist natürlich? Was ist die Natur? Und in welchem Bezug stehen wir Menschen zur Natur? Sind wir gar die Störenfriede, die den Frieden dieser Natur, diese wundervolle Welt zerstören?

Der Begriff Natur wird von uns Menschen unterschiedlich verstanden. In Wahrheit ist alles *eins*, da alles aus der einen *Ein*heit entstanden ist, ist alles mit allem verbunden. Ich bin ein Teil dieser Welt – du bist ein Teil dieser Gesamtschöpfung. Wir sind ein Teil des Ganzen. Diese eine Welt ist die Natur. Wir Menschen sind ein Teil dieser Natur, da auch wir auf dem natürlichen Weg des Wachstums entstanden sind, genauso wie alle Mineralien, Pflanzen und Tiere auf dieser Erde. In dem fortwährenden Schöpfungsprozess passt sich diese von uns genannte Natur ständig und bestmöglich an die jeweiligen Gegebenheiten an. Sie formt und verändert sich dabei unaufhaltsam von Vollendung zu Vollendung.

In diesen Prozess der Schöpfung ist der Mensch vollkommen eingebunden. In den biblischen Überlieferungen wird berichtet, der Mensch sei nach dem Ebenbild Gottes erschaffen. Er ist demzufolge ein Teil von Gott. Doch alles, was ist, ist ein Teil von Gott, es ist aus seinem Geist entstanden. Alles ist mit ihm verbunden. Alles ist im ständigen Energieaustausch mit ihm. So haben wir Menschen als hochentwickelte Spezies einen gewichtigen Anteil an dieser Schöpfungsevolution. Doch diesem können wir nur gerecht werden, wenn wir einerseits unsere intellektuellen, denkerischen Fähigkeiten entfalten und andererseits die intuitiven, seelischen Schöpferqualitäten mit einbringen. Natürliches Wachstum gedeiht nur im Gleichgewicht des Yin & Yang, des männlichen und weiblichen Prinzips, im Geben und Nehmen, im Auf und Ab, im Werden und Vergehen – kurz: im natürlichen Wachstumskreislauf des Lebens.

Offensichtlich hat der überwiegende Teil der Menschheit in den vergangenen Jahrtausenden und insbesondere in den letzten Jahrhunderten ihre Schöpferqualitäten, die aus der Einheit mit dem Göttlichen entspringen, mehr und mehr ignoriert, geleugnet und versiegen lassen. Die Bibel berichtet uns auf symbolische Weise von den Anfängen dieser Abkehr von der Verbindung mit Gott durch die Geschehnisse im Garten Eden. Wir alle können heute uns selbst mehr oder weniger als Adam oder Eva wiedererkennen, wenn wir unsere Beziehung zu Gott und dieser Schöpfung wahrhaftig offenlegen. Da wird uns bewusst, wie sehr wir uns der göttlichen Führung entzogen haben, um unsere eigenen, äußeren Ziele zu verfolgen. Dabei erkennen wir, wie uns diese Lebensart mehr und mehr in eine Sackgasse geführt hat. Wir müssen uns selbst eingestehen, auf welche Weise und in welchem Umfang wir tagtäglich zu einem mittlerweile ausufernden, einseitig materialistischen Wachstumsstreben beitragen, das nicht nur unser Menschheitskollektiv an die Grenzen der Überlebensfähigkeit manövriert, sondern bereits einen großen Teil dieses Paradieses hier auf Erden zerstört und ausgerottet hat.

Viel zu lange schon gehen wir den ichbezogenen Weg des Egoismus, auf dem wir uns selbst unserer inneren Führung berauben, indem wir die Verbindung zu unserem höheren Selbst brachliegen lassen. So laufen wir wie auf Glatteis, müssen ständig auf der Hut sein, und unser Weg führt uns unweigerlich durch die lehrreichen, aber oft auch bitteren Erfahrungen von Ursache und Wirkung. Bei dieser Art zu leben fehlen uns die inneren schöpferischen Kräfte, die die Weisheit unserer höheren Intelligenz beinhalten.

Daher ist das, was wir erschaffen, unvollkommen und bringt das Vorhandene zunehmend aus dem natürlichen Gleichgewicht. Auf diese Weise werden wir unserem eigenen schöpferischen Auftrag und dem Potenzial, das in uns steckt, nicht gerecht. Wenn wir uns die Welt, die wir verändert, mitgestaltet und miterschaffen haben, ansehen, dann erkennen wir in den Wirkungen all die Ursachen, die wir selbst gesetzt haben. Oftmals wollen wir die Wahrheit nicht sehen – sie nicht wahrhaben. Doch die Wahrheit lässt sich nicht leugnen. Wenn wir sie verleugnen, setzen wir erneut eine Ursache, die uns irgendwann durch eine verstärkte Wirkung die Wahrheit letztlich vor Augen führt. So haben wir jahrzehntelang die gravierenden Veränderungen unseres Klimas nicht sehen, nicht wahrhaben wollen. Das, was wir hierbei ver-ursacht haben, wurde von uns geleugnet, bis wir nun vor Augen geführt bekommen, dass wir vor uns selbst und unseren Taten nicht davonlaufen können. Viel zu lange hat die Mehrzahl von uns nicht den Mut gehabt, der Wahrheit ins Auge zu schauen und zu erkennen, dass wir all unsere Probleme selbst geschaffen und erschaffen haben. Doch das Rad des Lebens hat sich weiter und weiter gedreht und wir sind jetzt an dem Zeitpunkt angekommen, wo alles ganz offensichtlich ist. Die Wahrheit offenbart sich an jedem Ort und kann nicht mehr verdrängt oder geleugnet werden. Durch unser unersättliches Streben nach materiellem Wohlstand, das wir oftmals mit einem rücksichtslosen Ellenbogengebaren verfolgt und mit der Bezeichnung „Wirtschaftswachstum" zum obersten Gebot erklärt haben, ist durch uns eine gewaltige Vielzahl von Ursachen in diese Welt gesetzt worden. Die Auswirkungen, die schon lange erkennbar waren, treten nunmehr deutlicher und klarer zutage denn je. Wir sehen die Flüsse, Seen und Meere, die wir so sehr verschmutzt haben, dass das Leben in ihnen am Sterben ist. Immer mehr Arten sterben einfach aus. Dasselbe Drama vollzieht sich an Land. Die industrielle Ausweitung von Agrarflächen drängt die so wichtigen natürlichen Lebensräume immer mehr zurück. Die Liste der Auswirkungen ist so lang wie die der Ursachen. So wie wir all diese Ursachen selbst gesetzt haben, können wir uns deren Wirkungen nicht entziehen.

Dieser Prozess ist unser Lernprozess. Immer mehr haben wir an das äußere Wachstum geglaubt, danach gestrebt und dementsprechend gelebt. Parallel dazu haben wir dabei jedoch unser inneres Wachstum immer mehr vernachlässigt, unserer Seele keinen Platz eingeräumt und das in ihr vorhandene Potenzial nicht erkannt und nicht genutzt. Unser äußeres Wachstum gleicht dem unkontrollierten und aus der Ordnung geratenen Prozess des krebsartigen Wachsens von Körperzellen. Wenn etwas außerhalb der Harmonie wächst, entartet es. Es entspricht nicht seiner Art. Wenn dieses unnatürliche, entartete Wachstum nicht gestoppt wird, ihm die Ursache dafür nicht entzogen wird, führt dieser Prozess letztlich im Endstadium nicht nur zur Vernichtung der entarteten Zellen, sondern endet in einem Totalzusammenbruch des gesamten Körpersystems, indem alle Körperzellen des Organismus dasselbe Schicksal des vorzeitigen Exitus erleiden. Oben wie unten. Mikrokosmos gleich Makrokosmos. Im Weltgeschehen gelten dieselben Naturgesetze. So hat unser äußeres Wachstumsstreben inzwischen derart unnatürliche und unkontrollierte Züge angenommen, dass wir nicht nur mehr und mehr die Lebensgrundlagen für das Pflanzen- und Tierreich zerstören, sondern auch die Existenz einzelner Menschengruppen und Völker in Gefahr bringen. Wenn wir dieser Entwicklung nicht endlich die Ursache entziehen, werden dem nicht nur einzelne Gruppen zum Opfer fallen, sondern wird die gesamte Menschheit das selbst verursachte Schicksal der Selbstzerstörung erleiden. Dieser Prozess erinnert uns an Atlantis und hätte, wenn er nicht gestoppt würde, auch unabsehbare, katastrophale Folgen für die nachfolgenden Inkarnationsmöglichkeiten unserer Seelen.

Doch mit der zunehmenden Dramatik dieses Geschehens erkennen mehr und mehr Menschen diese Zusammenhänge und sind sich bewusst, dass das Schicksal des Einzelnen mit dem Gesamtschicksal der Menschheit, ja aller Wesen, aufs engste verwoben ist. Sie erkennen sich als Fragment des großen Organismus Erde, genannt Gaia, der Einheit allen Lebens.

Die Tatsache, dass diese Erkenntnis der Zusammenhänge des Lebens nunmehr immer mehr Menschen bewusst wird, liegt nicht allein an den unübersehbaren Folgen unserer Taten. Unser gesamter Planet befindet sich aktuell in einer Phase der stetigen Schwingungsanhebung. Diese Erhöhung der Frequenzen setzt enorme Energien frei, die eine Vielzahl gravierender Veränderungen bewirken. Die bewusst lebenden Menschen und diejenigen, die bereit sind, sich diesem gewaltigen Energiepotenzial zu öffnen, können ihr inneres Wachstum in nie dagewesener Weise steigern und beschleunigen. Auf der gesamten Erde wächst das spirituelle Bewusstsein zahlloser Menschen. Diese universelle Entwicklung kennt keine Grenzen und vereint die Wahrheitssuchenden, da sie sich auf denselben Wellenlängen befinden.

Doch diese Schwingungserhöhung erfasst nicht nur uns Menschen. Die ganze Erde ist davon betroffen und große Prozesse der Umwälzung sind in allen Bereichen derzeit im Gange und stehen uns noch bevor. Dabei liegt den dramatischen Naturereignissen und den Zusammenbrüchen alter, von uns erschaffener Systeme nicht die Sinnlosigkeit von Selbstzerstörung zugrunde, sondern sie dienen letztlich der Wandlung und Erneuerung. Viele Menschen, die noch nicht in einem erweiterten Bewusstsein leben, werden dadurch erschüttert und geraten in Zustände von Angst und Ratlosigkeit. Es gilt, ihnen beizustehen und Wegweiser zu sein in eine neue Zeit der Wahrhaftigkeit.

Die Völker Mayas, der Inkas, der Hopi-Indianer und vieler anderer Kulturen haben durch ihre Überlieferungen versucht, uns auf diese Zeit, durch die wir gerade hindurchgehen, vorzubereiten. Auch die Bibel berichtet uns in ihrer Offenbarung davon. Keine dieser Prophezeiungen sagt jedoch eine unabänderbare Totalzerstörung der Erde voraus. Vielmehr werden wir auf den Wandel in eine neue Zeit – in ein neues Zeitalter hinein – vorbereitet.

Der neue Mensch, zu dem wir uns gerade formen, hat eine völlig neue Qualität des Bewusstseins. Ihm ist vor allem bewusst, dass die höchste Qualität, die die göttliche Schöpfung den Menschen zuteil werden ließ, die Qualität der Schöpfung selbst ist! Ja, wir haben tatsächlich alle von derselben Qualität des einen Schöpfers ein Stück abbekommen. In uns steckt tatsächlich die Gabe der Schöpfung. Wir können an dem Prozess der immer neu werdenden Vervollkommnung teilhaben. Wir können diese Welt wahrhaftig mitgestalten, sie verbessern und im Sinne der höchsten, existierenden Weisheit mitformen und wachsen lassen. Dies gelingt uns dann, wenn wir unsere Aufmerksamkeit immer mehr vom äußeren Bewusstsein auf unser inneres Bewusstsein fokussieren. Dort liegt unser wahrhaft großes Schöpferpotenzial verborgen. Wenn wir unseren Verstand diesen inneren, weisen und hoch schwingenden Schöpfungsqualitäten anvertrauen, wird sich unser ganzes Dasein auf wundersame Weise verändern.

Dies ist möglich durch die Verbindung unserer Seele mit der unendlichen Quelle – mit dem Ursprung aller Schöpfung. Solange wir in dieser Verbundenheit leben, indem wir den Kontakt zu unserer Seele und damit zur Quelle halten, sind unseren Wachstums- und Schöpfungskräften keine Grenzen gesetzt. Die Essenz dieser Kräfte ist die Liebe. Die allumfassende Liebe, die aus dieser Quelle strömt, wird in alles, was aus ihr entsteht, hineinfließen und in allem, was wächst und erschaffen wird, integriert sein. So wächst unser inneres und äußeres Bewusstsein im Einklang miteinander, genährt durch unser höheres Selbst. Von dort strömt die göttliche Liebe in uns hinein und durch uns hindurch und ergießt sich in all unsere Schöpfungsprozesse. So entstehen friedvolle Gemeinschaften, in denen wir leben. Gesunde Nahrung, die wir zu uns nehmen, ökologische Bauwerke für unser Wohnen und Arbeiten und unschädliche Antriebsysteme, die uns Mobilität ermöglichen. So wächst und gedeiht alles in uns und um uns herum in Harmonie und Frieden. Unsere Gedanken sind voller Freude, alles, was wir tun, geschieht in Freude. Unsere Arbeit erfüllt uns, bringt unsere Begabungen zum Vorschein und lässt uns unsere Lebensaufgabe entfalten. Wir leben im Hier und Jetzt und genießen jeden Augenblick unseres Lebens. Wir sind dankbar für jeden Tag des Erlebens. Wir erkennen die Zusammengehörigkeit allen Seins, fühlen uns mit allem verbunden, achten und schätzen alles um uns herum und was uns begegnet. Wir sind im Frieden mit uns selbst – im inneren Frieden angekommen – und im Frieden mit der Welt. Endlich fühlt sich unsere Seele frei, indem sie über die Verbindung mit Mutter und Vater allen Seins und dem endlosen Strom göttlicher Weisheit ihren vollständigen Selbstausdruck ungehindert leben kann. So werden wir zum Mitgestalter und Mitschöpfer des Paradieses auf Erden.

Vielleicht hört sich diese Vision angesichts des äußeren Zustands unserer Welt nicht gerade realistisch an. Doch was ist tatsächlich real? Real ist, dass wir uns an einem Scheideweg befinden. Wir haben die Wahl, ob wir weiter unser äußeres Wachstum vorantreiben, um in der Selbstzerstörung zu enden, oder ob wir durch einen vollkommenen Wandel unseres Bewusstseins unser inneres Wachstumspotenzial leben und dadurch überleben.

Die Geschichte der Erde lehrt uns, dass nicht die große Masse an Menschen notwendig ist, um große Veränderungen zu bewirken. Es sind immer einzelne herausragende Pioniere, die vorangehen und denen die Menge folgt. Dies sind die Hoffnungsträger und Wegbereiter in diese neue Zeit des Wachstums. Der Weg, das Ziel und die Essenz dieses Wachstums ist nicht das Geld, sondern die Liebe. Denn wo Liebe ist, ist auch Wohlstand und Reichtum. Wo Liebe ist, ist auch Frieden und Zufriedenheit. Wo Liebe ist, ist auch Glück und Gesundheit. Wo Liebe ist, da ist auch Harmonie und Freude. Wo Liebe ist, wächst alles in göttlicher Ordnung, denn wo Liebe ist, da ist auch Gott. So sind wir in Gott und Gott ist in uns.

22 Seelenschatten

Solange wir in der Dualität leben, brauchen wir Licht und Schatten, Helligkeit und Dunkelheit, reines Weiß und tiefes Schwarz, um dazwischen etwas erkennen zu können. Die Schwarz-Weiß-Fotografie kann uns das verdeutlichen. Wenn wir ein Bild total unterbelichten, sodass die ganze Fläche nur noch schwarz ist, dann können wir nichts mehr erkennen. Ebenso ist es, wenn wir es vollkommen überbelichten. Irgendwann sehen wir vor lauter Helligkeit nichts mehr. Um also in einem Schwarz-Weiß-Bild etwas zu erkennen, brauchen wir den Kontrast der Gegensätzlichkeit von Hell und Dunkel. Dasselbe gilt auch für ein Farbbild und für alle Bereiche unserer farbigen Welt, in der wir leben. Oftmals wollen wir aber mit den dunklen Bereichen unseres Lebens nichts zu tun haben. Wir wollen den hellen Tag und nicht die dunkle Nacht. Wir wollen die helle Sonne und nicht die dunklen Wolken. Wir wollen helle Freude sein und keine Dunkelheit in uns sehen. Wir wollen das Leben genießen, glücklich sein und möglichst mit den dunklen Kapiteln unseres Lebens nichts zu tun haben. Jeder von uns, jede Seele strebt ins Licht, möchte sich mit der Vollkommenheit, der Unendlichkeit jenseits der Dualität wiedervereinen.

Dies ist der Grund, weshalb wir alle eine bewusste oder unbewusste Anziehung für alles Lichtvolle in uns tragen. Dennoch scheint uns immer wieder etwas in die Dunkelheit hinabziehen zu wollen. Es kann sich wie eine gespaltene Sehnsucht anfühlen. Irgendwie scheint es paradox zu sein – einerseits fasziniert uns das Licht und andererseits auch die Dunkelheit. Manchmal kommen wir uns vor wie ein Spielball, der zwischen den Extremen hin- und hergeworfen wird. Doch solange wir das Dunkle, die Angst, das Böse, das Unliebsame in uns verdrängen, solange wir all das in unseren Schatten stellen, werden wir genau das auf die äußere Leinwand unseres Lebens projizieren. Millionen von Menschen ist dies offensichtlich nicht bewusst. So schauen sie sich z. B. täglich die Nachrichten im Fernsehen, in den Zeitungen und im Internet an, weil sie glauben, sie müssten informiert sein. Doch wenn wir genauer hinsehen, dann stellen wir fest, dass die Bilder und Szenen in den Berichterstattungen im überwiegenden Maße die dunklen Seiten unserer Existenz zeigen. Sie sind voll von beängstigenden Ereignissen, voller Gewalt, Gräueltaten, Terroranschlägen, Kriegsereignissen usw. Und je mehr davon gezeigt wird, desto höher steigen die Verkaufszahlen und Einschaltquoten. Ist es tatsächlich so, dass unser Drang nach aktuellen Informationen, nach Sensationen dahinter steckt, oder sind es doch unsere eigenen Ängste, ist es doch unsere eigene Schattenwelt, die wir dabei gespiegelt bekommen? Wie kommt es, dass die Filmindustrie am laufenden Band Actionthriller und Horrorfilme produziert, die sich in ihrer Brutalität und Abgründigkeit ständig aufs Neue übertreffen und Millionen Zuschauer in ihren Kinosesseln sitzen und offensichtlich fasziniert davon sind?

Doch auch zu Hause im trauten Familienheim scheint uns die Welt der Schatten, die Welt des Bösen anzuziehen. Die zahllosen Dramen, Western und Krimis sind voll von Szenen der Gewalt, von Mord und Totschlag – voll von Angst. Wer nicht vollkommen in der Spirale des vermeintlich Bösen verstrickt ist, der hält jedoch den Hoffnungsschimmer in der Hand, das Gute möge letztlich über das Böse siegen, es bezwingen oder, besser noch, ein für alle Mal vernichten. So spiegelt sich der Schein der Welt in unseren Filmen wider.

Der Großteil der Menschheit lebt jedoch tatsächlich in einer Scheinwelt des Kampfes zwischen Gut und Böse. Diese Menschen betrachten ihr Leben als einen Überlebenskampf. Sie kämpfen entweder auf der Seite der Guten oder auf der Seite der Bösen, wobei die Letzteren meist der Meinung sind, dass sie entweder selbst die Guten sind oder ihnen zumindest der Sieg gut täte. Unser Verstand wird vermutlich rebellieren, wenn die Frage aufkommt, ob es in diesem Sinne überhaupt ein Gut und ein Böse gibt. Aber ist der Kampf für das Gute, der Kampf für den Frieden letztlich nicht auch ein Kampf? Und wenn er gewaltvoll ausgetragen wird, im Namen des Friedens, im Namen der Freiheit, im Namen eines Gottes oder von sonst etwas, ist das dann gut oder böse?

„Denn an sich ist nichts weder gut noch böse;
das Denken macht es erst dazu."
WILLIAM SHAKESPEARE

Wir sind in der Welt und die Welt ist in uns. Die ganze Welt ist wie ein Spiegelkabinett. Alles spiegelt sich in allem. Je mehr wir dort draußen die Schattenseiten dieser Welt erkennen und je mehr wir uns davon abgestoßen oder angezogen fühlen, umso mehr muss auch in uns ein Schatten vorhanden sein, der sich in dieser Außenwelt spiegelt. Ohne Licht kann es jedoch keinen Schatten geben – also muss in uns auch ein Licht sein. Jeder Weg nach innen führt uns unweigerlich in die hellen und dunklen Anteile unserer Existenz. Jeder Wahrheitssuchende erkennt, dass alle Facetten der Dualität in ihm vorhanden sind. Gut und Böse, Liebe und Hass, Freude und Leid, ... Licht und Schatten, Plus und Minus. Es ist der Verstand, der die Dinge trennt, der sie in ihre Gegensätzlichkeit aufspaltet und sie dadurch in ein Gegenüber, in zwei verschiedene Lager aufteilt und dem einen von beiden Polen den „schwarzen Peter des Bösen" aufstempelt. Wenn wir jedoch aus unserer Seelenebene heraus die Gegensätzlichkeiten als eine Einheit erkennen, verliert sich die Spannung, die unser Denken erzeugt hat. Es geht also nicht darum, den einen, scheinbar unliebsamen, bösen Anteil zu eliminieren, sondern die Lösung besteht darin, die beiden Gegensätzlichkeiten wiederzuvereinen. Diese Erkenntnis verwandelt nicht nur unser äußeres Weltbild in ein friedlicheres und hoffnungsvolleres, sondern schenkt uns auch den Mut, sowohl dem Schatten als auch dem Licht in uns selbst zu begegnen.

Doch solange unser Ego noch die Kontrolle über unser Bewusstsein ausübt, ist es nicht so einfach, zu der Erkenntnis zu gelangen, dass sowohl Licht als auch Schatten in uns existieren. Allzuschnell ertappen wir uns dabei, in unser altes Muster zu verfallen, indem wir vor allem die Schatten in der Außenwelt entlarven, mit unserem Finger darauf zeigen und sie verurteilend in Worte fassen. Das Ego hat kein Interesse, die Wahrheit ans Licht zu bringen, sondern redet sich mit Vorliebe selbst ein: „In mir ist schon alles okay!" Und sollte da dennoch etwas sein, das nicht okay zu sein scheint, dann wird es einfach ignoriert, unter den Teppich gekehrt, in den Keller verbannt oder irgendwo vergraben. Doch genau dort, in unseren Kellern, den düsteren und dunklen Ecken, den unliebsamen Orten in uns, versteckt sich unser eigener Schatten. Wir sind es von Kind an gewohnt, all die unangenehmen Dinge genau dorthin zu verbannen, denn niemand hat uns erklärt, wie wir uns sonst ihrer entledigen könnten. So versenken wir all die unliebsamen Erfahrungen, die wir gemacht haben, samt der Gefühle und Emotionen, die wir dabei empfunden haben, möglichst tief in uns, in der Erwartung, sie mögen hoffentlich nie mehr auftauchen.

Ein Beispiel soll uns dies verdeutlichen. Eine der stärksten negativen Energien ist die Angst. Kaum jemand kann wohl von sich behaupten, er sei noch nie mit ihr konfrontiert worden. Wir wissen jedoch, dass es eine natürliche Angst in uns gibt, die uns wie ein Schutzmechanismus vor tatsächlichen Gefahren, die uns bedrohen, warnt. Wenn wir z. B. in einem unachtsamen Moment plötzlich ein Auto auf uns zufahren sehen, das uns im nächsten Moment zu überfahren droht, ist die Angst vor einem Zusammenstoß unser Lebensretter. Die Angst katapultiert uns aus unserer Unbewusstheit in den gegenwärtigen Augenblick und alarmiert uns mit oberster Dringlichkeitsstufe, sodass wir alle anderen Gedanken und Handlungen augenblicklich hintenanstellen und sofort den rettenden Sprung zur Seite machen. Nach unserem Ausweichmanöver dauert es eine gewisse Zeit, doch dann verschwindet die Angst normalerweise vollständig – sie wird nicht mehr benötigt. Zurück bleibt höchstens ein Lerneffekt in unserer Erinnerung, der uns hilft, dass wir beim nächsten Mal achtsamer auf der Straße unterwegs sind, und der uns, sollte uns dennoch etwas Ähnliches bedrohen, in die Lage versetzt, mindestens ebenso schnell und erfolgreich zu reagieren.

Wenn wir nach diesem Vorfall bewusst bleiben und alles im Licht der Wahrheit belassen, dann bleibt hier nichts zurück, was sich in der Form eines Schattens verstecken müsste. Wenn wir jedoch des Öfteren über dieses Ereignis nachsinnen, also die Gegenwart verlassen und uns in unseren Gedanken in dem vergangenen Ereignis verlieren, uns immer wieder vorstellen, wie schrecklich es hätte ausgehen können oder uns in Zukunftsfantasien ähnlicher Ereignisse verstricken, ist es sehr wahrscheinlich, dass aus dieser natürlichen Angst irgendwann eine unnatürliche wird. Vielleicht meiden wir den Ort, wo das geschehen ist, bauen eine Skepsis gegen jene Automarke auf, fangen an, rote Autos oder deren Fahrer zu hassen, zucken bei jedem Reifenquietschen zusammen oder lehnen es gar ab, in der Dunkelheit überhaupt noch auf die Straße zu gehen. Da wir uns mit der Zeit immer mehr vor solchen Situationen fürchten, wollen wir am liebsten gar nichts mehr damit zu tun haben. Wir versuchen an etwas anderes zu denken, lenken uns ab und verdrängen das Ganze schließlich, so gut es geht, irgendwohin, wo wir es möglichst nicht mehr sehen können. Doch dort in der Dunkelheit, in unserer Schattenwelt leben diese Ängste weiter, auch wenn wir sie nicht sehen können und wir sie vielleicht auch über einen längeren Zeitraum nicht mehr spüren. Oftmals genügt eine Kleinigkeit, in dem Beispiel vielleicht ein rotes Auto oder ein quietschender Reifen, und schon steigt die Angst, die Wut, alles das, was wir in unseren Schatten verbannt haben, wieder auf, überfällt uns aus heiterem Himmel, ganz plötzlich ohne Vorwarnung. Auf ähnliche Weise haben wir im Laufe unseres Lebens eine Unmenge von großen und kleinen Problemen, die wir selbst erschaffen haben, in unsere Schattenwelt verdrängt. Diesen Mechanismus der Verdrängung haben wir natürlich nicht selbst kreiert und für gut befunden, sondern er ist ein kollektives Verhaltensmuster, dessen Ausprägung in uns von vielen Faktoren beeinflusst wird, wie z. B. der Gesellschaft und der Kultur, in die wir hineingeboren wurden und in der wir leben, unserer Erziehung, unserem Karma, unserem persönlichen Charakter, unseren Mitmenschen und vielem mehr. Jedenfalls beherbergen wir bewusst, eher jedoch unbewusst, all das, was uns als unliebsam, unangenehm, dunkel, geheimnisvoll, unannehmbar, gefährlich, unerträglich oder primitiv vorkam, in unserer inneren Schattenwelt. So schwelt in uns das scheinbar Namenlose, Dunkle, Undefinierbare, Unverarbeitete, Böse, Geheimnisvolle, Wutvolle, Angstvolle, Hassvolle, Begierige, Primitive, Chaotische, Isolierte, Unschöne, Friedlose und Lieblose vor sich hin, verbunden mit unserer Hoffnung, es möge möglichst dort bleiben, uns gefälligst in Ruhe lassen und sich auf keinen Fall unseren Mitmenschen zeigen.

Doch wir alle wissen, dass es so nicht funktioniert – im Gegenteil. Immer wieder nagen diese Dinge an uns. Immer wieder werden wir durch einen Auslöser daran erinnert. Immer wieder erleben wir ähnliche Situationen. Immer wieder plagt uns unser schlechtes Gewissen. Immer wieder brechen all diese Dinge in uns auf. Immer wieder konfrontieren wir unsere Außenwelt, unsere Mitmenschen und uns selbst mit unseren Emotionen, die oftmals wie ein unkontrollierter Geysir aus unserem Inneren herausschießen. Immer wieder begegnet uns der Schmerz, der mit alledem verbunden ist. Doch dieser Schmerz wird immer wiederkehren, wie alles, was wir in unserem Schatten verborgen halten. Dies wird so lange andauern, bis alles ans Licht kommt, was zuvor im Dunkeln lag und dadurch erlöst wird. Dieser Prozess geschieht auch ohne unser Zutun. Doch mithilfe unseres Bewusstseins können wir dies massiv beschleunigen und dadurch unsere Leidensphase verkürzen. Jegliche negative Energie verliert an Kraft, indem wir uns ihrer bewusst werden, und sie löst sich in der Gegenwart göttlicher Lichtschwingung im Nichts auf.

*„Es ist unser Licht, nicht unsere Dunkelheit,
wovor wir uns am meisten fürchten."*
NELSON MANDELA

Obwohl wir meinen, es müsste eigentlich umgekehrt sein, ist es tatsächlich so, dass wir eine große Furcht vor der Gegenwärtigkeit, vor dem Licht haben. Wir haben Angst vor unserem eigenen, großartigen lichtvollen Inneren, das darauf wartet, auf der Bühne des Lebens in Erscheinung zu treten. Denn warum verbannen wir sonst überhaupt irgendetwas in die Dunkelheit, wenn wir es doch auch in der Gegenwart des Lichtes belassen könnten? Warum lassen wir das, was aus der Dunkelheit herausbrechen möchte wie eine Blume durch den Asphalt, nicht einfach ans Licht? All unsere Ängste, unsere Sorgen, unsere Wut, unsere dunklen Gedanken, unsere negativen Emotionen möchten heraus aus der Unterdrückung, möchten befreit, erlöst werden und aufblühen in der Gegenwart des Lichtes. Unsere Seele möchte frei sein, frei von alledem und nicht von unserem Schatten bedeckt werden. Unsere Seele ist aus dem Licht entstanden und ins Licht hineingeboren worden. Sie sehnt sich nach dem Licht. Nur unser Verstand fürchtet sich vor dem Licht, noch mehr als vor der Dunkelheit, solange er von unserer Egopersönlichkeit beherrscht wird. Denn unser Ego und unser Schatten nähren sich gegenseitig. Sie bestehen aber beide lediglich aus illusorischen Gedankenmustern, die sich im wahrhaftigen Licht der Gegenwärtigkeit auflösen. Und genau dies versucht unser Ego zu verhindern. Dies mag uns zu der Annahme verleiten, wir müssten uns nun gegen unser Ego und unseren Schatten stellen, um beide endlich auszumerzen. Doch Erlösung kämpft nicht, sondern lässt los. Bewusstsein zerstört nicht, sondern lässt das, was ist, sein. Licht vernichtet nicht, sondern erhellt – macht die authentische Gegenwart sichtbar. Das Effektivste, was wir selbst zur Vermeidung und Auflösung unserer negativen Schatten- und Egoenergien beitragen können, ist, mehr und mehr bewusst zu werden. Indem wir unser Bewusstsein in der Gegenwart halten und auf die positiven Dinge in unserem Leben richten, auf alles, was vom Licht erhellt ist und in Schönheit, Harmonie, Freude und Liebe erstrahlt, verstärkt sich das Positive immer mehr. Gleichzeitig verliert alles Negative und Destruktive mehr und mehr an Farbe, an Kraft, an Wirkung – es verblasst, ohne dass wir uns besonders darum bemühen müssten – wir lassen es einfach los. Und wenn nun etwas ohne unser Zutun aus unserer Schattenwelt hervortritt, dann lassen wir dies zu, ohne uns jedoch mit derartigen Gedanken und Emotionen zu identifizieren, denn das sind nicht wir, das ist nicht unsere Seele, sondern es sind diejenigen Energien, die erlöst werden wollen. Wir umarmen diese Energien wie einen Tanzpartner, mit dem wir in respektvollem Abstand noch einmal tanzen wollen. Wir gestatten ihnen, zum Abschied diesen letzten Tanz mit uns zu tanzen, diesen letzten Tango, der Wehmut in Freude verwandelt, um dann für immer loszulassen.

Wenn wir erkennen, dass die Gegensätzlichkeiten dieser Welt keine feindlichen Lager sind, sondern die beidseitigen Endpunkte, die Grenzen unserer dualen Existenz, und wenn wir bewusst genug sind, um wahrzunehmen, dass die Wahrheit des Lebens dazwischen liegt und sich die Einheit des scheinbar Gegensätzlichen, die weit über all dies hinausragt, in allem offenbart, dann werden die Schatten, die uns noch begegnen, keine Macht mehr über uns haben, sondern verstärken die Leuchtkraft unserer Seele umso mehr.

23 Seelengelassenheit

Gelassenheit ist ein Seinszustand. Gelassenheit kann man nicht tun, nicht machen und dennoch ist sie in allem Tun oder Nichttun bereits enthalten. Alles, was existiert, ist in seiner inneren Essenz vollkommene Gelassenheit – vollkommenes SEIN. Die Kunst des Lebens besteht vor allem darin, dieses allgegenwärtige Vollkommensein zu entdecken und sich ihm bedingungslos hinzugeben. Wir müssen uns dafür nicht anstrengen oder abrackern, sondern nur wieder lernen, loszulassen und alle Widerstände in uns aufzugeben. Der Grad der Hingabe an das vollkommene Sein bestimmt die Intensität der Seelengelassenheit, die wir dabei erfahren.

Doch weshalb scheint den meisten Menschen des Westens schon der erste Schritt – das Loslassen – so schwerzufallen? Warum können sich so viele Menschen nicht mehr entspannen, zur Ruhe kommen und wirklich loslassen? Offensichtlich finden sie einfach keine Zeit mehr dafür, denn ihr Motto lautet „Zeit ist Geld". Sie haben die Zeit für das Geld eingetauscht und damit ihre Zeit in den Dienst des Geldes gestellt. Die meiste Zeit verbringen sie damit, Geld zu verdienen und Geld auszugeben. Das ganze Geldkarusell scheint sich dabei, wie ein Kreisel, immer schneller zu drehen. Dadurch geraten sie in eine Daueranspannung, der sie den Namen „Stress" gegeben haben. Dieser Stress belastet und blockiert ihre Chakren und Meridiane und führt so zu einem immer größeren Energiemangel, der ihre Körper zunehmend der Leistungsfähigkeit beraubt. So fällt den Menschen das Geldverdienen in fast allen Berufen immer schwerer. Und selbst in der Frei-Zeit fühlen sie sich un-frei, weil sie auch dort ihr ständiges Machen und Tun fortsetzen. Ihr Verstand, der buchstäblich nicht zur Ruhe kommt, treibt sie dabei laufend an und überträgt quasi die schulisch und beruflich erlernten Strukturen auch auf ihre Freizeitbereiche, die somit nicht mehr als Ausgleich dienen können, sondern zusätzlich Stress erzeugen. So haben viele das Loslassen größtenteils verlernt und können oftmals nicht einmal in der Nacht mehr richtig zur Ruhe kommen.

Die westliche Uhr scheint sich immer schneller zu drehen und ist inzwischen zu einer Art Phantomkreisel mutiert, auf dem die Menschen immer schneller im Kreis rotieren. Dabei macht es den Anschein, als ob dieser selbsterschaffene Kreisel inzwischen außerhalb jeglicher Kontrolle geraten ist und in seiner Chaosrotation wie auf einer abwärts geneigten Ebene hinabdriftet. So hat das tägliche Tun der Betroffenen immer weniger mit Arbeit, Beschäftigung oder Berufung zu tun als vielmehr mit nüchternem Geldverdienen. Immer schneller, möglichst immer mehr! Die Geldbesessenheit treibt diesen Phantomkreisel beschleunigend an und erzeugt dadurch eine immer stärkere Fliehkraft nach außen, durch die die Menschen immer weniger Halt finden und aus der Mitte gedrängt werden. Je weiter sie sich auf den äußeren Rotationsebenen befinden, umso mehr bringt sie die dort herrschende Ruhelosigkeit und Drehgeschwindigkeit aus dem Gleichgewicht und beraubt sie dabei immer mehr ihrer Bewusstheit. So nehmen sie, wie in einer immer schneller werdenden Karussellfahrt, immer weniger wahr, was um sie herum geschieht, sind mehr und mehr damit beschäftigt, sich an dem Phantomsystem festzuhalten – um nicht hinunterzufallen. Das Paradoxe daran ist, dass sie selbst gleichzeitig als Mitverursacher an diesem tragischen Prozess beteiligt sind, indem sie ständig an dem Antriebsrad des kollektiven Kreiselsystems mitdrehen.

Gleichzeitig erfahren die im Inneren zentrierten Menschen, vergleichbar mit dem Zustand im Auge eines Hurrikans, immer mehr Ruhe und Gelassenheit und werden dadurch mit immer mehr Bewusstheit beschenkt. Es gibt verschiedene Szenarien, wie diese chaotische Kreiselfahrt enden könnte. Entweder unsanft, durch den Zusammenstoß mit einem Hindernis bzw. durch Fallen aufgrund des vollständigen Verlusts des Gleichgewichts. Oder sanft durch rechtzeitiges Abbremsen der Rotation des außer Kontrolle und Gleichgewicht geratenen Kreisels. Je schneller jedoch die Drehbewegung, umso größer sind die Fliehkräfte, die nach außen ziehen. Deshalb ist es für die meisten Menschen so schwer, sich den nach außen treibenden Kräften dieses kollektiven Geschehens zu entziehen. Dennoch fühlen auch diese Menschen die Gefahr, auf die wir als Kollektiv zusteuern, und entwickeln daher einen natürlichen inneren Drang zur Mitte hin. Dieser verstärkt sich mit der Zunahme der Rotationsgeschwindigkeit. Diese Symbolik kann uns verdeutlichen, warum die

Fliehkraft, die uns nach außen treibt, gleichzeitig in uns eine entgegengesetzte Kraft aktiviert, die nach innen strebt. Im Mittelpunkt befindet sich die Rotationsachse, die den Schicksalspunkt unserer Zeit- und Raumebene darstellt. Wenn genügend Menschen rechtzeitig diesen Punkt erreichen, wird es gelingen, den außer Kontrolle geratenen, negativen Entwicklungsprozess abzufangen. Dies wird uns und diese Erde nicht nur vor noch größerem Unheil bewahren, sondern ebnet den Weg für einen gewaltigen Evolutionssprung der Menschheit.

Wenn wir bereit sind, uns diesem Umkehrprozess zur Mitte hin zu öffnen, und beginnen, die Reise dorthin anzutreten, wächst unser spirituelles Bewusstsein mit jedem Schritt, den wir gehen, und öffnet so das innere Tor zu unserer ureigensten Seelengelassenheit. Die Umwandlung unserer inneren Sinneswahrnehmung verändert im selben Maße unsere äußere. So werden wir nach und nach fähig, in jedem Menschen, der uns begegnet, die Präsenz von Seelengelassenheit wahrzunehmen. Beim einen vielleicht nur ansatzweise, da sie noch im Schlaf oder gar im Koma zu verharren scheint. Beim anderen erwacht sie gerade in ähnlicher Weise wie in uns selbst. Bei manchen nehmen wir noch mehr Seelengelassenheit wahr als bei uns selbst. Und in den Meistern der Mitte ist sie uns vollkommen offenbar. Immer mehr erkennen wir, dass uns oftmals gerade diejenigen Menschen zum Vorbild werden können, die wir zuvor gedanklich hintangestellt haben. Die Alten, die Armen, die Gebrechlichen, die Kranken usw., all jene, die wir bisher vielleicht zu den weniger erfolgreichen Randgruppen unserer Gesellschaft gezählt haben, offenbaren sich uns auf einmal in einem völlig neuen Licht, aus einer ganz anderen Perspektive. Viele von ihnen haben durch ihre Lebensumstände gelernt, äußerlich und innerlich loszulassen und ihre Widerstände aufzugeben. Durch die Hingabe in ihr Lebensschicksal haben sie den Kampf gegen das, was ist, aufgegeben und dadurch ihre Seelengelassenheit zurückerobert. Unser neues Bewusstsein gibt uns Weitblick und gleichzeitig die Fähigkeit der Fokussierung. Wir sehen auf einmal dort draußen die große Weite der Gelassenheit, und wenn wir genau hinsehen und fokussieren, dann entdecken wir auf einmal wie durch eine neue Lesebrille ganz nahe bei uns so viele Seelen, die ganz natürlich in Gelassenheit leben. Da sind die Jüngsten unter uns, die uns durch ihr kindliches

Spiel pure Aus-gelassenheit vorleben – ohne Sorgen über die Zukunft, ohne Grübeleien über die Vergangenheit. Sie sind vollkommen im Hier und Jetzt – inmitten ihrer Seelengelassenheit – zu Hause. Unser geschärftes Bewusstsein drängt uns zu der Frage, ob es tatsächlich wichtig und richtig ist, ihnen diese Lebensqualitäten zu nehmen, indem wir sie auf den sogenannten „Ernst des Lebens" vorbereiten? Ist es wirklich sinnvoll, alles daran zu setzen, dass etwas „Ordentliches" aus ihnen wird? Sollen sie tatsächlich in unsere Fußstapfen treten und unserem Weg folgen, oder erkennen wir nun, dass in ihnen bereits ihr perfekter Lebensplan vorhanden ist? Sind wir nun einsichtig genug, unsere Aufgabe als ihre fürsorglichen Begleiter zu verstehen und nicht als strenge Erzieher, die ihre Kinder umformen sollen, um etwas Besseres aus ihnen zu machen, als sie schon sind? Vielleicht verstehen wir nun sogar, dass wir in vielen Bereichen von ihnen mehr lernen können als sie von uns.

„Wahrlich, ich sage euch: Wenn ihr nicht umkehrt und werdet wie die Kinder, so werdet ihr nicht ins Himmelreich kommen."
MATH. 18,3

Viele alte Menschen haben gelernt, nach der Weisheit dieser Worte zu leben – ja, sie sind selbst zu Weisheit geworden. Sie nehmen ihre Seele meist mehr wahr, als wir es können. Nicht so verspielt und ausgelassen wie die Kinder, aber mit einer ähnlichen Intensität, Selbstverständlichkeit und Hingabe. So fühlen wir, wenn wir genau hinspüren, dass viele der „Alten" in sich ruhen. Aus dieser Ruhe heraus entwickelt sich aus ihrem Inneren die Gelassenheit, die sie in die Welt ausstrahlen. Unsere kleinen Kinder sind ihrer Seele so nah, weil sie noch vor kurzem ganz Seele waren, ohne Körper. Unsere Alten gehen auf das Ende ihres körperlichen Daseins zu und wissen innerlich, dass sie bald nur noch ganz Seele sein werden. In der Gelassenheit vieler älterer Menschen steckt wahrhaftige Weisheit. Nicht umsonst ist der weise Rat der Alten für viele traditionelle Urvölker bis heute von so großer Bedeutung. Es ist wichtig, dass auch wir wieder erkennen, welcher Schatz da im Verborgenen in vielen unserer gereiften Mitmenschen steckt – wie viel Weisheit dort für uns bereitsteht. Überall steckt Weisheit. Alle Weisheit ist schon präsent. Alle Informationen sind im Überfluss vorhanden. Alles ist schon da. Alles wahre

Wissen steckt tief in unserem Inneren und muss nur wahr-genommen werden, Gehör finden und in unser Leben integriert werden. Wir können zwar viel von anderen Menschen lernen und uns durch Bücher, Workshops, Retreats und Lehrzeiten bei den Meistern dieser Welt Inspiration für unsere Bewusstseinsentwicklung holen, doch der beste Lehrmeister ist unser eigenes Leben, das uns durch unsere Seele in die vollkommene Gelassenheit navigiert.

Wir können aktiv dazu beitragen, diesen Prozess zu erleichtern und zu beschleunigen, indem wir die Kunst des Loslassens nicht nur bei den anderen beobachten und verstehen lernen, sondern nun beginnen, unsere eigenen Widerstände in uns loszulassen. Anfangs mag es uns schwerfallen, unser Misstrauen, unseren Neid, unsere Angst, unsere Enttäuschung, unsere Abwehr, unseren Ärger, unseren Groll, unseren Zorn, unsere Wut, unseren Hass loszulassen. Vielleicht wird sich unser Verstand dagegen wehren, das Ego protestieren. Doch wenn wir all diese Blockaden unserer Vergangenheit nicht loslassen, werden sie uns weiterhin unseren Lebensweg verstellen und nicht nur die anderen, sondern uns selbst leiden lassen. Mit großer Wahrscheinlichkeit werden dabei negative Gefühle in uns geweckt, die eventuell heftige Emotionswellen hervorbringen. Doch dies ist eine natürliche Reaktion, die den Prozess des Loslassens begleitet. Das Kapitel Seelenheilung geht darauf noch tiefer ein.

Wenn wir mit Mut durch diese Gefühle und Emotionen hindurchgehen, werden wir feststellen, dass es keine massiven Wände sind, sondern transparente Bilderwände, die wir sorglos durchschreiten können. Solange wir vor ihnen stehen bleiben, bleiben wir auf unserem Weg nach innen selbst stehen. Wenn wir sie jedoch durchschreiten und schließlich hinter uns gelassen haben, haben wir sie losgelassen. Wir haben den ersten großen Schritt in die Freiheit getan und erkennen, dass wir nicht in ständiger Anspannung leben, nicht alles kontrollieren und beherrschen müssen. Alles fließt und funktioniert von ganz allein. Wachstum, Verdauung, Heilung – all diese Vorgänge geschehen fortwährend in uns, ohne unser Zutun. Aus der universellen Essenz der Lebensenergien bezieht unser Körper die Kräfte und die Intelligenz, um diese und viele andere Prozesse zu vollbringen. Je mehr wir uns dieser Tatsache bewusstwerden, umso mehr verstehen wir, dass dasselbe auch für den bewussten Teil unseres Lebens gilt! Ja, wir können uns tatsächlich derselben Urquelle aller Energien bedienen und sowohl die allumfassende Intelligenz als auch die universellen, unerschöpflichen Kräfte für uns in Anspruch nehmen. Nun stehen wir vor dem Tor zu unserer Seele, auf dem das Wort „Hingabe" geschrieben steht. Der Hebel, der uns das Tor öffnet, ist Hingabe – die Hingabe an alles, was ist, an alles, wie es ist, an jeden Augenblick des göttlichen Lebens, das uns geschenkt wurde – ohne Beurteilungen und Verurteilungen, ohne Widerstände. Wir fallen vertrauensvoll hinein in den natürlichen Fluss des Lebens – in vollkommener Seelengelassenheit.

24 Seelenfreude

*„Freude ist das Geheimnis. Lerne reine Freude kennen,
und du wirst Gott kennenlernen."*
SRI AUROBINDO

Was wäre die Welt ohne Freude? Die Frage lässt sich leicht beantworten, wenn wir in all die missmutigen und freudlosen Augen schauen, die uns überall begegnen – vielleicht schon morgens nach dem Aufwachen im Spiegel? Was wäre die Welt mit Freude? Die Frage lässt sich leicht beantworten, wenn wir in all die freudigen Augen schauen, die uns überall begegnen – vielleicht schon morgens nach dem Aufwachen im Spiegel?

Wir haben das Glück, dass wir als Menschenwesen einen freien Willen haben und uns jeden Augenblick frei entscheiden können, ob wir uns der inneren Freude in uns öffnen wollen oder nicht. Diese Freude muss nicht erst anerzogen oder erlernt werden, denn sie ist schon in uns vorhanden. Ein kleines Baby zeigt uns, wie seine Seelenfreude, die es mitgebracht hat, in ihm erblüht und sich in seine Welt ergießt. Jedes Kind, das in diese Welt hineingeboren wird, ist schon allein deshalb ein Geschenk für diese Welt, weil es ihr seine Freude schenkt – kostenlos, ohne den Anspruch oder die Erwartung, es müsse eine Gegenleistung dafür erhalten. Und es bringt seine innere Freude sogar noch mehr zum Ausdruck, wenn wir ihm ebenfalls mit Freude begegnen. Den meisten Menschen fällt es leicht, einem Baby gegenüber Freude auszudrücken. Die Geburt ist meist ein freudiges Ereignis und die Monate danach sind ebenfalls meist eine freudige Zeit, an die wir uns gerne zurückerinnern. Doch irgendwann scheint bei vielen Menschen ihre innere Freude verblasst zu sein und an deren Stelle ist der Ernst, die Missmutigkeit, die Angst oder die Traurigkeit getreten. Die innere Lebensfreude scheint vielen von uns mehr oder weniger auf irgendeine Weise verloren gegangen zu sein. So machen wir uns meist auf den Weg in diese Welt, um unsere innere Leere, die dadurch entstanden ist, zu füllen. Die Freuden dieser Welt verheißen uns auf vielfältige Art Ersatz für unsere verloren gegangene innere Lebensfreude. In unserer Zeit scheint man Freude sogar kaufen zu können. Die einen kaufen Freudeversprechendes im Autohaus, im Bauhaus oder im Freudenhaus. Andere kaufen es in den Boutiquen, beim Friseur oder im Schuhgeschäft. Und manche kaufen sich die Freude mit einer Eintrittskarte fürs Kino oder für die Party 20+, 30+, 40+ usw. Es gibt unzählige Möglichkeiten, wie wir mit viel oder wenig Geld Dinge und Ereignisse kaufen können, die uns Freude bereiten. Manche sind direkt süchtig danach und angeln sich von Freudenkauf zu Freudenkauf, von Freudenerlebnis zu Freudenerlebnis. Andere kommen von ihrer Suche nach Freude in Form von Essen, Trinken, Rauchen usw. schon gar nicht mehr los.

Doch bei all dem Freudenkonsum, der uns in einem gewissen Maße sicherlich auch innerlich erfreuen kann, wird immer mehr Menschen klar, dass sie durch diese Art des Lebens ihre wahre innere Freude nicht ersetzen können. Für die meisten kehrt die Leere, das Fehlen innerer Freude zurück – nach dem Film, nach der Partynacht, nach dem Urlaub, nach dem Sex, nach dem Rausch, nach dem Konsum, nach all diesen käuflichen Freuden, die die Welt uns bietet. Doch die Welt hat mehr zu bieten als das, was man kaufen kann – in ihr ist auch die wahre Freude enthalten, die nichts kostet und doch alles zu bieten hat, was wir uns wünschen.

Denn der göttliche Samen der wahren Freude ist nicht nur in uns enthalten, sondern in allem, was lebt. Denn die Freude des Lebens ist das Leben selbst. Sie erblüht überall dort, wo die göttliche Liebe hineinfließt – und wo fließt sie nicht hinein? Um sie jedoch wahrnehmen zu können, muss Gegenwärtigkeit vorhanden sein. Die wahre Freude kann nur im Jetzt erfahren, erlebt werden. Viele Menschen sind der Meinung, dass die Vorfreude die schönste Freude sei. Dies mag insofern für sie zutreffen, als sich die Vorfreude für sie freudiger anfühlt als die Freude, wenn das freudige Ereignis wirklich eintritt.

Doch wahre Freude geht über all dies hinaus. Sie kann nicht definiert werden, da ihre Qualität nur gefühlt werden kann. Wahre Freude muss man als bewusstes, fühlendes Wesen erlebt haben, um zu wissen, was gemeint ist. Sie ist nicht abhängig von erreichten Zielen, freudigen Ereignissen, Sachgeschenken oder Ähnlichem. Sie kann nicht im Voraus oder im Nachhinein durch unser Denken erlebt werden, da sie immer nur im Augenblick des Jetzt fühlbar ist. Man könnte sie vielleicht als grenzenlos, ekstatisch, vieldimensional, universell oder märchenhaft bezeichnen, doch sie lässt sich weder in Worten eingrenzen noch sonst irgendwie festhalten. Sie benötigt keinen Grund, um da zu sein, sie ist einfach da wie das Wasser im Ozean oder die Luft in der Atmosphäre; man könnte sie daher auch als eine grundlose Freude bezeichnen, da sie keinen Grund, keinen Anlass benötigt, um da zu sein. Die grundlose Freude ist im Grunde des Seins zu Hause: Wenn wir uns erlauben, von allen Freuden dieser Welt einmal Abstand zu nehmen. Wenn wir wirklich in uns gehen, ohne die anderen, ohne Fernseher, ohne Radio, am besten draußen in der Natur – ganz für uns alleine – ohne Event, ohne Party, ohne Gedanken über unsere Zukunftswünsche, ohne Gedanken über das, was war. Wenn wir das, was dann vielleicht als Leere auftaucht, nur anschauen, auch wenn es nichts zu sein scheint, wenn wir es so als Nichts akzeptieren, ohne uns in irgendwelchen Gedanken des Alleinseins zu verstricken. Wenn wir, ohne überhaupt irgendetwas zu denken, durch diese Leere hindurchschauen, in die Weite des Nichts, dann sind wir in dem reinen Sein angekommen und können es vielleicht auch wahrnehmen: das So-Sein, wie es jetzt ist.

Jetzt ist der Atem – da. Jetzt ist der Herzschlag – da.
Jetzt ist die Ruhe – da. Jetzt ist nichts – was mich vom Jetzt abhält.

Jetzt – singt der Vogel – nur für mich. Jetzt – blüht die Blüte – nur für mich.
Jetzt – weht der Wind – nur für mich. Jetzt – scheint die Sonne – nur für mich. Jetzt – offenbart sich das wahre Leben – nur für mich.

Jetzt – ist die Freude da – nur für mich.

Manche Menschen meinen, das Leben sei zu kostbar, um billigen Wein, Zigarren, Kaffee usw. zu verkosten. Doch ist das Leben nicht auch zu kostbar, um an der wahren Freude, die in jedem Augenblick des Lebens vorhanden ist, vorbeizugehen? Das ganze Leben ist ein Fest, wenn wir es zu einem Fest machen. Das ganze Leben ist reine Freude, wenn wir die reine Freude zulassen. Doch unser Leben ist zu kompliziert geworden, wir haben es zu kompliziert gemacht, um die Einfachheit, die Schönheit, die Reinheit des wahren Lebens zu erkennen. Die wahre Freude, in der unsere Seele eingebettet ist, will gelebt, erlebt, gefühlt werden. Worauf wartest du? Die reine Freude in dir ist das Geschenk Gottes an dich, um in jedem Moment deines Lebens all das Göttliche zu kosten, das dich umgibt und in dir ist.

„Der Wege sind viele, doch das Ziel ist eins."
RUMI

25 Seelenweg

Jede Seele geht denselben Weg. Sie kommt von der einen Quelle und geht zu der einen Quelle. Und doch geht jede Seele ihren eigenen Weg. Jeder von uns hat seinen persönlichen Weg. Kein Weg gleicht dem anderen. Es ist wie mit den Schneeflocken. Oberflächlich betrachtet scheinen alle gleich auszusehen. Doch wenn man sie genauer ansieht, sie erforscht, stellt man fest, dass vermutlich keine einzige Schneeflocke, die jemals vom Himmel fiel, der anderen gleicht. Genauso einzigartig und individuell ist der Weg einer jeden Seele. Jeder muss seinen eigenen Weg finden, jeder geht seinen einmaligen Weg und doch haben alle Wege eines gemeinsam, sind alle Seelen auf der Suche nach dem gleichen Ziel. Es ist die Bestimmung einer jeden Seele, zum Ursprung, zur Quelle allen Seins zurückzukehren.

Viele Meister der Vergangenheit haben uns gezeigt, wie wir unsere spirituelle Reise, unseren eigenen Lebensweg finden und gehen können. Jesus, Buddha, Mohammed und viele Mystiker der Geschichte zeigen uns heute noch durch ihre Lehren und ihre geistige Präsenz, wie wir ohne große Umwege vorankommen können. Auch heute gibt es immer mehr spirituelle Lehrer, die innerhalb und ebenso vermehrt außerhalb von Glaubensgemeinschaften Licht für unseren Weg sein können. Viele von ihnen erkennen wir nicht an ihrem Bekanntheitsgrad, sondern an der Art und Weise, wie sie uns begegnen und beispielhaft vorangehen. Auch sie haben die Täler und Berge von Ursache und Wirkung durchwandert und haben ihren persönlichen Weg zu ihrem höheren Bewusstsein gefunden. Man erkennt sie an ihrer Ausstrahlung. Das Lächeln fällt ihnen meist nicht schwer, sondern scheint eher angeboren. Sie sind aufrichtig und sich ihres Selbst bewusst. Sie strahlen Gelassenheit und Freundlichkeit aus. Kaum etwas kann sie aus ihrer Ruhe bringen. Ihr innerer Frieden scheint von äußeren Umständen unabhängig zu sein. Ihr inneres Glück teilen sie wohlwollend mit denen, die ihnen begegnen. In ihren Augen spiegelt sich die Liebe ihres Herzens wider. Sie brauchen keine Landkarte, keinen Kompass und keine langwierigen Vorbereitungen mehr, um ihren Weg zu finden. Sie sind mit der unendlichen Lichtquelle verbunden, die ihnen den Weg leuchtet, die ihnen Energie für ihren Lebensweg spendet und sie darüber hinaus zum Licht für andere werden lässt. Sie sind Leitbild, Vorbild und Hoffnung für andere. Sie zeigen uns, wie wir den Weg der Leichtigkeit des Seins finden können. Sie leben uns vor, wie wir den natürlichen Weg des Lebens gehen können und unser Glück, unser Heil, schon hier und jetzt auf Erden finden können. Sie sind Lehrmeister des Lebens, von denen wir lernen können, auch unseren persönlichen Königsweg des Lebens zu finden und zu gehen.

Unser größter Lehrmeister im Leben sind wir jedoch selbst. Ja, unser Leben, das wir bereits gelebt haben, hat uns zu dem gemacht, was wir heute sind. Viele Menschen wollen gar nicht innehalten und zurückschauen auf das, was sie in ihrem Leben bisher bereits gelernt haben. Andere schauen zwar zurück, sehen aber nur Fehler, Fehltritte und Fehlschläge in ihrem Leben, zürnen über so manche fehlgeschlagene Beziehung und sehen gar nicht den wahren Sinn hinter solchen Erfahrungen. Erkennen gar nicht, dass sie letztlich und gerade an den schwierigen Passagen ihres Lebens die größten Reifeprüfungen durchlaufen haben und dabei am meisten gewachsen sind. So sind sie einen wichtigen Teil ihres Weges gegangen, auch wenn sie dies zum jetzigen Zeitpunkt vielleicht noch nicht wahrnehmen können.

Das Gesetz von Ursache und Wirkung hat dabei ganz automatisch die notwendigen Wegkorrekturen vollzogen. Die dabei oft als unangenehm empfundenen Ereignisse waren notwendig, um die Abweichungen von unserem Lebensweg auszugleichen. Unser inneres Ich hat sozusagen ein perfekt funktionierendes, natürliches Navigationssystem integriert. Serienmäßig! Unabänderbar ist dabei jedoch die Endposition – das Ziel. Dieses Ziel ist das Licht des Lebens, das Zentrum der Liebe, der unendliche Geist, die Quelle allen Seins, das Mysterium, das viele von uns Gott nennen, das wir als Mensch mit unserem Verstand jedoch nur ansatzweise erfassen können. Unser Lebensweg führt uns alle dorthin. Wir sind lange genug den unbewussten, steinigen Weg durch das Land von Ursache und Wirkung gegangen. Haben durch Krankheit, Leid und Schicksalsschläge die Lasten und Prüfungen dieser Wege erlitten. Haben immer und immer wieder in neuen Inkarnationen dieselben oder ähnliche Muster durchlaufen. Die Zeit ist reif für den Wandel. Die Zeit ist reif, sich seines wahren Selbst bewusst zu werden. Die Zeit ist reif für den Weg des Bewusstseins. Die Zeit ist reif, dass du selbst deinen Weg frei machst. Du kannst dich befreien von den Schranken von Ursache und Wirkung. Geh in die Stille, in die Meditation, geh ins Gebet, öffne dich deinem höheren Selbst und folge deiner Intuition, und das hohe Bewusstsein wird dich auf deinen Königsweg des Lebens führen. Es wird dich leiten und dich auf den Weg der Leichtigkeit und Freude führen. Auf diesem Weg wirst du in Frieden und Harmonie gehen und das Licht der Liebe wird dir den Weg weisen. Mehr und mehr wirst du auf diesem Wege selbst erhellt. Mehr und mehr wirst du dein Ziel erkennen. Mehr und mehr wirst du dein Ziel verstehen können. Mehr und mehr wird deine Seele selbst zum Licht. Mehr und mehr wird dein Licht Licht für alle sein.

26 Seelenwünsche

Was wünschst du dir im Leben? Was wünschst du dir vom Leben? Was macht dich glücklich? Was sind deine wahren Wünsche? Und wie können diese Wünsche in Erfüllung gehen? Millionen Menschen – auch in Deutschland – haben inzwischen Bücher über die Geheimnisse der Manifestation von Wünschen gelesen. Für viele hat sich dadurch ihr Leben grundlegend verändert. So werden Parkplätze ebenso erfolgreich manifestiert wie Wunschautos oder gar Wunschpartnerschaften. Doch manchmal scheint das Universum nicht so richtig in Resonanz mit uns gehen zu wollen. Ja, für viele sieht es gar so aus, als ob dieses Wünsch-dir-was-Spiel bei ihnen überhaupt nicht funktioniert. So harren sie der Dinge, die da kommen sollen, aber nicht kommen wollen, oder erhalten etwas ganz anderes, als sie bestellt haben. Weshalb ist das so? Sind manche Menschen eben doch mehr für den Erfolg oder das erfolgreiche Wünschen privilegiert und andere weniger oder gar nicht? Oder ist das Ganze doch nur mehr oder weniger ein Zufallsgeschehen, das wir uns letztlich schöndeuten?

Um die Zusammenhänge zwischen unserem Wunschdenken, unseren wahren Wünschen und deren scheinbar erfolgreiche oder nicht erfolgreiche Verwirklichung besser zu verstehen, müssen wir tiefer in das Geheimnis des Lebens eintauchen. Den Schlüssel zur wahrhaftigen Wunscherfüllung tragen wir alle in uns, ob wir ihn bisher bereits entdeckt haben oder nicht. Es ist die uns angeborene Fähigkeit, sich dem vollkommenen Fluss des Lebens hinzugeben. Dies bedeutet, dass wir die Wünsche unseres Verstandes in vollkommenen Einklang mit unseren wahrhaftigen Seelenwünschen bringen. Dann wird sich genau das in unserem Leben manifestieren, was für uns in der jeweiligen Situation und für die Gesamtheit des Seins perfekt ist. Je bewusster wir werden, umso mehr erkennen wir in jeder Darbietung des Lebens – in den offensichtlich positiven Wunscherfüllungen und in den weniger attraktiv erscheinenden Manifestationen und Ereignissen – die meisterhafte Antwort des Universums.

Diese beinhaltet das Allerbeste, was für unser Leben, unsere Erfahrung und unsere Entwicklung jeweils möglich ist.

Doch bevor du dir darüber Gedanken machst, wie man diese authentische Art des Wünschens und Manifestierens erleben kann, solltest du dir darüber klar werden, wer du wirklich bist. Wenn du dich, wie die meisten Menschen auf diesem Planeten, mit deinem Verstand identifizierst, du also glaubst, du seist dieser Verstand, der im Kopf deines Körpers wohnt, dann wirst du weiterhin mit deinem Verstand Wünsche kreieren. Du wirst versuchen, die Erfüllung dieser Verstandeswünsche, von denen du dir erhoffst, dass sie dich glücklich machen werden, durch Anstrengung oder harte Arbeit zu erreichen. Durch positives Denken, Affirmationen, Dankbarkeit, Sichhineinfühlen in die Vorstellung der bereits manifestierten Wunscherfüllung usw. wirst du zweifelsohne gute Voraussetzungen dafür schaffen, dass das Universum dich bei der Erfüllung deiner Verstandeswünsche unterstützen wird – ja, sie dir vielleicht sogar 1:1 bescheren wird. Doch dies ist keine Garantie dafür, dass es wirklich funktioniert und dass du dann am Ziel des Glücklichseins angekommen bist. Manche Menschen haben eine Menge Geld und konnten sich sehr viele Besitztümer aneignen.

Doch auch die sogenannten reichen Menschen, die sich alle ihre materiellen Wünsche erfüllt haben, scheinen oftmals genauso weit vom Ziel des Glücklichseins oder der Zufriedenheit entfernt wie diejenigen, die nur vom Reichtum träumen. So zerplatzt bei immer mehr Menschen die Illusion: Je mehr man besitzt, umso glücklicher ist man. Viele sind inzwischen ernüchtert am Ende dieser Wunschtraumspirale angekommen und fallen in der Regel zunächst in ein Loch, eine innere Leere, eine Art Vakuum. Ihr Leben scheint öde, langweilig, reizlos oder gar sinnlos geworden zu sein. Doch wer sich dieser inneren Leere nicht verweigert, sondern durch das scheinbare Nichts hindurchgeht, erhält die Chance einer tiefgreifenden Bewusstseinserweiterung, die sein Leben von Grund auf verändern kann. Der Aha-Effekt, den viele durch diesen inneren Transformationsprozess erfahren, gleicht einem mehr oder weniger intensiven Erwachen aus einem Traum, den man bisher für die Realität gehalten hat. Anstelle dessen öffnet sich ein innerer Raum, der uns den Weitblick in unsere Herzenswelt erschließt. Wir sind wieder zu Hause, in der Wirklichkeit, im Jetzt angekommen und erkennen, dass unsere wahren Wünsche nicht in unserem Verstand, sondern dort inmitten unserer Seele zu finden sind. Wir stehen vor unserem Seelenpanorama, das uns unsere tatsächliche Dimension des Seins eröffnet.

Jede Seele hat ihre eigenen, individuellen Erfahrungswünsche auf diese Erde mitgebracht. Diese stehen im Zusammenhang mit unserem Auftrag, unserer Berufung, unseren höheren Zielen und sind abhängig von unseren Eigenschaften und Fähigkeiten, die in uns stecken und die wir im Laufe unseres Lebens weiterentwickeln wollen. Da jede Seele ein Lichtwesen ist, sind alle Seelenwünsche in erster Linie nicht materieller Art. So wollen wir Freude und Spaß haben, ja, ein lustvolles Leben genießen und dabei viele interessante Erfahrungen machen. Natürlich finden all diese Abenteuer hier auf der Erde inmitten der Materie statt. Doch ist unserer Seele bewusst, dass diese Erfahrungen nur von vorübergehender Dauer sind. Deshalb hat sie im Gegensatz zu unserem Verstand kein großes Interesse, sich der Illusion des Besitzens hinzugeben, da sie doch weiß, dass alles Materielle nur für einen begrenzten Zeitraum geliehen ist.

Dennoch möchte sie auch ganz tief in die Materie eintauchen. Spüren, wie sich die Blätter und Blüten der Pflanzen anfühlen, das Wasser und der Wind auf unserer Haut. Erfahren, wie es ist, ein Tier oder einen Menschen zu berühren, und vieles mehr. Unser Geburtsrecht ist es, in Fülle zu leben. Wir fühlen den Reichtum der Schöpfung tief in uns und sind dankbar für alles, was wir erleben dürfen. Dies schließt auch die Errungenschaften der technischen Erfindungen der Menschheit mit ein. So erfreuen wir uns am Fahren eines schönen Autos ebenso wie am Wohnen in einem gemütlichen Zuhause mit allem Drum und Dran. Doch ganz in unserem Herzen, in der Tiefe unserer Seele wissen wir, dass alles nur dann einen Sinn macht, alles nur dann Wohlgefallen und Freude bereitet, wenn wir unser Herz, wenn wir unser inneres Sein nicht an diese äußeren Dinge verlieren. Wünsche, die unserem Verstand, unserem Ego und durch die Beeinflussung unserer Außenwelt entspringen, verleiten uns jedoch genau dazu. Deshalb ist es wichtig, dass wir lernen, unsere Seelenwünsche wahrzunehmen, da diese uns auf unserem Weg des Wachstums entscheidend voranbringen. Es gibt zwei Wege, durch die wir unsere Seelenwünsche entdecken können und sie für uns erfahrbar werden.

Der erste Weg führt uns, wie in den vorherigen Kapiteln bereits beschrieben, über das Hinhören, das Hinspüren in unser Inneres. Je stiller wir dabei werden, je intensiver wir hinhören, je tiefer wir in unserer Meditation gelangen, desto leichter gelingt uns ein Dialog mit unserer Seele oder sogar die innere Selbstwahrnehmung unserer Seele, und umso besser können wir unsere Seelenwünsche wahrnehmen. Auf diese Weise können wir uns manche Enttäuschung im Außen ersparen, indem wir zuvor herausfinden, was unsere Seele wirklich an Erfahrungen machen möchte. Wir können uns auch nach innen gerichtete Fragen stellen wie z. B.: „Was möchte ich ganz tief in meinem Inneren wirklich?" „Welche Seelenwünsche möchte ich erleben?" „Was ist mein Herzenswunsch – JETZT?" Anstatt eine Antwort durch unseren Verstand herbeidrängen oder gar erzwingen zu wollen, sollten wir einfach loslassen, liebevoll hinspüren und geduldig abwarten. Und wenn jetzt keine Antwort kommen will, dann eben später. Unsere Seele hält alle ihre Herzenswünsche für uns bereit, und sie werden sich uns umso rascher und intensiver präsentieren, je mehr wir das Wollen in unserem Kopf loslassen, um ganz und gar unsere eigene Seelenpräsenz zu sein. Nach und nach werden unsere Seelenwünsche hervortreten, z. B. in Form von inneren Worten, Gefühlen oder Bildern, Hinweisen oder Begegnungen im Außen. Wir spüren die Offenbarung unserer Seelenwünsche sehr deutlich in unserer Herzebene, wenn wir mit unserem Bewusstsein dort präsent bleiben.

Nun können wir all die Techniken der vielfach publizierten Ratgeber zum Thema Wünschen anwenden, um an einer Manifestation durch das Universum mitzuwirken. So können wir uns nun unsere Seelenwünsche in inneren Bildern oder Filmszenen gedanklich ausmalen und mittels unserer imaginären Vorstellungskraft als bereits gegenwärtig erfühlen. Wir können diesen Prozess verstärken, indem wir ihn mit positiven Affirmationen, Gebeten und Worten der Dankbarkeit begleiten. Das geistige Gesetz der Resonanz wird unsere Schwingungsfrequenz, die wir an das Universum aussenden, zweifelsohne beantworten. Und sollte eine Antwort dennoch ausbleiben, also keine Manifestation stattfinden, dann müssen wir die Ursache herausfinden, anstatt die Wirkungsweise des Universums anzuzweifeln.

Entweder gibt es Probleme mit dem Sender, dem Empfänger oder wir haben Störfrequenzen! Sender- und Empfängerprobleme lassen sich relativ leicht erkennen und lösen. Das Problem liegt meist im Kopf. Denn wir sind es gewohnt, alles, was wir erreichen wollen, mit unserem Verstand anzugehen. Und der hat nun mal weder die optimalen Sende- noch Empfangsqualitäten. Unser Verstand besitzt nicht genügend Energie, um die optimalen Wunschfrequenzen zu erzeugen und dorthin zu senden, wo sie in Resonanz gehen können. Unsere größte Energiequelle ist unsere Seele, die selbst mit der allergrößten Energiequelle des Universums verbunden ist. Obwohl unser ganzer Körper beseelt ist, befindet sich unser Seelenzentrum in unserem Herzbereich. Wenn wir uns genau in dieses Zentrum begeben, entdecken wir dort nicht nur unsere Seelen- oder Herzenswünsche, sondern auch unsere perfekte Sende- und Empfangsstation für Kommunikationen aller Art. Wenn wir also sicher gehen wollen, dass unsere Seelenwünsche in die Weite des Universums gelangen, um dort den erforderlichen Resonanzraum zu treffen, dann gelingt uns dies, indem wir in unserer Seele unsere Seelenwünsche entdecken, diese dort in Seelenbildern, sozusagen als Muster, vorfertigen und als „vormanifestiertes Gefühl" in die Matrix des Universums senden.

Empfängerprobleme haben in der Regel dieselbe Ursache. Die meisten Menschen meinen, sie müssen nun mit ihrem Verstand absolut wachsam sein, damit ihnen ihre Wunscherfüllung auf keinen Fall durch die Lappen geht. Doch unser Verstand ist auch hier nur Mittel zum Zweck – ein Werkzeug also. Unser Wunschempfänger sitzt ebenso wenig wie unser Wunschsender im Kopf, sondern im Herzen. Ja, die Manifestationen unserer wahren Wünsche in Form von Ereignissen, Personen oder Gegenständen empfangen wir tatsächlich über unser Herzzentrum. Nur ein offenes Herz kann Herzenswünsche empfangen. Stell dir vor, du würdest mit einer grimmigen, ungeduldigen Miene auf die längst überfällige Wunscherfüllung warten. Was geschieht da mit deinem Herzen? Es ist zu, blockiert, nicht geöffnet – dein Energiesystem steht nicht auf Empfang – es steht auf OFF. Dein Verstand und dein Ego blockieren die Wunscherfüllung geradezu. Die negativen Schwingungen in dir sind auf einer völlig anderen Frequenz. Du bist mit deinem Bewusstsein in dieser Wellenlänge gefangen oder eingeschlossen. Wie sollst du da die liebevollen Frequenzen deiner Wunscherfüllung, die womöglich direkt vor dir auftauchen, sozusagen vor deiner Nase schwingen, wahrnehmen können? Vielleicht steht dein Traumpartner neben dir, doch du nimmst ihn gar nicht wahr und läufst weiter? Oder du siehst die Stellenanzeige nicht, die für dich bestimmt ist, und blätterst zur nächsten unwichtigen Seite. Wenn du hingegen dein Bewusstsein in deiner Herzebene hältst und so in Verbindung mit deiner Seele bist, dein Verstand dich nicht dominiert und dein Ego im Hintergrund bleibt, dann steigen deine Chancen auf das Erkennen und die erfolgreiche Entgegennahme deiner Wunscherfüllungen um ein Vielfaches. Mit einem offenen Herzen, das stets geduldig, im Voraus dankbar und vor allem liebevoll ist, bist du in der Lage, all die Geschenke des Universums wahrzunehmen und zu empfangen. So wirst du über deine Seele, die mit diesem Universum in stetiger Verbindung ist, wahrnehmen, wozu dein Verstand nicht in der Lage ist. Deine Intuition wird dir sagen, nach welchem Buch du greifen musst. Die Seite, die du aufschlägst, wird dir Hinweise geben, die für dich wichtig sind. Du läufst nicht mehr an den richtigen und für dich wichtigen Personen und Ereignissen vorbei, sondern spürst, wenn es darauf ankommt, zu reagieren und in Aktion zu gehen. So wird der Zufall für dich nicht mehr zufällig sein, sondern du wirst erkennen, dass dir vieles „zu-fallen" wird, was du dir gewünscht hast. Im Gegensatz zu deinem Verstand wird dich dein Seelenempfinden in die Lage versetzen, die Erfüllung deiner Seelenwünsche auch dann zu erkennen, wenn das, was dir das Universum schenkt, gar nicht nach dem aussieht, was du dir gewünscht hast. Manchmal verbirgt sich auch in einer unschönen Verpackung ein wertvolles Geschenk. Deshalb halte dein Herz offen und folge deiner Intuition, die dich zu den Manifestationen deiner Seelenwünsche führen wird.

So bleiben noch die Störfrequenzen übrig, die den Wunscherfüllungen deiner Seele im Wege stehen könnten. Dabei handelt es sich vor allem um negative Selbstbilder, die bei vielen Menschen oftmals durch Gedanken, Gefühle und Emotionen zutage treten. Diese hören sich dann z. B. so oder ähnlich an: „Ich bin nicht schön genug. Ich habe zu wenig Geld. Ich bin eben ein Pechvogel. Ich hatte noch nie Glück in meinem Leben. Ich bin es nicht wert ..." usw. Man darf solche Gedanken oder Aussprüche nicht unterschätzen. Je öfter solche Glaubenssätze gedacht oder gesprochen werden, desto mehr sickern sie in unser Unterbewusstsein. So bilden sich mit der Zeit verfestigte Glaubensmuster und negative Selbstbilder, die uns unser Leben erschweren, unsere Gesundheit beeinträchtigen und zudem noch die Erfüllung unserer Wünsche blockieren. Den Ursprung dafür finden wir meistens in unserer Kindheit oder in zurückliegenden Inkarnationen, wo wir schwerwiegende Ereignisse oder Traumata durchlebt haben. Jede Seele ist göttlichen Ursprungs. Jeder Mensch ist absolut gleichwertig, einmalig und liebenswert. Doch wenn ein Mensch z. B. in seiner Kindheit immer wieder abgelehnt, von der Außenwelt nicht akzeptiert wird und kaum Liebe erfährt, ist es sehr wahrscheinlich, dass sich in ihm Gedankenmuster bilden wie: „Ich bin es nicht wert, geliebt zu werden" oder „Ich bin nicht gut genug für diese Welt." Je öfter sich solche Ereignisse wiederholen, umso mehr verwandeln sich diese negativen Gedankenmuster in beständige Glaubensmuster, die dann ins Unterbewusstsein absinken und sich dort verfestigen. Dort verharren sie häufig über Jahre, können aber jederzeit wie durch einen Vulkanausbruch zum Vorschein kommen. Der Anlass hierfür kann scheinbar völlig unbedeutsam sein. Es genügt oftmals eine ähnliche Situation oder ein Ereignis, das den unterdrückten Schmerz aktiviert. Es gibt noch weitere Ursachen für die verschiedensten Arten von inneren Disharmonien, die sich in uns verfestigt haben. In jedem Falle erzeugen alle diese negativen, schmerzhaften Erinnerungen, ob sie nun gerade aktiv in Erscheinung treten oder in der Tiefe verharren, niedere Schwingungsfrequenzen. Diese wiederum können unsere hohen Seelenwunschfrequenzen erheblich beeinträchtigen.

Auf diese Weise können diese Störfrequenzen unseren Wunschtransfer sowohl beim Senden als auch beim Empfangen behindern oder gar völlig blockieren. Deshalb ist es unsinnig, dem Universum für unerfüllte Wünsche die Schuld zu geben. Der einzige Lösungsweg führt uns über die Heilung dieser Blockaden in unserem Inneren. Leichtere Störungen dieser Art können wir durch regelmäßig gedachte oder besser laut gesprochene Affirmationen heilen, wie z. B.: „Ich bin ein göttliches Wesen, dessen Seelenkern aus reiner Liebe besteht. Ich bin vollkommen gleichwertig mit allen Geschöpfen auf dieser Erde. Mein Geburtsrecht ist es, in Fülle zu leben, und ich nehme dankbar alles in Empfang, was das Universum für mich bereithält." Diese Affirmationen, die unser Unterbewusstsein positiv umprogrammieren können, müssen wir aber, damit sie dazu in der Lage sind, über einen längeren Zeitraum anwenden. Am besten sprechen wir diese Sätze mehrmals täglich, vor allem vor oder während einer Meditation und vor dem Einschlafen. Wenn wir die Umprogrammierung unserer unterbewussten, negativen Glaubensmuster, je nach Schweregrad, auf diese Weise für ein bis drei Monate durchhalten, haben wir gute Chancen, dass uns dies erfolgreich gelingen wird. Wer jedoch massive Blockaden hat, die sich durch starke, wiederkehrende Gefühle und Emotionen äußern, die auch mit heftigen psychischen oder physischen Reaktionen einhergehen oder sich gar in deutlichen Krankheitssymptomen widerspiegeln, sollte sich intensiver um die Heilung dieser Zustände bemühen, da diese nicht nur die Manifestationen seiner Seelenwünsche blockieren, sondern auch die gesamte seelische Entwicklung – den Prozess des seelischen Wachstums – behindern können. Neben den eigenen Bemühungen um Heilung ist in solchen schwerwiegenden Fällen vermutlich die Hilfe eines geeigneten Therapeuten ratsam.

Der zweite Weg zu unseren wahrhaftigen Seelenwünschen ist gleichzeitig der Königs- oder Königinnenweg. Jeder kann diesen Weg gehen, wenn er einen bestimmten seelischen Reifegrad erreicht hat. Wer in der Nähe dieses Bewusstseinsgrades angekommen ist, der erkennt mehr und mehr sein wahres Selbst, der spürt, wer er wirklich ist, und erlebt sich selbst als dieses Seelenindividuum, das in einem Körper wohnt mit Augen, durch die es in diese Welt schauen darf, mit Ohren, die ihm die Klänge dieses Planeten offenbaren, mit Händen, durch die es all die Wunder der Erde berühren kann, mit Füßen, die es durch diese Welt tragen, und mit einem Verstand, den es ebenfalls unbegrenzt nutzen darf, um allen seinen seelischen Schöpferqualitäten, die aus der Unendlichkeit der Möglichkeiten entspringen, Ausdruck zu verleihen.

Die vollkommen bewussten, erleuchteten Menschen gehen alle auf diesem Weg voran. Sie sind ganz und gar in ihrer Seele angekommen, als Seele präsent, vom Licht durchflutet und erleben ihre Seelenwünsche als Abbild des göttlichen Seins, das sich von Augenblick zu Augenblick unaufhaltsam manifestiert.

„Dein Wille geschehe, wie im Himmel, so auf Erden."
Mt 6, 10

27 Seelenbeziehungen

„Beziehung ist der Spiegel, in dem wir uns selbst so sehen, wie wir sind."
KRISHNAMURTI

Alles steht in Beziehung zueinander, weil alles energetisch miteinander verbunden ist – jedes kleinste Teilchen mit dem ganzen Universum. Wir Menschen leben inmitten dieses energetischen Gesamtverbundes. Unsere Wahrnehmung von Beziehungen beschränkt sich jedoch meistens auf unser nahes Umfeld. Wir nehmen Bezug zu dem oder auf das, was um uns herum ist, leben in einer Beziehung mit den Dingen, Pflanzen, Tieren und vor allem mit unseren Mitmenschen. Die Art und Weise, wie wir diese Beziehungen erleben, wie wir sie empfinden, hängt in erster Linie von unserem Bewusstsein ab. Neben den Freundschafts-, Bekanntschafts- und Geschäftsbeziehungen nehmen in der Regel unsere Liebesbeziehungen den höchsten Stellenwert in unserem Leben ein. Dabei sind in der Regel drei treibende Kräfte am Wirken, die den heranwachsenden oder schon erwachsenen Menschen normalerweise am stärksten zu einer Liebesbeziehung drängen. Die Sexualität/ Fortpflanzung, die Liebe/Erotik und der Wunsch, nicht allein zu sein/ Verschmelzung der Gegensätze des Männlichen und Weiblichen zur Einheit. Obwohl sich viele darüber keine besonderen Gedanken machen, träumen doch die meisten Menschen bewusst oder unbewusst von einem Liebespartner, der ihnen gleich alle drei der genannten Bereiche dauerhaft erfüllen kann und der möglichst noch ihren eigenen Wunschvorstellungen vom Aussehen und Benehmen eines Traumpartners entspricht. Doch die meisten Suchenden haben schon erfahren, dass ihnen bisher kein Liebespartner diese Erwartungen alle und schon gar nicht auf Dauer erfüllen konnte. Daher suchen die einen immer weiter und weiter und werden meist, wenn überhaupt, nur teilweise oder vorübergehend fündig, während andere ihre Erwartungen immer mehr reduzieren und sich am Ende ihrer Suche oftmals damit begnügen, wenigstens ihren unerfüllten Traum auf die scheinbar traumhaften Beziehungen der Sternchen und Stars dieser

Welt zu projizieren. So verfolgen sie die Traumpaare in den Boulevardmedien hautnah und doch so weit entfernt – entfernt von dem, was dort und hier doch letztlich unerfüllt bleibt. Manche haben die Suche jedoch schon aufgegeben und leben aus Enttäuschung als Single, wobei sie entweder ihre Sehnsüchte unterdrücken oder sie in allerlei Arten von Kurzbeziehungen wenigstens häppchenweise für kurze Zeit befriedigen. Die zunehmenden Scheidungsraten, die wachsende Zahl von Singlehaushalten und die Statistiken über Beziehungsprobleme der letzten Jahre zeigen uns, dass sehr viele Menschen mit ihren Beziehungen unzufrieden sind oder große Probleme damit haben. So verwundert es kaum, dass immer mehr Menschen Rat bei einem Lebensberater oder Beziehungsberater suchen, bevor „das Kind in den Brunnen gefallen ist" und nur noch der Psychologe, Mediator oder Scheidungsanwalt als Lösungshelfer infrage kommt. Doch weshalb scheint es innerhalb unserer Beziehungen und insbesondere in unseren Liebesbeziehungen so viele Probleme zu geben? Weshalb werden wir immer wieder in unseren Beziehungen enttäuscht und wieso scheinen wir in der heutigen Zeit besonders mit Beziehungsproblemen aller Art konfrontiert zu sein?

Es gibt sicherlich sehr viele Ursachen dafür, weshalb eine Beziehung scheinbar problematisch ist oder warum die Betroffenen sie in Frage stellen oder gar als gescheitert erklären. Die Liste der Gründe ist bei den meisten sehr lang und es spielen dabei neben den inneren Schwierigkeiten in einer Beziehung auch äußere gesellschaftliche Faktoren eine Rolle. Gerade weil die Beziehungsproblematiken so komplex und die meisten Beziehungen in irgendeiner Weise betroffen sind, berichten vor allem die Frauen-, aber auch die Männerzeitschriften schon seit vielen Jahren tagtäglich in ihren Artikeln über das theoretische Verständnis von Beziehungen und wie man Krisen vermeiden oder überwinden kann. Sie geben uns ebenso wie die zahlreichen moderierten Ratgebershows im Fernsehen jede Menge praktische Tipps, auf welche Art und Weise wir unsere Beziehungen verbessern oder retten können. Wer noch mehr in die Beziehungsthemen einsteigen will, der findet auf dem Buchmarkt eine Vielzahl von Beziehungsratgebern, die meist einen mehr oder weniger tiefgründigen psychologischen Ansatz haben und in der Regel eine gute Grundlage für ein besseres Verständnis der Zusammenhänge bieten. Doch solange wir die Hauptursache für unsere Beziehungsprobleme nicht gefunden haben, solange wir zu dem, was alles entscheidend ist, nicht vorgedrungen sind, solange wir nicht die wahrhaftige Liebe in uns entdeckt haben, fehlt uns die Grundsubstanz für wahrhaftig liebevolle Beziehungen. Der schlaueste Ratgeber wird uns auf Dauer nicht die problemfreien Lösungen anbieten können, wenn er uns nichts von dieser Liebe zu berichten weiß. Unsere äußere Welt spiegelt unsere innere. Lassen wir innen keine wahrhaftige Liebe zu, können wir nicht erwarten, dass sie uns in unserer Außenwelt, in unseren Beziehungen begegnet. Ohne diese Liebe können wir selbst mithilfe der bestgemeinten Ratschläge, Tipps und Tricks auf der äußeren Bildfläche unseres Lebens keine gesunden, liebevollen Beziehungen erschaffen. Ohne diese Liebe fehlt uns die natürliche, dauerhafte und krisenunempfindliche Basis für eine Beziehung. Wir können uns zwar anlesen, mit welchen Verführungskünsten und Beziehungstricks wir einen Partner anwerben und für unser Bett oder unser Leben gewinnen können, doch dies ist keine Garantie dafür, dass wir wahres Beziehungsglück erleben und unser Kartenhaus der ausgeklügelten Beziehungsstrategien nicht irgendwann zusammenbricht. Solange wir in unseren Beziehungen Fragen stellen wie: „Was bringt mir diese Beziehung?" „Wie kann ich diese Beziehung für mich verbessern?" „Wie kann ich erreichen, dass mein Partner mich mehr liebt?", geht es in erster Linie um unsere Egobefriedigung und nicht um wahre Liebe. Die Wahrheit ist, solange wir unsere Beziehungen – gleich welcher Art – und insbesondere unsere Liebesbeziehungen nicht auf dem Fundament der wahrhaftigen Liebe aufbauen, werden diese früher oder später zwangsläufig Schmerz und Leid erfahren und u. U. darin enden.

Wenn du deine Beziehungen nicht nur ein bisschen verbessern, ein wenig aufpolieren oder aufpeppen willst, sondern wenn du all deine Beziehungen von Grund auf erneuern und ihnen die größtmögliche Qualität verleihen möchtest, dann musst du dich der wahrhaftigen Liebe in dir nähern. Dieser Weg führt dich nach innen zu deiner Seele. Dort begegnest du zunächst der Selbstliebe. Solange du noch, wie die meisten Menschen, in der Position des Denkers verweilst, du also glaubst, du seist derjenige, der denkt, ist die Selbstliebe der einzige Weg, um auch das lieben zu können, was außerhalb von dir existiert.

Oder anders ausgedrückt: Du kannst als Denker die anderen erst dann lieben, wenn du dich selbst liebst. So, wie du als Denker deinem Selbst begegnest, so, wie du mit dir selbst umgehst, gehst du auch mit deinem äußeren Gegenüber um. Wenn du dich innerlich ablehnst, lehnst du mehr oder weniger auch deine Umwelt, deine Mitmenschen um dich herum ab. Erst wenn du beginnst, dich selbst zu lieben, bist du fähig, auch die anderen zu lieben, und kannst durch deren Spiegelung Liebe zurückbekommen.

„Liebe deinen Nächsten wie dich selbst..."
JAKOBUS 2,8

Doch wie kann man sich nun selbst lieben? – Du nimmst dich wahr als Mensch, als Körper, als Denkender, so, wie du bist. Du verzichtest darauf, dich zu kritisieren. Du nimmst dich so an, wie du jetzt bist. Wer bist du? Du bist ein Mensch, der wie durch ein Wunder so erschaffen wurde. Gleichzeitig bist du der Mensch, der das ist, was du selbst aus dir gemacht hast. Du bist dankbar dafür, wie du erschaffen wurdest, und gleichzeitig bist du dankbar für das, was du aus dir gemacht hast. Alle Erfahrungen, die du gemacht hast, haben dich zu dem gemacht, wie du bist. Ohne diese Erfahrungen, gleich welcher Art, wäre dies nicht möglich gewesen. Sich selbst zu lieben heißt, damit einverstanden zu sein, dies alles anzunehmen, bedingungslos und ohne Verurteilungen. Sich selbst zu lieben bedeutet, loszulassen und Ja zu sich selbst zu sagen. Sich selbst zu lieben heißt, die Liebe zuzulassen, die meine Ganzheit ohne Ausklammerungen für liebenswert hält, die dies alles umarmt und Ja dazu sagt. Die Liebe, die dazu imstande ist, kann nicht erdacht werden, sie muss es auch nicht, denn sie ist bereits da. An diesem Punkt ist die Schwelle von der Selbstliebe zur wahren Liebe erreicht. Wenn du nun einen Schritt weitergehst, bist du nicht mehr du selbst, sondern du bist das Sein. Dies ist der Übergang vom Denker zum Selbst. Das Selbst kann sich jedoch nicht selbst lieben, denn es hat kein Gegenüber mehr. Es ist kein Ego, keine Personifizierung mehr vorhanden. In diesem neutralen Zustand des So-Seins ist alles eingebettet in Liebe. Das wahre Sein und die wahre Liebe fließen ineinander, sind vollkommen eins. Je mehr du deiner Seele begegnest, umso mehr begegnest du der Seele deines Gegenübers. Je mehr die Grenze zwischen deinem Verstand und deiner Seele verschwindet, umso mehr verschwindet die Grenze zwischen dir und deinem Gegenüber. Auf der Seelenebene gibt es keine Begrenzungen, alles fließt ineinander – ist eins.

Habe den Mut, dein Leben zu verändern. Habe den Mut, in dich selbst zu gehen. Suche die Liebe in dir und sei großzügig mit dir. Verzeihe dir deine Unzulänglichkeiten, verzeihe dir all das, was so unverzeihlich erscheint. Entdecke, dass du liebenswert bist. Lass die Liebe in dir fließen – mit oder ohne Tränen. Reinige dich durch die wahre Liebe in dir, die im Überfluss vorhanden ist. Erschaffe eine neue Beziehung zu dir selbst und gehe tiefer in dich hinein. Dorthin, wo die Stille zu Hause ist – wo der Verstand schweigt. Jede Begegnung in Stille ist Meditation. Begegne deinem Gegenüber, indem du es wahrhaftig wahrnimmst in seiner Stille, in seinem So-Sein – ohne Worte. Entdecke dich im Spiegelbild deines Gegenübers. Erkenne, dass dort dieselbe Liebe zu Hause ist wie in dir. Versuche, dich mehr in deine Beziehungen hineinzufühlen als hineinzudenken. Umarme dein Gegenüber, anstatt es mit Worten zu überschütten. Schau, was seine Augen dir sagen wollen, anstatt seine Worte zu sezieren. Das Leben ist so kostbar und jede Beziehung trägt ihre eigene Kostbarkeit in sich – sie wartet darauf, dass du sie entdeckst und ans Licht bringst. Nicht nur deine Liebesbeziehungen bedürfen deiner Liebe. Alles, was dir begegnet, ist liebenswert. Jeden Bezug, den du zu der Welt, in der du lebst, hast, hat seine Bedeutung. Nichts ist unnütz oder umsonst. Entdecke die Welt aus dem Zentrum deines Seins. Nimm deinen wahren Platz in deinem Leben ein und sei ein Mensch mit Herz und Seele – ein Seelenmensch, der ein Herz hat für sich und diese Welt – so blühen deine Beziehungen überall auf und spiegeln die Liebe wider, die du in die Wesen, die dir begegnen, hineingibst.

28 Seelenabenteuer

Ich bin Seele. In mir wohnt das Abenteuer, das entdeckt, erlebt und gelebt werden möchte. Ich habe mich auf das große Abenteuer dieser Inkarnation gefreut, vorbereitet und hineinbegeben. Ich habe mich vertrauensvoll in den schützenden mütterlichen Schoß und die starken väterlichen Hände fallen lassen, und ich habe voller Mut die Herausforderungen des Erdenlebens angenommen. Ja, ich will dieses große Erdenabenteuer in vollen Zügen erleben, mich dehnen und strecken und in meinem Körper wachsen, ihn kennenlernen, erkunden, erspüren. Doch ich will auch über ihn hinauswachsen. Zusammen mit meinem Körper die Umgebung entdecken, alles anfassen und schmecken, alles riechen und hören, alles fühlen und sehen – das Wunder des Lebens erleben. Ich will hinaus in die Welt und alles umarmen und in mein Herz einsammeln. Die Bäume und Wälder, die Blätter und Kronen, die Blumen und Wiesen, die Knospen und Blüten, die Sträucher und Hecken, die Beeren und Früchte und noch vieles mehr. Ich will die Wärme und Kälte, den Wind und den Sturm durch meine Haut hindurch spüren. Ich will über Steine und Felsen, durch Täler und Berge und über all die fantastischen Landschaften gehen. Eine unendliche Vielzahl von Lebewesen zeigt mir, wie ich meinem Abenteuer Leben begegnen und es meistern kann. Hoch hinauf zieht mich der Adler mit seinen Schwingen und zeigt mir die Freiheit und Selbstsicherheit, die in mir stecken. Auf dem Ast singen mir die Amseln, Drosseln und die Finken die Lieder der Freude und der Leichtigkeit, die in mir angestimmt werden wollen. Die Ameisen lehren mich, meinen Fleiß und meinen Schaffensdrang in mir zu entdecken. Der Schwan will die Anmut und Schönheit in mir wecken. Der Tiger meine Kraft und Wildheit. Der Bär die Stärke. Der Affe die Flinkheit. Der Gepard die Schnelligkeit. Das Chamäleon die Verwandelbarkeit. Der Koalabär die Ruhe. Die Schwalbe die Ausdauer. Der Fuchs die Schlauheit. Die Katze die Geschmeidigkeit. Der Hund die Treue. Ja, die unzähligen Geschöpfe dieser Erde zeigen mir, welche Abenteuer es zu entdecken gibt, und spiegeln mir all die Eigenschaften, die auch in mir enthalten sind, um diese Abenteuer zu bestehen. So kann ich mich getrost aufmachen, weil all die Fähigkeiten eines perfekten Abenteurers in mir vorhanden sind. So will ich die Wassertropfen in den Bächen und Flüssen wahrnehmen, die wie in meinem Körper den Fluss des Lebens bilden und die alle Informationen der Vergangenheit und Zukunft in ihrer gegenwärtigen Vollkommenheit vereinen. Ich will über die Seen schauen und am Ufer des Meeres stehen und staunend zusehen, wie am Abend die Sonne in der endlosen Weite versinkt, um mir mit ihren letzten Strahlen Seelen-Wärme für die Nacht zu spenden. Ich will den Himmel sehen, der für mich noch einmal in seiner schönsten Farbenpracht aufglüht und dann verblasst, um Platz zu schaffen für die Dunkelheit mit ihrer unendlichen Vielzahl funkelnder Sterne. Welch großartiges Abenteuer hier auf dieser Erde! Ich will erwachen und dankbar sein für alles, was mir jeder Tag an neuen Überraschungen schenkt. Ich will die Menschen kennenlernen, damit ich mich besser kennenlerne. Ich will mit ihnen sprechen, lachen, tanzen, sie berühren, damit ich selbst berührt werde. Ich will mit ihnen Abenteuer für Abenteuer durchleben. Ich will in die Augen meiner Lieben schauen und alle Augen, die mich schauen, als Spiegel meiner selbst betrachten. Die Freude und die Traurigkeit, die Verspieltheit und die Langeweile, Sicherheit und Unsicherheit, Tatendrang und Lethargie, Zufriedenheit und Neid, Zuversicht und Mutlosigkeit, Echtheit und Lüge, Wut und Liebe – alles, was ich in den Augen sehe, steckt auch in mir. Doch ich will in mein Herz schauen und dort die Wahrheit finden, damit mein Geist im Dschungel aller Gegensätzlichkeiten des Seins die Spreu vom Weizen trennen kann.

So kann ich mich mit allem guten und nützlichen Gepäck für meine Expeditionen ins Leben rüsten. Mit Mut und Kraft, Geduld und Güte, Offenheit und Toleranz, Humor und Disziplin, Freude und Dankbarkeit, Friedfertigkeit und Liebe im Gepäck trägt es sich leicht und ist mir nicht bange, in die tiefsten Täler und höchsten Gipfel des Lebens aufzubrechen. Durch die dichtesten Dschungel hindurchzugehen und mich inmitten der Nächte zur Ruhe zu legen. Ja, ich bin eine Seele der Natur, ich bin ein Teil von ihr. Und ich bin die Abenteuererseele, die die Welt dort draußen entdecken will, um sich selbst immer näherzukommen. So wird mir im Laufe meines Lebens hier auf diesem Planeten immer klarer, dass das größte Abenteuer die Reise zu mir selbst ist. Mit allem, was ich außerhalb entdeckt habe, habe ich auch ein Stück von mir gefunden. Mit allem, was ich im Außen erforscht habe, lüftet sich mir auch ein Stück des Rätsels meiner selbst. Die Stürme um mich herum sind auch in mir. Die äußerliche Schönheit und Ruhe stecken auch in mir. Die Farben der äußeren Welt sind auch in meiner inneren. Die Rhythmen des Lebens sind innen wie außen. Die größten Wunder geschehen auch in mir. Die Sterne am Himmel trage ich auch in meinem Herzen. Die Zeitlosigkeit und Unendlichkeit ist inmitten meiner Seele. Ich bin Liebe – so wie alles Liebe ist. Und ich liebe das Abenteuer Leben.

Lebst du schon dein Lebensabenteuer
oder schläft dein Abenteuerleben noch in dir?

Ja, vielleicht bist du ja wirklich ein Abenteurer, der schon so viele Expeditionen hinaus in diese Welt unternommen hat. Vielleicht hast du tatsächlich schon die Welt gesehen und erlebt, die Kontinente bereist und durchkämmt, hast wagemutig die Berge erklommen und bist in die Tiefen der Meere hinabgetaucht. Vielleicht kennst du die Urwälder, die Wüsten, die Hochplateaus und die Flussdelten, die sich ins Meer ergießen und die den Reichtum der Lebensvielfalt beherbergen. Vielleicht bist du tatsächlich der kühne, mutige, starke, tatkräftige und erfahrene Abenteurer, der schon fast alles gesehen und erlebt hat. Oder du bist vielleicht ein Forscher, ein Wissenschaftler, der die Welt erkundet und alles scheinbar Leblose oder Lebendige untersucht, gedeutet und benannt hat. Doch frage dich, ob du bei all deinen Abenteuern in dieser Welt auch wirklich dabei warst. Geh in dich und schau, ob nur dein Verstand mit dabei war, der alles erfasst, interpretiert, zerlegt, erklärt und beurteilt hat und von sich selbst behauptet, er habe fast alles verstanden. Geh tiefer in dich und schau, wo deine Seele ist – schau, ob du sie mitgenommen hast auf all deine Abenteuer, ob sie Mittelpunkt deiner selbst ist und ob du aus ihr heraus die Abenteuer deines Lebens erlebst. Wenn nicht, dann beginne nun das größte Abenteuer deines Lebens. Entdecke dich selbst. Begib dich auf die größte Expedition, die du je gemacht hast, aber bedenke, dass die Anreise nur einen Schritt ausmacht, indem du die Distanz zwischen deinem Kopf und deinem Herzen bewältigst. Steige hinab in die Tiefe deines Herzens und entdecke das Zentrum deiner selbst. Begegne deiner Seele und gehe vollkommen in ihr auf, indem du dich voller Mut und Zuversicht ihr hingibst. Du wirst erwachen als der Seelenabenteurer. Jedes Abenteuer, das du gedanklich noch einmal durchlebst, und alle neuen Abenteuer, die du erlebst, werden dir jetzt erst wahrhaft authentisch und echt erscheinen. So werden alle deine Erfahrungen an Tiefe, Weite und Größe gewinnen. So werden deine inneren und äußeren Abenteuer sich vereinen und in vollkommener Balance miteinander sein.

Vielleicht zählst du dich aber auch ganz und gar nicht zu den Abenteurern, da dir die Welt da draußen so unsicher, gefährlich, ja womöglich sogar lebensfeindlich erscheint. Vielleicht scheust du das Risiko, etwas zu wagen. Vielleicht fühlst du dich eher als Bürotiger, der sich lieber hinter seinem Schreibtisch verschanzt, als dort draußen unsicheres Terrain zu betreten. Vielleicht fühlst du dich auch eher als Langweiler, als graue Maus oder gar als Versager. Vielleicht bleibst du lieber zu Hause in deinem gewohnten Umfeld und schaust dir im Fernsehen oder im Kino die wilden, kühnen und starken Eroberer der Welt an. Doch tief in dir steckt im Verborgenen auch dein Wunsch, ein wenig wie sie zu sein, hinauszugehen, um die Welt zu entdecken und zu umarmen, dein Leben in die Hand zu nehmen, es auszukosten, es auszuleben. Doch dein Verstand rät noch zur Vorsicht, will lieber abwarten, die anderen vorausgehen lassen. Die Angst, es könne was passieren, lähmt dich. Die Sorge, etwas zu verlieren, hält dich zurück. Die Ungewissheit schreckt dich ab. Du liebst die Sicherheit, willst sie umklammern und merkst doch, dass sie sich nicht festhalten lässt – da sie scheinbar aus luftleerem Raum besteht. So stehst du still und wartest ab oder versuchst manchmal sogar rückwärtszugehen. Wie soll man da ein Abenteurer sein? Und weshalb auch?

Nun, das Leben ist ein Abenteuer und wer dieses nicht lebt, lebt im Grunde genommen gar nicht. Er ist wie tot – nicht gestorben, sondern noch gar nicht erwacht. Zum Leben erwachen heißt, dem Abenteuer Leben zu begegnen, das Abenteuer des Lebens zu er-leben. Beginne nicht außen, sondern innen. Verlass deine ängstlichen und lebenseinschränkenden Gedanken und zieh ein in dein Herz. Erspüre mit deinem Bewusstsein deine Seele und lass dich in sie hineinfallen. Dort fällst du nicht, sondern bist geborgen. Dort findest du deine Abenteuer, die gelebt werden möchten – die, die richtig für dich sind, die sich deine Seele zu erleben wünscht. Mehr und mehr wirst du dort

Zentriertheit und Stabilität erfahren, Ideen und Pläne, Freude und Begeisterung, Willen und Tatendrang, Kraft, Mut und alles, was du brauchst, um die Abenteuer deines Lebens zu er-leben. Höre weniger auf deinen Verstand und mehr auf deine innere Stimme, deine innere Führung, die weiß, was gelebt werden möchte. Brich aus deinen selbst errichteten Mauern aus. Öffne deine Gefängniszelle, die du selbst von innen verriegelt hast. Befreie dich von allen Selbstzweifeln und Selbstverurteilungen. Brich mit deinen Gewohnheiten, die dich zurückhalten und dich am Leben hindern. Überschreite die Grenzen, die du zwischen dich und alle neuen Erfahrungen gezogen hast. Spring über deine Schatten und sieh, wie sie, je mehr du dich dem Licht zuwendest, von selbst verschwinden. Erlebe allen Sinn und alle Sinnlichkeit im Leben. Lass deiner Kreativität freien Lauf. Werde ein Maler oder ein Musiker oder das, was in dir steckt. Spring ins kalte Wasser und beginne zu schwimmen. Schreibe ein Buch – für dich und vielleicht auch für andere. Sprich vor einem Publikum, auch wenn es zum ersten Mal ist. Geh auf einen Berg und übernachte ganz allein da oben oder mach etwas, das du schon immer machen wolltest – denn jetzt hast du den Mut und die Kraft dazu. Entdecke, dass es keine Grenzen gibt. Hinter jedem Horizont wartet der nächste Horizont auf dich. Du lebst dieses Leben nur einmal. Nimm die Chance wahr, es in vollen Zügen auszukosten. Erkenne, dass du frei bist, indem du dein Leben durch die Augen des Seelengegenwärtigen siehst. Und nimm wahr, dass du ein göttliches Geschöpf bist, das sich seiner selbst bewusst ist und nunmehr jeden Moment des Lebens als Seelenabenteuer gestaltet und erlebt.

„Lebe wild und gefährlich."
OSHO

29 Seelenzeit

Unsere Seele ist zwar in die irdische Dimension von Zeit und Raum hineingeboren worden, und sie scheint auch über diese Welt hinaus eine Vergangenheit und eine Zukunft zu haben, aber dennoch ist sie völlig zeitlos. Alles, was existiert, hat einen göttlichen Ursprung, ist sozusagen inwändig Göttlichkeit oder, anders ausgedrückt, ein Teil von Gott. Unser Verstand hat große Probleme, sich dies vorzustellen, da er in den Dimensionen der Dualität denkt. Alles, was er kennt, hat einen Anfang und ein Ende. Zeitlosigkeit hört sich für ihn wie eine Lüge und eine Bedrohung an. So bewegen sich seine Gedanken lieber in der Begrenztheit, die er kennt. Und was er besonders gut zu kennen glaubt, ist die nüchterne Einschätzung seiner selbst. Er, der logische Verstand, der in einem Hirn wohnt, das in einem Körper lebt, der auf einer Erde umherwandelt, steht, sitzt oder liegt. Er, der Verstand, dessen Selbstdefinition an einem seiner Kindertage begann, an dem er sich als selbst erkannt zu haben schien. Er, der im Laufe der Zeit seines Denkens den Zeitanfang seiner Existenz zwischen dem Zeugungsakt und seinem Heranreifen im Mutterleib schlussfolgerte. Er, der das Ende seiner Zeit mit dem ungewissen Zeitpunkt seines Todes gleichgesetzt hat. Er, der alles, was dazwischen liegt, als seine Lebenszeit betrachtet, die aus Vergangenheit, Gegenwart und Zukunft zu bestehen scheint. So denkt er über sich – der Verstand. Und wenn er in seinem Denken noch Platz für die Vorstellung übrig lässt, da wäre vielleicht doch noch eine Seele, die in ihm lebt, dann nimmt er an, dass zumindest während seiner Lebenszeit auf dieser Erde seine Seele, wie er selbst, sowohl an den Raum als auch an die Zeit gebunden ist. Aber ist das wirklich so? Oder gibt es doch diese Zeitlosigkeit, die in uns wohnt?

Manchmal erlebt man Situationen, in denen die Zeit scheinbar stehen bleibt oder zumindest drastisch abgebremst wird. Wer z. B. die Geburt eines Kindes, den Tod eines Menschen miterlebt hat, oder wer schon einmal einen Unfall erlebt hat, bei dem sein eigenes Leben oder das eines anderen Menschen in

Gefahr war, der kennt mehr oder weniger das Gefühl von Zeitlosigkeit. Dies geschieht immer dann, wenn wir durch das Schicksal mittels einer solchen Situation in die vollkommene Gegenwart gedrängt werden. Nichts um uns herum, nichts aus der Vergangenheit oder der Zukunft scheint in diesem Augenblick wichtiger als dieser Augenblick selbst. Wir fokussieren sozusagen von der Weite der Zeitstrecke Vergangenheit bis Zukunft auf den winzigen Punkt der Gegenwart, der das absolute Jetzt darstellt. Und in diesem Augenblick scheint auch tatsächlich nur dieses Jetzt zu existieren – wir halten inne – und geben uns diesem Moment des Jetzt vollkommen hin, sind mit ihm verbunden, ja sind sogar er selbst – in diesem Augenblick des Seins sind wir Zeitlosigkeit. Doch kaum sind wir uns dieses Augenblicks bewusst, scheint er schon wieder vergangen zu sein, da wir im nächsten Augenblick des Seins angelangt sind.

So geht das Leben endlos weiter und besteht im Grunde genommen aus einer Aneinanderreihung von Augenblicken. Wenn wir uns das bildhaft vorstellen wollen, könnten wir annehmen, jeder Augenblick wäre eines der Bilder, die in einer Filmrolle aneinandergereiht sind. Wenn wir unseren Fokus auf das einzelne Bild, das Standbild richten, dann steht das Bild, dann steht die Zeit. Je schneller wir das Filmmaterial durch den Projektor laufen lassen, umso vergänglicher scheint jeder Augenblick an uns vorüberzuziehen. Und wenn wir den Film schnell genug projizieren, läuft die Zeit so schnell, dass wir das einzelne Bild, den Augenblick gar nicht mehr wahrnehmen. Wir erleben die Illusion des Filmes, die Illusion der Zeit. Dabei nehmen wir die vielen einzelnen Augenblicke als Zeitlosigkeit nicht mehr wahr. Es sei denn, ein plötzlicher Filmriss unterbricht die Zeitvorführung und holt uns in die Gegenwart zurück, wie der Unfall oder ein anderes zeitbrechendes Ereignis. Doch wenn wir aus der Illusion der Zeit aussteigen wollen, können wir das jederzeit auch willentlich tun, indem wir in dem Beispiel die Zeitmaschine Projektor anhalten, und schon sind wir in der Realität der Gegenwart angelangt. Auf unser Leben übertragen, bedeutet dies, wir hören auf, die Bilder zwischen der Vergangenheit und der Zukunft in unseren Gedanken laufen zu lassen, halten sie willentlich an und bleiben im Bewusstsein der Gegenwart, des gegenwärtigen Augenblicks stehen. Damit endet auch der fortwährend laufende Ton, die Wortflut in unseren Gedanken, und es kehrt Stille ein. Die innere Stille in uns ist in der Lage, das Rad der Zeit anzuhalten. Je mehr wir mit unserem Bewusstsein in der Stille unserer Seele ankommen, umso mehr schrumpft die Zeit, bis sie schließlich stillsteht und wir das vollkommene Glück der Zeitlosigkeit erfahren.

„Jede Zeit ist umso kürzer, je glücklicher man ist."
Gaius Plinius Secundus Maior

30 Seelentanz

Das ganze Universum tanzt – ist in Bewegung – egal, ob wir den Makro- oder Mikrokosmos betrachten. Alles dreht und bewegt sich in Bezug zueinander. Es ist der Tanz der Fragmente, die gemeinsam den Tanz der Einheit veranstalten. So sind auch wir Menschen alle hier, um den Tanz des Lebens zu tanzen. Unser Leben ist der Tanz des Lebens. Unsere Seele fordert uns ständig auf zu tanzen. Unser Seelentanz ist unser Geburtsrecht und gleichsam unsere Art, als kindlicher Erdenbürger diese Welt zu entdecken. Doch viele von uns Erwachsenen tanzen schon lange nicht mehr. Der Ernst des Lebens, der in unseren Köpfen Einzug gehalten hat, scheint uns von der Lebenslust und Lebensfreude, die im Tanz stecken, abzuhalten. So scheint es, als würde über vielen von uns ein Schleier liegen. Ein Schleier aus Freudlosigkeit, Traurigkeit, Missmut, Angst oder Pessimismus, der verhindert, dass wir ganz ungezwungen, von innen heraus, unser Leben beschwingt und ausgelassen leben – es tanzen. Tanz ist Bewegung und Bewegung ist Leben. Alles in dieser Welt ist in Bewegung. Doch viele Bereiche in unserem Leben scheinen eher unbeweglich und gehemmt zu sein, irgendwie eingerostet oder gar schon dem Tode nah. Wo Stillstand ist, findet kein Leben mehr statt. Der Herzstillstand beendet unser Leben hier auf dieser Erde. Aber wir sind nicht hier, um auf den Tod zu warten, sondern um zu leben – um zu tanzen. Und wie ist das in deinem Leben? Tanzt du schon oder wartest du noch ab? Auf was willst du warten? Auf den Tod? Deine Seele will tanzen! Sie will die Bewegung, sie hat sich für das Leben entschieden. Vor allem will sie unter allen Umständen die Chance dieser Inkarnation nutzen. Die Chance, sich in dieser einmaligen, exklusiven Form der Körper-Seele-Geist-Erscheinung selbst auszudrücken. Dieses Leben voll und ganz auszuleben – ihren Tanz des Lebens zu tanzen.

Doch wie soll das möglich sein, wie kann das praktisch aussehen? Schauen wir uns doch z. B. die vielen Menschen afrikanischen Ursprungs an, deren Seelen sich so leidenschaftlich in ihren Körpern diesem Tanz des Lebens hingeben – hinaustanzen. Selbst der scheinbar absolute Nichttänzer, spürt in seinem Inneren, wenn er ganz ehrlich zu sich ist, wie er ein wenig dabei mitschwingt. Wie in ihm eine Sehnsucht aufsteigt, diese Lebensfreude, Ausgelassenheit, Leichtigkeit, Begeisterung und Ekstase selbst zuzulassen und zu erleben. Doch was hält ihn eigentlich davon ab, einfach mitzumachen oder auf seine eigene Art und Weise seinen inneren Impulsen zu folgen und seiner inneren Schwingung und Stimmung Ausdruck zu verleihen – sein Inneres aus-zu-leben? „Ich tanze grundsätzlich nicht!" „Ich bin kein Tänzer!" „Ich kann mich nicht so bewegen!" „Ich komm mir dabei blöd vor!" „Ich will nicht tanzen!" „Ich hör mir lieber die Musik an!" „Ich kann nicht tanzen!" „Ich habe keine Zeit dafür!" „Ich habe keine Lust zu tanzen!" „Ich bin ein Nichttänzer!" Das ICH, unser EGO kann uns unendlich viele Argumente und Gründe liefern, die uns einreden wollen, dass wir den Tanz des Lebens lieber sein lassen sollten. Doch was steckt hinter dieser ablehnenden Haltung? Es ist die Angst des Egos, sich in Nichts aufzulösen. Es ist die Angst des Verstandes, dass wir womöglich „den Verstand verlieren". Im vollkommen ekstatischen Tanz gibt es tatsächlich kein Ego mehr und keinen Verstand. Stattdessen gehen wir vollkommen in unserer Seele auf – geht unsere Seele in uns auf. Wir lassen zu, dass sie uns ganz und gar erfüllt. So schwingt in uns der Geist unseres Ursprungs und führt uns in den Tanz aller Tänze – in unseren Tanz des Lebens hinein.

Stell dir vor, du bist ganz ungestört in einem Raum. Du schließt die Augen und versuchst, in dich hineinzuhören. Vielleicht legst du im Hintergrund deine Lieblingsmusik auf. Musik, die dir Freude bereitet, die dich beschwingt, die dir gefällt. Kein Mensch kann dich sehen. Keiner beurteilt dich, außer dein Verstand und dein Ego. Deshalb stelle die beiden doch einfach gedanklich beiseite. Schick sie einfach fort. Also – keiner ist mehr da, der dich stört! Oder doch noch ein „ICH will nicht?" Ein Rest Verstand, ein Quäntchen Ego? Schick sie endgültig weg! Spüre in dich hinein, wie fühlt sich deine Seele an, was sagt sie zu den Klängen? Ist es ihr Rhythmus? Ist die Musik, die du hörst, auf ihrer Wellenlänge? Wenn ja, dann spüre, was geschieht. Andernfalls ändere die Musik oder mach sie aus und höre in dich – in deine Stille hinein –, bis du irgendwann entweder zarte Klänge hörst oder einen Rhythmus fühlst oder irgendetwas anderes, das in dir schwingt. Versuche ganz zwanglos, dies wahrzunehmen. Kein Muss, dies in deinem Körper umzusetzen, kein „Ich soll darauf reagieren." Lass es los, lass alles los und gib dich ganz dem hin, was du hörst oder empfindest. Völlig zwanglos. Sei frei, sei frei wie ein Vogel und genieße dieses So-*Sein*. Dieses Hier-*Sein*. Dieses Da-*Sein*, so wie es ist. Fühle, wie schön und frei es sich anfühlt, ohne Gedanken und Worte einfach nur hier zu *sein*. Fühle, wie glücklich deine Seele ist, einmal exklusiv wahrgenommen zu werden und im Mittelpunkt zu stehen. Fühle, wie du im Zentrum deines Lebens angekommen bist.

Und wenn dich dieser Zustand in Schwingung versetzt, dann lass es schwingen. Lass die Bewegungen zu, die kommen wollen. Und wenn dein Verstand dahergeflogen kommt, dann lass ihn vorbeifliegen, lass ihn ziehen und kehre zurück in dein Inneres. Wenn da ein Impuls ist, deinen Körper zu bewegen, dann gehe ihm nach – lass ihn zu. Du hast Arme und Beine, die so beweglich sind, dass du fast alles mit ihnen anstellen kannst. Du kannst sie sanft oder kraftvoll in den inneren Rhythmus einbeziehen, mit deinen inneren oder den äußeren Klängen schwingen lassen. Alles tun oder lassen, wonach dir gerade innerlich zumute ist. Ja, hab Mut und lass dich ganz fallen. Hineinfallen in vielleicht den ersten, bewussten Tanz deines Lebens. Und wenn dein Körper eine Behinderung hat, dann bewege das, was du bewegen kannst, oder lass die Bewegungen in deiner Fantasie ablaufen. Sei der Seelentänzer, die Seelentänzerin. Nutze den ganzen Raum, der dir zur Verfügung steht. Gehe oder tanze umher. Drehe dich oder hüpfe im Takt. Es gibt keine Regeln, es gibt keine Formen, die vorgegeben sind. Du bist vollkommen frei, alles, was aus deinem Inneren heraus will, auszuleben. Und wenn du deine ersten Schritte, deine ersten Bewegungen gemacht hast, dann lass es richtig aus dir hinausfließen. Du bist der beste Tänzer deines Lebens. Keiner kann deinen Tanz so gut wie du selbst tanzen. Deine Seele kann sich nur durch dich Ausdruck verleihen. Niemand anderes kann das für dich tun. Auch wenn du in der so genannten zivilisierten Welt lebst, kannst du dennoch ganz unzivilisiert sein. Ganz ursprünglich, ganz natürlich – vollkommen authentisch mit dem, was in dir ist und da heraus will. Wenn du mitsingen möchtest, dann tu es, wenn nicht, lass es bleiben. Alles kann, nichts muss. Wenn es dir zu viel wird, dann mach eine Pause oder beende für heute deine neuen Erfahrungen mit der Freiheit des Tanzens. Es ist gut, wenn du dich vielleicht noch ein paar Minuten hinlegst und das Ganze nachklingen lässt. Spüre nach und entspanne dich, lass alles los und kehre erst am Ende deiner Entspannungsphase in dein Verstandesdenken zurück. Wenn du dir auf diese Weise immer wieder, möglichst einmal am Tag, Zeit nimmst für deinen kleinen Seelentanz, wird nach und nach ein ganz großer Tanz daraus werden. Denn der Tanz des Lebens ist viel mehr, als sich einfach nach irgendeiner Musik zu bewegen. Der Tanz des Lebens ist die tief verwurzelte Absicht deiner Seele, ihrem Leben auf die allerschönste Art und Weise hier in dieser Inkarnation Ausdruck zu verleihen. Deine Seele will ständig tanzen, nicht nur einmal am Tag. Deine Seele ist die Meisterin des Tanzes. Ihre Schwingungsfrequenzen sind derart hoch, harmonisch, beschwingt und liebevoll, dass es jammerschade wäre, wenn du sie nicht aufnimmst und in dein Leben integrierst. Hab Mut und suche den Kontakt zu deiner Seele. Versuche, ähnlich wie bei deiner Tanzsession, in jedem Augenblick deines Lebens deine Seele wahrzunehmen. Wenn dir dies mehr und mehr gelingt, werden sich die Frequenzen der Freude, der Harmonie, der Glückseligkeit und der Liebe in allen Bereichen deines Lebens ausbreiten. Diese Schwingungen werden Beschwingtheit in dein Leben bringen. Du schwingst schließlich ganz und gar mit, dein Körper schwingt mit, all deine Zellen, deine Organe, schließlich alles, was dich ausmacht, und irgendwann stellst du fest, dass sich dein Denken verändert hat. Du denkst anders über den Tanz des Lebens, da du ihn erfahren hast, integriert hast in dein Leben und nun auch die Schwingungen deiner Gedanken konform gehen mit denen deiner Seele. So entfaltet sich die Leichtigkeit, die Beweglichkeit und die Beschwingtheit auch in deinen Gedanken und nimmt ihnen die Schwere. Heiterkeit und Frohsinn breiten sich aus, wo vorher vielleicht Trübsal und Traurigkeit zu Hause waren. Du fühlst dich frei und ungezwungen, lebendig und mitten im Fluss des Lebens. Nun erkennst du, wie jeder Tag ein Geschenk des Universums für dich ist, wie kein noch so wertvoller Diamant die Kostbarkeit eines jeden Augenblicks erreichen könnte, denn die einzige Möglichkeit, tatsächlich zu leben, ist JETZT. Tanze deinen Tanz des Lebens in jedem Augenblick, so wird sich dein Leben von Moment zu Moment ganz und gar erfüllen!

31 Seelenerfahrungen

„Durch bloßes logisches Denken vermögen wir keinerlei Wissen über die Erfahrungswelt zu erlangen; alles Wissen über die Wirklichkeit geht von der Erfahrung aus und mündet in ihr."
ALBERT EINSTEIN

Für unsere Seele ist es eine der größten Erfahrungen, ein Leben hier auf der Erde zu erfahren. Diese große Erfahrung beinhaltet wiederum eine Vielzahl von Erfahrungen, die sich über die Jahre des Lebens verteilen. So machen wir in jedem Jahr neue Erfahrungen, in jedem Monat, in jeder Woche, an jedem Tag, in jeder Stunde, in jeder Sekunde, in jedem Augenblick. Erfahrbar ist jedoch jede Erfahrung nur in dem jeweiligen Augenblick, in dem sie geschieht. Deshalb ist es wichtig, dass wir mit unserer Aufmerksamkeit möglichst in der Gegenwart des Augenblicks bleiben, um unser Leben wirklich zu erfahren. Fühle jeden Augenblick, fühle in ihn hinein und entdecke, welche Erfahrung in ihm steckt. Wie fühlt sich diese Erfahrung an? Fühle, ohne zu beurteilen oder zu verurteilen – bleib neutral, bleib in deiner Mitte.

Versuche, so gut es geht, im Hier und Jetzt zu bleiben, und gestatte deinem Verstand möglichst wenig, in die Zukunft oder in die Vergangenheit abzuschweifen, denn sonst kann es sein, dass du deine Erfahrungen gar nicht richtig mitbekommst. Um sie wahrzunehmen, ist es besonders wichtig, dass du auch eine innere Wahrnehmung entwickelst. Denn die bloße Anwesenheit deines Verstandes in der Gegenwart hätte zur Folge, dass er dir alles, was passiert, fein säuberlich zerlegt, beurteilt und verurteilt. Er würde in gute und schlechte Erfahrungen unterscheiden. Er würde die schlechten verteufeln, gegen sie ankämpfen oder sie nicht wahrhaben wollen. Er wäre auch mit den scheinbar guten Erfahrungen nicht zufrieden, da er noch mehr davon haben wollte. Unsere Seele hat aber einen ganz anderen Bezug zu den Erfahrungen unseres Lebens. Für sie gibt es keine guten oder schlechten Erfahrungen. Für sie ist alles, was wir erleben, ein Lernprozess. Jede Erfahrung, die wir machen, hat den Sinn der Weiterentwicklung. Es geht vor allem um das innere Wachstum. Oftmals wachsen wir durch unsere scheinbaren Niederlagen. Oftmals gehen wir nach einer Krankheit gestärkt hervor. Oftmals erkennt unser Verstand erst hinterher, welcher Sinn in einer scheinbar schlechten Erfahrung steckt. Je mehr wir unser Leben aus unserem Seelenbewusstsein heraus erfahren, umso größer wird unsere Einsicht, dass wir nicht gegen unsere Erfahrungen ankämpfen, sondern wieder in den Fluss des Lebens zurückkehren sollten. Aus unserer inneren Aufmerksamkeit heraus entdecken wir in jedem Moment, welche Erfahrungsmöglichkeiten sich uns offenbaren und anbieten. Wir entdecken immer mehr den eigentlichen Sinn unserer Erfahrungen. Unsere Fehler, Missgeschicke und Patzer, die wir bisher gemacht haben, bezeichnen wir nicht mehr als solche. Es sind einfach Erfahrungen in unserem Leben, aus denen wir lernen. Es gibt keine sinnlosen Zufälle im Leben, denn alles, was uns zufällt, hat auch seinen tieferen Sinn. Alles, und möge es auch äußerlich betrachtet noch so unverständlich erscheinen, hat seine Ordnung. Alles fließt ineinander und wir schwimmen inmitten dieses Lebensflusses – wir sind ein Teil von ihm.

Jeder von uns ist ein Teil einer noch viel größeren Erfahrung, die das Universum selbst durch uns macht. Wir sind der individuelle Ausdruck des Universums. Das Universum drückt sich durch uns selbst aus. Wir sind ein Teil Gottes, manche drücken es als „Kinder Gottes" aus. Unsere Kinder sind auch eigenständige Wesen und doch sind sie ein Teil von uns, bringen etwas von uns in diese Welt. So bringt jeder von uns etwas ganz individuelles Göttliches in diese Welt – etwas Einmaliges, das so auf diese Weise nur einmal existiert. Inmitten der Wunder göttlicher Schöpferkraft sind wir ein Teil dieser Schöpfung, ein individuelles, einmaliges Wesen, das durch sein Bewusstsein in der Lage ist, seine eigene Erfahrung hier auf der Erde im Glanz des göttlichen Lichtes wahrzunehmen. Wir sind also kein Zufallsprodukt der Evolution, das sich hier für ein paar Jahre irgendwie durchschlägt, bis es sich dann irgendwann in der Vergessenheit verliert. Unser Dasein ist nicht zufällig, sondern hat seine Bestimmung. Als Geheimagent hätten wir gleich drei Lizenzen mitbekommen: die Lizenz zu leben, die Lizenz zu lieben und die Lizenz, das Leben zu erfahren. Doch jedes Geheimnis lüftet sich irgendwann einmal – es lüftet sich, wenn es entdeckt wird. Die größte Entdeckung, die wir machen können, ist die Liebe, durch die wir erst fähig sind, wahrhaftig zu erfahren. Man könnte sich die Liebe vielleicht wie eine 3D-Brille vorstellen, mit der man einen 3D-Film im Kino erst richtig sehen kann. Nur dass die Liebe nicht drei-, sondern vieldimensional ist – ihre Dimensionalität ist nicht begrenzt. Das Bewusstsein der Menschen ist heutzutage so weit, dass wir über diese Dinge offen sprechen können – alle Geheimnisse lüften sich mehr und mehr. Während unser kollektiver Verstand über so viele Jahre die Einheit des Lebens in einzelne Lager aufgeteilt hat, wie Politik, Wirtschaft, Religion, Esoterik, Länder, Rassen usw., zerfließen diese Grenzen heute immer mehr in den Lebensstrom der Wahrheit hinein. Wer diese Wahrheit bereits wahrnehmen kann, der weiß, dass Spiritualität in allem und jedem steckt. Alles ist göttlich, aus göttlicher Substanz erschaffen, deshalb ist auch alles spirituell. Alle Erfahrungen, die wir machen, dienen einem höheren übergeordneten Zweck und gleichzeitig unserem individuellen Zweck als Individuum.

Die Position unseres Bewusstseins entscheidet darüber, wie wir unsere Lebenserfahrungen wahrnehmen und wie sie künftig unser Leben beeinflussen. Je mehr wir unsere Erfahrungen aus der Perspektive des Denkers erleben, umso problematischer werden uns diese Erfahrungen vorkommen und dadurch das Bild unseres Lebens prägen. So könnten sich Sätze wie diese oder ähnliche in unserer Erinnerung manifestieren (oder in unserem Denken festsetzen): „Hätte ich doch damals bloß nicht so früh geheiratet!" „Warum muss mir dies und das passieren …?" „Das war der größte Fehler meines Lebens!" – Je mehr wir jedoch mit unserem Bewusstsein aus unserer Seelenpräsenz heraus leben, umso mehr sind wir in der Lage, uns dem Fluss des Lebens anzuvertrauen. Ein vollkommen authentischer, gegenwärtiger Mensch, der im Licht der Wahrheit lebt, nimmt seine Erfahrungen wahr als das, was sie sind, ohne sie durch seinen Verstand infrage zu stellen oder ein Problem aus ihnen zu machen. In seinen Gedanken sind eher Sätze wie diese wahrscheinlich: „Ich bin dankbar für jede Erfahrung, die ich in meinem Leben machen darf!" „Die Täler in meinem Leben führen mich auf die höchsten Berge hinauf!" „Ich erfahre in allem, was mir begegnet, die Schönheit des Lebens!"

Wie erfährst du dein Leben – jetzt? Ist es ein Leben voller interessanter Erfahrungen, die dein Leben bereichern? Kannst du die Schönheit und Vollkommenheit deiner äußeren und inneren Welt wahrnehmen? Kannst du alle Erfahrungen, die du machst, unabhängig von ihrer äußeren Form, annehmen und in ihnen einen tieferen Sinn erkennen? Wenn dies alles bei dir zutrifft, dann bist du wohl mit dir und der Welt im Reinen und schwimmst mit deinem Bewusstsein im Lebensstrom der wahrhaftigen Liebe von Erfahrung zu Erfahrung.

Oder fühlen sich deine Erfahrungen in deinem Leben eher uninteressant, unschön, unvollkommen oder gar unannehmbar an? Haderst du oft mit der Vergangenheit, fühlst dich vom Leben übergangen, ausgenutzt oder betrogen? Kämpfst du ständig gegen die Erfahrungen deines Lebens an, da du sie als Hindernis oder als dir feindlich gesinnt betrachtest? Siehst du deine Erfahrungen eher negativ als positiv und siehst du hinter alldem, was dir widerfährt, keinen rechten Sinn? – Vermutlich erfährst du dein Leben, wie wohl die meisten Menschen, irgendwo zwischen diesen beiden Wahrnehmungen.

Die einzige Möglichkeit, dich der positiven Art der Wahrnehmung zu nähern, ist, bewusster zu werden. Je mehr du ins Fühlen anstatt ins Denken hineingehst, umso mehr kannst du jede deiner Erfahrungen als ein Geschenk betrachten, als ein Samenkorn, aus dem die Klugheit wächst, wenn du es annimmst und es mit dem Wasser der Liebe tränkst. Kämpfe nicht gegen deine Erfahrungen an, sondern umarme sie, denn sie sind ein Teil von dir. Schenke ihnen deine fühlende Aufmerksamkeit und so werden sich deine Erfahrungen mehr und mehr als Segen erweisen, und sie verwandeln sich nach und nach auch in ihrer äußeren Form in Schönheit, Freude, Harmonie, Frieden und Liebe.

32 Seelenfühlen

Schon Aristoteles erkannte, dass der Mensch normalerweise fünf Sinneswahrnehmungen besitzt, und auch heute noch bezeichnen wir das Sehen, Hören, Schmecken, Riechen und Tasten als unsere klassischen fünf Sinne. Die moderne Physiologie hat diese durch den Temperatursinn, die Schmerzempfindung, den Gleichgewichtssinn und die Körperempfindungen erweitert. Doch diese Einteilungen sind allesamt aus denkerischen Prozessen entstanden und entsprechen eher der männlichen Art, menschliche Wahrnehmungen zu interpretieren. So versucht sich das Männliche möglichst an der Oberfläche festzuhalten, orientiert sich vorrangig an offensichtlichen Fakten, anerkennt vornehmlich Bewiesenes als Wahrheit und hält vor allem das, was sein Verstand be-greifen kann, für existent. Alles, was dem jedoch zu widersprechen scheint und trotzdem nicht völlig geleugnet werden kann, wird als übersinnliche Wahrnehmungen bezeichnet und bestenfalls der undefinierbaren Kategorie eines vage für möglich gehaltenen sechsten Sinnes zugeordnet.

Das Weibliche hingegen hat ganz eigene Qualitäten der Sinneswahrnehmungen und eine ganz andere Art, diese zu interpretieren. Das hat grundsätzlich nichts mit Männern oder Frauen zu tun, da jeder Mensch sowohl Männliches wie auch Weibliches in sich trägt – selbst im physischen Sinne –, denn in jedem Menschen gibt es z. B. sowohl männliche als auch weibliche Hormone. Dennoch tun sich Frauen normalerweise leichter damit, die Welt und ihre eigene Existenz mehr zu er-fühlen, anstatt dem männlichen Prinzip folgend Sinneswahrnehmungen denkerisch erleben zu wollen.

„Wenn mein Herz nicht spricht, dann schweigt auch mein Verstand", sagt die Frau.
„Schweige, Herz, damit der Verstand zu Worte kommt", sagt der Mann.
MARIE FREIFRAU VON EBNER-ESCHENBACH

Wenn du eine Frau bist, die fest mit ihrer Weiblichkeit verbunden ist, die Zugang zu ihrer intuitiven Mitte hat, dann wird es dir leichtfallen, die Worte deines Verstandes aus deinem Herzzentrum zu nähren, um damit deiner inneren Welt des Fühlens Ausdruck zu verleihen. Bist du ein Mann, wird dir dies ebenfalls gelingen, solange du dein Herz offen hältst, anstatt es zum Schweigen zu bringen. Wenn du jedoch ein Mann bist, der wie viele Männer Probleme mit dem Fühlen hat, dem diese Welt jenseits der Gedanken geradezu suspekt erscheint, dann bietet sich dir nun in den nachfolgenden Ausführungen eine gute Gelegenheit, diesen unerforschten Bereich deiner Existenz zu ergründen. Gleiches gilt für dich, wenn du eine Frau bist, die eher ihre männliche Seite lebt und deshalb ebenfalls mehr zum analytischen Erfassen von Wahrnehmungen neigt. Wer immer du bist, versuche nun ganz besonders, das Verstandesmäßige in dir zurückzunehmen, um die nachfolgenden Worte mit deinem Herzen zu erfühlen, anstatt sie mit deinem Verstand verstehen zu wollen. Denn das Unfassbare kann man nicht fassen. Das Unbegreifbare kann man nicht greifen – nicht be-greifen. Die Welt des Fühlens kannst du dir nur durch deine natürliche Fähigkeit zu fühlen erschließen. Verlass deine gewohnte Komfortzone, die dein Verstand erschaffen hat, lass sie los und brich auf in dein Inneres:

„In mir lebt der See meines Fühlens. Unzählige Gefühlsmoleküle schweben in mir und bilden meinen inneren See des Fühlens. Dieser See bin ich selbst – in der Tiefe dieses Sees ruht mein wahres Sein. Während ich in der Gestalt meines menschlichen Wesens bisher als Denker am Ufer hin- und hergewandert bin, so oft mich selbst gedanklich umkreist habe und nur ab und zu stehen blieb, um die ruhige, gekräuselte, von Wellen durchzogene oder aufgewühlte Oberfläche meines inneren Sees zu betrachten, will ich nun die Kleider meines Denkens ablegen, um mein inneres Gewässer zu erkunden – mich selbst wiederzufinden. Zaghaft berührt die Unterseite meiner Zehen den Rand dessen, was ich selbst bin. Die ersten Wassermoleküle schmiegen sich wohltuend an meine Haut. Es fühlt sich vertraut an. Doch plötzlich, wie aus dem Nichts entstanden, rollt eine Welle klaren Wassers sanft heran. Großzügig umspült sie meine beiden Füße und lädt mich ein, ein Teil von ihr zu sein. Der Grund, auf dem ich stehe, der mir die Illusion von Halt und Sicherheit gegeben hat, wird weich. Das frische Wasser weicht ihn auf, fordert mich auf, das alte Ufer zu verlassen. Es zieht mich in den See hinein und ich beginne Schritt für Schritt, meinem Fühlen in mir zu folgen. Vorsichtig wate ich durch all den Unrat und den Schlamm, den hier mein Denken hinterlassen hat. Es zieht mich tiefer in den See hinein. Die Knöchel, Waden, Unterschenkel, Knie sind nun vom weichen Wasser ganz umgeben. Ich drehe mich noch einmal um, schaue zurück und kann gar nicht begreifen, warum ich nur so lange dort am Ufer war. Gräser tanzen unter mir im Wasser und necken meine Beine, als wollten sie, wie kleine Kinder, meine Aufmerksamkeit gewinnen. Schon verliere ich mich im Spiel mit ihnen und lasse all mein Sinnen um vergangene Ufer ruhen. Die Flora unter mir im Wasser wiegt sich hin und her, berührt zart meine beiden Beine. Ich drehe mich im Kreis und sehe überall die Sonnenstrahlen, die scheinbar nur für mich den weiten Weg zurücklegten, um mir das Sternenglitzern meiner selbst zu offenbaren. Euphorie steigt in mir auf. So renne ich, wie in den Kindertagen, immer weiter hinein ins kühle Nass – so weit, bis das Wasser meine Hüften ganz umschließt. Ich fühle den See, der mich umgibt. Er scheint bereit für mich zu sein – bin ich bereit für ihn? – Je weiter ich in ihn eintauche, je mehr taucht er in mich hinein. Ich stehe da – mit nichts – und bin doch unsagbar glücklich. Luftbläschen steigen wie Freudenperlen an meinen Schenkeln hoch. Ich gehe tiefer noch hinein und lasse alles los, was losgelassen werden will. Es scheint, als wäre ich ganz in mir, getragen von mir selbst, verbunden mit mir selbst. Ein wenig denkt es noch in mir, ob es auch wirklich trägt, ob ich mich doch vielleicht hier selbst verliere, ganz ohne jegliche Kontrolle? Zweifel steigen in mir auf und schon verfärbt sich da und dort das Wasser, es dreht sich überall um mich in wilden Strudeln. Meine Gedanken drehen sich mehr und mehr im Kreis, mir ist, als ob mein Denken dem Wasser seine Klarheit nähme. Dort überall vom Ufer sehe ich dunkle Schwaden in den See reinfließen. Doch halt, da höre ich im Inneren meine Stimme: „Ruhig Blut! Bleib bei dir, suche deine Mitte in dir – JETZT!" Ich schließe meine Augen, lasse los und gebe mich ganz hin, bis ich in mir die Ruhe wiederfinde. – Ich schaue in die Mitte meines Sees. Die Wogen glätten sich, es klärt und lichtet sich. Da lasse ich kühn die dünne Leine los, die mir noch letzten Halt vom Ufer meines Denkerwillens gab. Sinnhaftigkeit treibt mich hinaus, inmitten meines Selbst hinein. Die Sonne schenkt mir Wärme.

Alles fest Geformte löst sich auf, ins ewig fließende Sein hinein. Alle Sorgen und Ängste fließen dahin, verschwinden im Nichts, geklärt durch das aufsteigende Wasser unter mir. Hingebungsvoll lege ich mich ganz hinein in meine Welt des Fühlens. Und siehe da, ich bin getragen in mir selbst, vom Auftrieb jener Quelle, die in den Tiefen meines Seins entspringt, ich bin geborgen von dem Himmelszelt, das über allem, was ich bin, den Bogen spannt. Was brauche ich mehr, um ganz ich selbst zu sein? – So gehe ich nun schon lange Zeit nicht nur am Ufer auf und ab, sondern gehe mehr und mehr in mich hinein und spüre, fühle immer tiefer, was mich durch dieses Leben trägt und was der Urgrund meines Daseins ist.

Auch heute liege ich wieder einmal ganz entspannt inmitten meines tiefen Sees weitab vom Lärm der Ufer meines Denkens. Doch heute ist ein ganz besonderer Tag. Es scheint mehr Licht da draußen und da drinnen. Es ist so hell in mir, so warm. Ein jeder Sonnenstrahl scheint heute alles zu durchdringen. Es zieht mich tiefer in mich rein – es scheint der Tag gekommen, ganz hinabzutauchen in die Tiefe meines Seins. Weit aus der Ferne, dort vom Ufer ruft mir meine alte Stimme zu: „Gib acht, dreh um, du wirst ertrinken dort im Innern deines Seins!" Doch schon verhallen kraftlos die letzten Worte des Ermahnens und machen Platz für Mut und Kühnheit. In mir blüht meine jugendliche Kraft, die Unerschrockenheit, die Wildheit und Entschlossenheit. Mit ihrer Hilfe sinke ich hinab in meine wahre Welt des Seins. – Stille um mich – Stille in mir. – Aus Stille scheint das alles hier gemacht! – Farbenspiele grün und blau, gelb, türkis. – Glitzern neben mir, glitzern über mir. – Frieden überall. – Sanftheit in mir selbst. – Schönheit strahlt mich an. – Immer weiter sinke ich in mich hinein – immer tiefer, immer tiefer. Klares Wasser strömt mir mehr und mehr entgegen aus dem Quellstrom liebender Lebendigkeit. Die mich leben lässt, die das Leben ist, die mein Leben ist. Reinheit strömt in mich – Licht durchflutet mich. Perlenblasen steigen auf, senkrecht aneinander hochgereiht, wie an seidenen Fäden. Kaum ein Wimpernschlag vergeht, schon umringt mich dieses Wunder. Perlenschnur an Perlenschnur rings um mich herum. – Sorgenfrei gleite ich hinab, senkrecht inmitten dieser Wassersäule, die diese Perlenschnüre aus der Tiefe mir als Weg bahnen – immer weiter, immer tiefer zu der Quelle, die mich ruft. Doch je näher ich ihr komme, umso stärker wird der Wahrheitsstrom. Er umspült mich ganz und gar, er durchflutet jede Zelle, alles, was ich bisher war. Alles scheint er mitzureißen, meinen Willen, alles Sinnen, alles Wollen, alles Suchen lasse ich gehen. Nur das Fühlen bleibt bei mir. – Tief in mir erwache ich. Schwimme, fliege, schwebe auf der Quelle, die mich trägt und die mich nährt. Schaue hoch durch den Zylinder, der aus Perlenblasen in die Höhe steigt und mich vollkommen umgibt. Ganz von oben aus der Unendlichkeit strömt gleißend helles Licht in ihn herein. Jeder Strahl, der mich berührt, erleuchtet meine Seele und verwandelt alles, was ich fühle, in Liebe."

Was fühlst du, wenn du solche Worte hörst? Konntest du deine Gedankenwelt loslassen und mit hinabtauchen in die Tiefen deines wahren Seins? Vielleicht drängt nun aber doch dein Verstand hervor, will wieder die Kontrolle übernehmen, das, was du gehört hast, durchdenken, interpretieren, einordnen, beurteilen oder gar verurteilen. Doch, wie schon eingangs gesagt, unsere innere Welt des Fühlens lässt sich nicht allein mit unserem Verstand erfassen und verstehen. Vielleicht fällt es deinem Verstand leichter, die Existenz einer Art See des inneren Fühlens in dir zu akzeptieren, wenn du ihn daran erinnerst, dass er beziehungsweise das Gehirn, in dem er zu leben glaubt, tatsächlich zu 95 % aus Wasser besteht. Vielleicht hast du ja aber auch selbst schon ab und zu eine Reise in dein Inneres gemacht und dabei auf deine ganz individuelle Weise dein inneres Fühlen wiederentdeckt? Für die meisten Menschen ist es jedoch nicht so einfach, sich aus unserer hirnlastigen Welt wieder auf die natürliche Welt des Fühlens einzulassen. Ja, die meisten von uns haben sich von fühlenden Wesen zu denkenden Menschen entwickelt. Alles muss durchdacht, bedacht und erdacht werden. Unser ganzes Leben spielt sich mehr und mehr im Kopf ab – es ist bei vielen von uns ganz und gar „verkopft". So sehr, dass manch männlich dominiertes Hirngespinst sein eigenes Denken gar auf eine reine Rechenleistung reduziert – als wären wir nur menschliche Computer. Doch wo bleibt das Leben, was ist das Leben, was macht uns lebendig? Es ist das Fühlen, das uns lebendig macht. Je mehr du fühlst, umso mehr erlebst du alles, umso intensiver erlebst du das Leben. Es ist nicht der Gedanke an die edlen Weine in deinem Keller, der dich das Leben spüren lässt, sondern der Geruch des Weines in deiner Nase, das Fühlen des Rebentrunkes in deinem Mund, der Geschmack des edlen Saftes, den du mit deinem Gaumen wahrnimmst, das Gefühl, wenn er Schluck für Schluck deine Kehle hinunterläuft. Es ist nicht deine Fantasie im Kopf, die dich deine Ekstase beim Liebesakt ganz und gar auskosten lässt, sondern die Fähigkeit, die vollkommene Präsenz deines Bewusstseins im Fühlen dieser Wonnen zu halten und damit wirklich erleben zu können. Es ist nicht der Stolz des Vaters auf einen erstgeborenen Sohn, der dir das Wunder des Lebens offenbart, sondern das Miterleben, das Mitfühlen dieses Wunders, der Geburt menschlichen Lebens. Ja, selbst das Sterben verliert seine Entsetzlichkeit, wenn wir wieder lernen, das, was dort geschieht, zu fühlen, und wenn wir den Tod nicht aus unserem Leben verbannen, sondern ihn als etwas Natürliches annehmen und ihm seine gebührende Aufmerksamkeit schenken. Ohne das Fühlen können wir das Wesen eines Baumes, das Wesen eines Flusses, das Wesen unseres Haustiers, das Wesen unseres geliebten Menschen, unser eigenes Seelenwesen nicht erreichen – wir verpassen das Wesentliche im Leben – wir verpassen das Leben selbst. Was nützt es dir, wenn du eine Menge Geld hast, dein Bankkonto überquillt, du ein Traumhaus besitzt, dein Körper durchtrainiert und gesund ist, du einen attraktiven Partner hast und du dennoch all dies nicht fühlen kannst? Wenn in dir keine Freude darüber aufkommt, wenn du dich dabei nicht glücklich fühlst, wenn du dich innerlich leer, gelangweilt oder sogar unglücklich fühlst?

Du lebst dieses Leben nur einmal. Lerne wieder zu fühlen, damit du jeden kostbaren Moment dieses Lebens auch wirklich erlebst. Das Leben findet nicht in den Gedankenwelten über Vergangenheit und Zukunft statt, sondern im Erleben des Augenblicks der Gegenwart. Nur dort kannst du fühlen, nur dort lebst du, nur dort kannst du das Leben in seiner ganzen Fülle erleben. Nicht nur in den wohltuenden Momenten z. B. in der Sauna, während einer Massage oder beim Schwimmen im Meer kannst du bewusst fühlen. Auch bei der Arbeit, im Auto, im Bus, im Keller, beim Händewaschen, auf der Toilette, im Kino oder sonst wo kannst du deinem Leben eine völlig neue Qualität geben, den Augenblick zum Leben erwecken, indem du ihn fühlst. Nehmen wir z. B. das Händewaschen. Die meisten von uns schenken dieser Tätigkeit keine besondere Bedeutung mehr, da sie zu alltäglich, zu unwichtig erscheint. So verlieren wir uns in unseren Gedanken über das, was wir heute alles noch vorhaben, oder sinnen über Vergangenes nach. Wir sind mit unserem Bewusstsein nicht beim Händewaschen. Wir sind nicht im Hier und Jetzt. Folglich verpassen wir das Händewaschen, erleben es nur am Rande, verpassen diese Momente der Wirklichkeit des Lebens. Wir können unseren Verstand auch auf das Händewaschen fokussieren, den Wasserstrahl beobachten: „Er könnte kleiner sein, soll ich ihn verringern?" „Der Seifenspender geht zur Neige, warum hat meine Frau den noch nicht nachgefüllt?" „Ganz schön viel Wasserverbrauch, wenn ich so ausgiebig lange die Hände wasche." „Das Wasser läuft über meine Hände, ich muss meine Hände danach unbedingt eincremen." Doch die Konzentration auf eine Tätigkeit ist noch kein wahres Erleben, noch kein Fühlen dieser Momente des Lebens. Wenn du jedoch deinen Gedankenstrom unterbrichst und in das, was ist, hineinfühlst, kommst du dem Leben immer näher. Versuche dabei deinen Atem zu Hilfe zu nehmen. Indem du ihn wahrnimmst, ihn beobachtest, ihn fühlst, ohne ihn beeinflussen oder kontrollieren zu wollen, kommst du aus der Zeitschiene deiner Gedanken heraus und hinein in die Gegenwart. Nun fällt es dir leichter, z. B. das, was beim Händewaschen geschieht, zu fühlen. Nun nimmst du wahr, wie sich die Armaturen anfühlen, wie die Seife auf deine Haut gleitet, du spürst das Element Wasser auf deiner Haut, wie die Wärme des Wassers in die Tiefe deiner Hände dringt oder die Kühle des Wassers dich erfrischt und belebt. Vielleicht fühlst du auch Dankbarkeit – einfach so, ohne darüber nachzudenken. Vielleicht spürst du sogar Liebe in dir, die das Wasser dir schenkt, als ein Element dieses Universums. Jeder fühlt auf seine Weise, und bei jedem Händewaschen, das du auf diese Weise intensiv erlebst, wirst du andere Erfahrungen des Fühlens machen.

So kannst du jeden Augenblick deines Lebens erfühlen und damit immer intensiver erleben. Mit der Zeit wird dir das mehr und mehr gelingen und du wirst imstande sein, im Hintergrund dennoch deinen Verstand für die praktischen Dinge des Lebens nutzen zu können. Bei unserem Beispiel des Händewaschens kannst du dann trotzdem die weltliche Zeit im Auge behalten, sodass du pünktlich deinen Zug erreichst und nicht stundenlang im Fühlen des Händewaschens verweilst. Um das Fühlen wieder zu erlernen, um das Leben wieder zu fühlen, ist es ratsam, sich selbst daran zu erinnern. So kannst du z. B. überall die Worte Atmen und Fühlen als Erinnerung anbringen. An deinem Badezimmer- und WC-Spiegel, an deiner Pinnwand, auf dem Desktop deines

Computers, in deinem Geldbeutel usw. Erinnere dich, sooft du kannst, an das Fühlen, damit du das Leben nicht verpasst.

Jeder Tag, an dem du aufs Neue erwachst, ist wie ein neues Leben. Der Atem strömt in dich ein und mit ihm das Gefühl morgendlicher Frische, unberührten Seins und sich entfaltender Schönheit. Du fühlst in deinen Körper hinein, atmest in deinen Körper, die ganze Freude des Lebens, seine Großzügigkeit, seine Vollkommenheit, seine Wärme, Geborgenheit und Liebe. Geh mit einem offenen Herzen durch die Welt und es begegnen dir immer mehr Menschen, die wie du das Fühlen wiederentdeckt haben, die die Gegenwart des Lebens im Fühlen erleben, die mehr und mehr erwachen. Ihre Augen leuchten wie deine, sie sind wie du immer stärker in ihrer Kraft. Wenn du sie berührst, mit deiner Aura, mit deinem Blick, mit deiner Haut, sprechen die Worte von Herz zu Herz, ohne dass ihr einen Laut von euch gebt. Der See deiner Gefühle verbindet sich mit dem See deines Gegenübers. So verschwinden die Ufer der Vergangenheit und die Gefühle vereinen sich im unendlichen Ozean des zeitlosen Universums zum Mysterium des Lebens.

Dein Leben besteht aus einer Aneinanderreihung von Augenblicken, die ineinanderfließen. Jeden dieser Augenblicke, die du nicht gefühlt hast, hast du nicht erlebt. Wenn du am Ende dieses Lebens deine gefühlten Augenblicke zählst, dann weißt du, wie lange du wirklich gelebt hast.

33 Seelenemotionen

„Dem stärksten Willen fehlt oft die Kraft,
die einer zarten Emotion selbstverständlich ist."
ELFRIEDE HABLÉ

Unter dem Wort Emotionen verstehen nicht alle Menschen das Gleiche. Für die einen ist es fast gleichbedeutend mit dem Wort Gefühle. Sie bezeichnen also alle positiven wie negativen Gefühle als Emotion. Andere hingegen verstehen darunter eher diejenigen Gefühle, die ins Negative tendieren. Viele definieren eine Emotion als ein reaktionsbeladenes Gefühl, das sogar stark ins Körperliche hineinwirken kann und uns mehr oder weniger innerlich und äußerlich in Wallung oder Rage bringt. Im lateinischen Wortschatz finden wir zu den Emotionen ähnliche Hinweise (*motio, movere, motum:* bewegen, erregen, erschüttern und *emovere:* hinaus-, wegschaffen, entfernen erschüttern). Die meisten Menschen verbinden mit ihren Emotionen tatsächlich mehr oder weniger intensive negative Gefühlserfahrungen, wie Ärger, Wut, Traurigkeit, Enttäuschung, Verletzung, Frustration, Schuld, Verzweiflung oder Angst. Deshalb ist es verständlich, dass viele dazu neigen, ihre Emotionen zu unterdrücken. Übrig bleiben müssten dann eigentlich nur noch die positiven Gefühle.

In unserer dualen Welt lassen sich jedoch die Gegensätze nicht trennen. Wer die Medaille der Traurigkeit in den See wirft, wirft gleichzeitig deren Rückseite, die Freude, weg. Wer die Angst nicht überwindet, kann keine Furchtlosigkeit erlangen. Schuldlosigkeit entsteht aus der Vergebung von Schuld. Wenn du die Münze der Wut, die du aus unedlem Metall geprägt hast, umdrehst und ins Licht der Wahrheit wendest, verwandelt sie sich in die edelmetallene Goldmünze der Liebe. Auch wenn sich dies für deinen Verstand vielleicht allzu mystisch anhört, so ist das dennoch keine Geschichte aus der Fabelwelt, sondern es ist die Wahrheit des Lebens selbst. Jede Emotion kann ins Gegenteil verwandelt werden. Nehmen wir die Wut als Beispiel. Wer kann von sich behaupten, er sei ihr noch nie begegnet? Sie ist in uns, genauso wie die Liebe. Doch wer ist in der Lage, diese Wut in sich wirklich zu spüren, sie ganz und gar zu fühlen? Viele Menschen glauben, wenn sie wütend sind, sei dies das Fühlen von Wut. Doch wer sich mit seiner Wut identifiziert, sie mehr und mehr zulässt und durch sein Denken das Feuer der Wut weiter und weiter schürt, der hat sich schließlich wutentbrannt ganz und gar in der Denkerposition seines Egos verfangen. Der ist mehr und mehr in seiner Emotion namens Wut gefangen. Dieser Mensch fühlt nicht mehr, wie sich Wut anfühlt, er ist selbst zur Wut geworden. Er ist ein Wütender oder, besser gesagt, er lebt in der Illusion des Wütenden. Doch ein wütender Mensch hat kaum eine Chance, geliebt zu werden. Die Menschen lehnen ihn ab, schließlich lehnt er sich selbst ab, es fehlt ihm an Liebe, an Selbstliebe. So wird er letztlich wütend auf die Wut, wütend auf sich selbst. Um diesem Teufelskreis zu entrinnen, versucht er, der im Ego verfangene wütende Denker, die Wut auf irgendeine Art und Weise wieder loszuwerden. Das geschieht meist durch die Projektion auf andere. Irgendjemand da draußen muss die Ursache für meine Wut sein, er muss die Schuld dafür tragen. Ihn zu bekämpfen, klein zu kriegen, in die Schranken zu weisen oder gar zu vernichten scheint die Lösung für unser Ego zu sein. Denn dadurch wäre die Ursache für unser Wütend-Sein beseitigt und gleichzeitig würde sich unsere Wut auflösen. Außerdem ginge unser Ego als Sieger hervor, würde dadurch sein Dasein weiter rechtfertigen und wir hätten wieder einmal die Gewissheit, auf der Seite der Guten, der Unschuldigen zu stehen.

Doch dieser Kampf gegen die Wut, gegen all unsere unangenehmen Emotionen, ist ein endloser und gleicht dem des Don Quichotte, der gegen die Windmühlen kämpft und niemals gewinnen kann. Emotionen kann man nicht bekämpfen, vernichten oder anderen aufbürden. Eine Fata Morgana ist unbesiegbar – doch so, wie sie aus dem Nichts entstanden ist, kann sie auch wieder ins Reich des Nichts verschwinden. Es ist eine Frage des Standpunktes und eine Frage des Lichts. Wenn du also das nächste Mal den Ansatz von Wut in dir bemerkst, dann schau dir deine Wut diesmal von weitem an, so wie du eine Fata Morgana aus der Ferne betrachtest. Dieses aus heiterem Himmel entstandene Gebilde bist nicht du. Du bist ganz Seele, ein fühlendes Wesen, das einen Verstand hat, den es gebrauchen kann, aber nicht muss. Heute willst du dich nicht in deine Wut hineindenken – du beobachtest sie nur aus der

Distanz, nimmst wahr, wie sie sich aus dem Nichts bildet, wie sie aufsteigt. Merkst du, dass sie heute weniger Kraft zu haben scheint, als sonst? Du akzeptierst die Existenz dieses Wutgebildes, doch gleichzeitig weißt du, dass es machtlos ist, wenn du ihm keine Energie gibst. Du erkennst, dass dieser Wut heute die Energie des Denkers fehlt, derer sie sich bisher bedient hatte. Diese Energie schenkst du heute dir selbst, als Fühlender. Du aktivierst diese Energie über deinen Atem. Versuche beim Einatmen mit jedem Atemzug kosmische Energie in dein Herzzentrum, in deine Seele hineinzuatmen. Und stelle dir vor, dass du bei jedem Ausatmen „Liebe" ausatmest. Atme mit jedem Ausatmen diese Liebe in die Wut hinein. Versuche dabei mit deinem Bewusstsein in der Gegenwärtigkeit deiner Seele zu bleiben. Gib den Gedankenströmen, die vielleicht auftauchen, keine Macht. Hör nicht auf die Geschichten, die die Wut dir erzählen will. Bleibe mit deiner Lebensenergie in der Zeitlosigkeit des Jetzt verankert. Beobachte deine Wut weiter, schau, was unter ihr liegt, was hinter ihr ist. Ist es Verletzung, Verlust, Angst, mangelndes Selbstwertgefühl, Liebe, die fehlt? Atme Lebensenergie ein und atme die Liebe dort hinein, wo sie fehlt. Spüre hin, fühle, was da ist, fühle, wo ein Mangel zu sein scheint. Halte die Zeit an im Brennpunkt der Gegenwart. Wie fühlt sich die Wut jetzt an? Was hält sie noch am Leben? Woher kommt die Energie, die sie nährt? Was ist das für eine Energie? Schau sie an, ohne zu beurteilen, ohne zu verurteilen. Ersetze sie durch deine Liebesenergie, die du durch deinen Atem genau dort hineingibst. Halte die Wut nicht zurück, kämpfe nicht gegen sie an, sondern besänftige sie. Hab Mitgefühl mit ihr. Umarme sie, streichle sie und bitte die Gegenwärtigkeit der kosmischen Kräfte, sie zu heilen. Schenke der Wut Geduld und Liebe und beobachte, was geschieht. Wenn du deiner Wut auf diese Weise immer wieder begegnest, werden die negativen Kräfte, die sie am Leben erhalten, mehr und mehr schwinden. Sie werden nach und nach zu Staub zerfallen und die Fata Morgana der Wut wird durch das kosmische Licht in Liebe verwandelt werden. Auf diese Weise kannst du allen unangenehmen Gefühlen, allen Emotionen wie z. B. Angst, Trauer, Enttäuschung, Verzweiflung usw., begegnen, sie bis zu ihrem Grund durchdringen und mit der Kraft der Liebe auflösen. Gleichzeitig lösen sich damit auch die Energieblockaden in deinen Meridianen auf, die zu körperlichen Beschwerden geführt haben. Deine Chakren schwingen wieder in ihrem ureigenen Rhythmus und dein Leben kommt in seinen natürlichen Fluss. Sei gewiss, deine Gefühle und Emotionen sind nicht deine Feinde, sondern sie sind energiegeladene Botenträger deiner Seele, die dich in deiner Entwicklung voranbringen wollen. Ihre Aufgabe ist es, dich in die vollkommene Freiheit zu begleiten. Versuche, in deine emotionale Mitte zu kommen, indem du dich weder von deinen eigenen noch von den Emotionen eines anderen mitreißen lässt. Beobachte stattdessen deine Gefühle und Emotionen aus deiner Seelenpräsenz heraus. Lerne ihre Botschaft mit dem Herzen zu entschlüsseln. Je mehr du die extremen Pole der Dualität meidest, umso leichter gelingt es dir, dein Leben auszubalancieren. Entwickle und verändere dich durch die Kraft der wahren Liebe, die in dir steckt und die es dir ermöglicht, durch das Tor deines Herzens hindurchzugehen, um in das Reich jenseits der Dualität einzutreten. Dort, inmitten deiner Seele, findest du dein vollkommenes inneres Gleichgewicht, indem du in der Gegenwart des Göttlichen ruhst.

34 Seelenmasken

*„Wer nicht weiß, dass er eine Maske trägt,
der trägt sie am vollkommensten."*

THEODOR FONTANE

*D*er, der eine Maske trägt, möchte sich vor etwas schützen, will etwas verbergen oder stellt etwas anderes zur Schau, als er in Wahrheit ist. Es gibt äußere Masken, die wir bewusst tragen und die als solche auch gleich erkannt werden. Zum Beispiel gibt es Schutzmasken, die uns vor Kälte, Hitze, Staub oder Wasser schützen. Kriminelle Täter vermummen sich, verbergen ihr Gesicht mit einer Maske, um unerkannt zu bleiben. Die Maskenträger des Karnevals schlüpfen in eine andere Identität hinein, wollen eine andere Rolle spielen als die in ihrem alltäglichen Leben. Manche von ihnen verstecken sich aber auch hinter ihrer Fastnachtsmaske, um wenigstens einmal im Jahr ungelebte Aspekte ihres Inneren auszudrücken, die sie sich ohne Anonymität nicht getrauen würden zu zeigen.

Doch dieses Rollenspiel der Masken findet nicht nur zur Zeit des Faschings und Karnevals statt. Wenn wir durch die Augen der Wahrhaftigkeit blicken könnten, würden wir erkennen, dass die meisten von uns dieses Spiel der Maskerade ihr ganzes Leben hindurch spielen. Wir haben verlernt, ganz und gar authentisch in unserer Seele verankert zu sein und aus dieser inneren Mitte heraus unser Leben zur Entfaltung zu bringen. Stattdessen spielen wir den Starken, obwohl wir uns innerlich eher schwach fühlen. Wir spielen die Schöne, obwohl wir uns nie schön genug vorkommen. Wir spielen den Gehetzten, obwohl wir uns nichts sehnlicher als die Ruhe wünschen. Wir spielen die Gebräunte, obwohl unsere Haut hell ist. Wir spielen Selbstsicherheit, obwohl in uns Unsicherheit dominiert. Wir zeigen unser Sonntagsgesicht anstelle unseres wahren Inneren. Wir spielen den liebenswerten Menschen, obwohl wir uns selbst nicht lieben.

Anfangs spielen wir diese Rollen meist bewusst, doch mit der Zeit können sie so zur Gewohnheit werden, dass wir irgendwann selbst glauben, wir seien der, den wir spielen, und nicht der, der wir wahrhaftig sind. Dann haben wir unsere Authentizität verloren.

„Ist doch unsere zivilisierte Welt nur eine große Maskerade."
ARTHUR SCHOPENHAUER

Doch wie kommt es, dass Millionen von Menschen dieses Spiel des Verschleierns und der Täuschung spielen? Weshalb belügen wir die anderen? Weshalb belügen wir uns selbst? Wer erhält diese Unaufrichtigkeit aufrecht und was hat unsere Seele damit zu tun? – Nicht unsere Seele maskiert sich, sondern unser Verstand maskiert sich und verdeckt damit auch unsere Seele. Unsere Seele ist es nicht, die sich schützen, maskieren und eine andere Rolle spielen möchte – ganz im Gegenteil. Sie hat den Willen, den Mut und die Kraft, ungeschützt und offen aufzutreten. Sie hat keinen Grund, sich zu maskieren, denn sie will sich zusammen mit unserem Körper vollkommen frei und authentisch auf der Bühne dieser Welt bewegen und den Geist des wahren Lebens entfalten, der in ihr wohnt. So beginnt ein jeder von uns dieses Spiel des Lebens. Wenn wir ein Baby intensiv beobachten, das im harmonischen Umfeld seiner Familie lebt, entdecken wir in jeder Geste, in jeder Mimik und in jedem Laut vollkommene Authentizität. Es ist noch völlig mit der Natur des Lebens verbunden. Leider verlieren unsere Kinder meist ihre Naturverbundenheit und damit ihre Authentizität im Laufe ihres Heranwachsens immer mehr.

Das Gegenteil ist bei vielen Naturvölkern der Fall, die noch auf unserer Erde leben. Diese Kulturen sind nicht nur viel stärker mit der Natur verbunden als wir, sondern sie betrachten sich selbst als einen Teil dieser Natur. Sie fühlen die Erde noch unter ihren Füßen, sie riechen das Gras, die Blumen und die Blätter der Bäume, sie baden im natürlichen Wasser des Lebens. Ihre Gesichter zeigen ihre Lebendigkeit, ihre Blicke offenbaren ihr Inneres. Ihre Bewegungen wirken frei und ungekünstelt. Ihre Tänze sind Ausdruck ihrer Seele. Sie haben uns in ihrer Einfachheit die Fähigkeit voraus, ihren inneren und den äußeren Kosmos zu spüren und beide miteinander als Einheit wahrzunehmen. Ihre

Kinder wachsen in dieser natürlichen Art zu leben auf und so bleiben sie auch als Erwachsene authentisch wie ihre Eltern und Großeltern von Generation zu Generation – solange wir diesen Kreislauf nicht zerstören. Viele dieser Völker leben ein spirituell bewusstes Leben. Während wir gerade beginnen, über Achtsamkeit gegenüber Mensch und Natur zu diskutieren, und nach und nach erkennen, dass alles mit allem verbunden ist, leben diese Menschen seit Jahrhunderten und Jahrtausenden ihr Leben in der Gewissheit dieser Erkenntnisse auf authentische Weise im Einklang mit der Natur – ohne Maskerade. Doch weshalb entziehen wir unseren Kindern ihre Authentizität? Warum schauen wir uns Tag für Tag das Leben anderer im Fernsehen an, anstatt unseren Kindern zu zeigen, dass das eigene Leben nicht in einem Flachbildschirm stattfindet, sondern wahrhaftig selbst gelebt werden möchte? Wieso kaufen wir ihnen lieber ein Zimmer voller elektronischer Spielereien, anstatt mit ihnen in den Wald zu gehen und das Abenteuer Leben gemeinsam zu entdecken? Weshalb erziehen wir unsere Kinder zu angepassten, funktionsfähigen und egoistischen Menschen, anstatt sie sich frei entfalten zu lassen und ihre Kreativität zu fördern? Warum vermitteln wir ihnen, dass Streben nach Geld und Konsumgütern wichtiger sei als Zufriedenheit und Liebe? Was ist der Grund, warum wir ihnen nicht unser wahres Gesicht zeigen, unsere Träume, unsere Hoffnungen, unser Unzulänglichkeiten, unsere Unsicherheiten, unsere Ängste und unsere Sehnsucht nach Geborgenheit und Liebe?

Doch wie könnten wir auch, da wir doch selbst genauso erzogen wurden. Sicherlich hatten unsere Eltern, genau wie wir, das Bestreben, das Beste aus den Kindern „zu machen". Doch das Beste für einen Menschen steht in der Seele desjenigen geschrieben, und es ist nicht das, was wir uns für ihn in unserem Kopf vorstellen. So kommt es, das unsere Kleinsten auf ihrer Entdeckungsreise in ihre Welt nicht nur an den Kanten von Möbeln anstoßen, sondern auch an den Kanten unseres Egos. „Das macht man nicht." „Das darf man nicht!" „Setz dich gerade hin!" „Sei still, ich will jetzt meine Ruhe!" „Ein Junge weint nicht!" „Wenn du das noch einmal machst, werde ich dich bestrafen!" „Aus dir soll schließlich mal was Gescheites werden!" Natürlich müssen in der Erziehung Grenzen gesetzt werden. Nicht alles im Leben ist möglich. Doch innerhalb der abgesteckten Begrenzungen brauchen unsere Kinder Freiraum, um sich entfalten zu können, um ihrer Kreativität Ausdruck zu verleihen. Sie müssen lernen, eigene Entscheidungen zu treffen. Erziehen bedeutet nicht, unsere Kinder so hinzubiegen, wie es uns passt oder wie wir meinen, dass sie am besten in diese Gesellschaft passen. Sonst werden sie zu Maskenträgern, genau wie wir. Sonst werden sie ihre Gefühle unterdrücken, ihre Tränen, ihre Wut, ihre Sorgen und Ängste. Sonst werden ihre Gesichtszüge zu Masken, die all das verbergen, was in ihnen steckt, aber nicht gelebt werden darf. Das Schlimmste, was wir jedoch uns selbst antun können und damit auch unseren Kindern, ist, in der Position des Denkers und des Egos zu verharren, denn dort fehlt die Liebe, die wir genauso nötig haben wie unsere Kinder. Das Ego sagt zwar auch zu seinem Kind, dass es das Kind liebe, doch diese Liebe ist keine wahre Liebe, sondern eine egoistische. Sie ist an Bedingungen geknüpft. „Wenn du schön brav bist und dein Zimmer aufräumst, liest dir Mama noch eine Gutenachtgeschichte vor." „Wenn du dies und das tust, bekommst du eine Belohnung." Doch was ist, wenn das Kind nicht brav war, wenn es nicht tut, was unser Verstand will? Das Ego antwortet mit Entzug von Liebe. Es beschimpft das Kind, bezichtigt es, böse zu sein, entzieht Nähe, Wärme, schlägt wütend die Tür zu. Es schenkt seine Liebe nur als Bezahlung für Leistung und Gehorsam. Die Seele hingegen hält wahre Liebe bereit. Sie nimmt das Kind liebevoll in den Arm, streicht über seinen Kopf und erklärt ihm die Situation in aller Ruhe. Auch wenn das Kind wütend reagiert, beschließt sie den Tag mit ihm in Harmonie, wünscht dem Kind eine gute Nacht und schließt friedvoll die Türe.

Wir müssen nicht warten, bis die Politik, die Wirtschaft oder die Gesellschaft sich ändern. Wir haben es selbst in der Hand, unser Leben augenblicklich zu verändern. In dem Moment, in dem wir mit unserem Bewusstsein vom Denken ins Fühlen, vom Ego in unsere Seele überwechseln, unterbrechen wir sofort das Spiel der Maskerade. Von diesem Augenblick an fallen nach und nach all die Masken, die wir wissentlich oder unwissentlich getragen haben. Wir erblicken dann vielleicht noch nicht die Reinheit inmitten unserer Seele, sondern es offenbaren sich uns die Wunden, Narben und Verschmutzungen, die an der Oberfläche unseres wahren Seins haften, doch nun ist der Weg frei für die Heilung.

„*Gesichtszüge, welche die Geheimnisse unserer Seele enthüllen, verleihen einem Gesicht Schönheit und Anmut, selbst wenn diese seelischen Geheimnisse schmerzlich und leidvoll sind. Gesichter hingegen, die – Masken gleich – verschweigen, was in ihrem Innern vorgeht, entbehren jeglicher Schönheit, selbst wenn ihre äußeren Formen vollkommen symmetrisch und harmonisch sind.*"

KHALIL GIBRAN

35 Seelenheilung

Heilung ist eines der zentralen Themen unseres Menschseins. Heilung geschieht durch die gegenwärtigen kosmischen Kräfte in uns. Heilung ist ein heiliger Akt der Gnade, der uns wieder in unser ursprüngliches Heil-Sein – in das Geborgen-Sein im Göttlichen zurückführt. Viele traditionelle, fernöstliche und schamanische Kulturen haben sich ihre Naturverbundenheit und Spiritualität bis heute bewahrt. Für sie ist es selbstverständlich, die kosmischen Kräfte in ihre Heilmethoden mit einzubeziehen und diese als deren wichtigste Bestandteile anzuerkennen. Aber auch in unserer Kultur hat sich das Wissen um das Wirken dieser Kräfte in den verschiedensten Bereichen der Alternativmedizin bewahrt und ist die Basis, auf der viele Heilmethoden aufbauen. Durch die globale Vernetzung der Welt, den Austausch der Kulturen, die Schwingungserhöhung der Erde und die offensichtlichen Heilerfolge haben sich nun auch immer mehr Forscher und Ärzte diesem Kernpunkt des Heilens gewidmet. Die Heiler, Medizinmänner, Schamanen, Ärzte und Helfer, die auf der Grundlage dieser Erkenntnis ihre Heilkünste anwenden, sehen sich selbst nicht als diejenigen an, die Heilung vollbringen, sondern verstehen sich lediglich als Kanal göttlicher Energie, als Übermittler heilender universeller Kräfte. Die kosmische Intelligenz – die wir im Wirken in uns auch als Selbstheilungskräfte bezeichnen – steuert, reinigt, repariert und heilt nicht nur unseren Körper, sondern auch unseren Geist und unsere Seele.

Obwohl sich einzelne Bereiche unserer modernen Medizin langsam für die Anerkennung einer höheren Intelligenz öffnen, liegt der Hauptfokus der westlichen medizinischen Forschungen und der daraus entwickelten Behandlungsmethoden immer noch auf dem Bekämpfen von Krankheiten und konzentriert sich dabei überwiegend auf unsere körperlichen Symptome. Für diesen Kampf werden in den Industrienationen Jahr für Jahr riesige Milliardenbeträge ausgegeben. Doch je mehr wir kämpfen, umso weniger scheinen wir zu gewinnen. Die Ausgaben steigen immer weiter an, es kommen laufend neue Krankheitsbilder hinzu und die uns am bedrohlichsten erscheinenden Krebs- und Herz-/ Kreislauferkrankungen bekommen wir offenbar trotz intensivster Bemühungen gar nicht in den Griff. Der enorme Anstieg psychischer Erkrankungen deutet zudem darauf hin, dass in unserem Inneren mehr und mehr Probleme in Erscheinung treten. Dabei entwickelt sich unser Gesundheitssystem selbst zum schwerstkranken Patienten. Es krankt an Ineffizienz, chronischer Überlastung, übergewichtigem Verwaltungsapparat, Korruption, sich wiederholenden Anfällen von Finanznot und schiebt seinen drohenden Kollaps schon seit Jahren vor sich her. In unserer Annahme, mit noch mehr Fortschritt, technischer Entwicklung und modernster Medizin seien wir irgendwann in der Lage, unsere Körper zu heilen, verschieben wir unser vollständiges Heil-Sein in die Zukunft, obwohl wahre Heilung nur in der Gegenwart und in der Ganzheit geschehen kann. Damit entfernen wir uns immer mehr von einer der grundlegendsten Erkenntnisse über Heilung, die schon seit Jahrtausenden bekannt ist, wir aber offenbar vergessen haben:

„Willst du den Körper heilen, musst du zuerst die Seele heilen."
PLATON

Wir haben in unserer modernen zivilisierten Welt ein völlig verzerrtes Bild von uns selbst erschaffen. Je mehr wir zum Materialisten geworden sind, umso mehr hat sich unser Denken über uns selbst zu einem einseitigen Körperbewusstsein entwickelt, das unsere wahre Identität als Seele immer weiter ausblendet. Doch die Seele lässt sich nicht wegdiskutieren, wir können sie nicht abschütteln. Im Gegenteil, je mehr wir sie unterdrücken, nicht wahrhaben wollen oder gar leugnen, umso mehr drängt sie sich durch unsere Gefühle, Emotionen, körperlichen Symptome und schicksalsbewegenden Lebenssituationen in unser Leben – denn sie ist unser Leben. Die zunehmenden psychischen Dramen, die uns die Medien tagtäglich zur Schau stellen, sind der kollektive Aufschrei der inneren Defizite unserer modernen Gesellschaft. Doch diese Dramen finden nicht nur dort draußen statt. Sie sind auch der Spiegel unserer inneren Verfassung und machen uns auf unsere eigenen seelischen Verletzungen aufmerksam, die wir in uns tragen, die letztlich auch unsere körperlichen Beschwerden verursachen und die nun endlich geheilt werden wollen. Allumfassende Heilung ist jedoch nur möglich, wenn wir uns wieder als allumfassende Wesen wahrnehmen. Wenn der Körper krankt, sind auch unsere Seele und unser Geist krank. Unsere Wesenheit lässt sich nicht teilen. Wenn wir uns um die Heilung unseres Körpers bemühen wollen, müssen wir uns ebenfalls um die Heilung unserer Seele und unseres Geistes kümmern, denn sie bilden zusammen eine Einheit. Jede seriöse Heilmethode hat ihre eigene Daseinsberechtigung und wir können mithilfe unseres Verstandes und unserer Intuition herausfinden, welcher Weg uns momentan am geeignetsten erscheint und welchem wir uns anvertrauen wollen. Wichtig ist, dass wir uns dabei nicht selbst aus der Verantwortung ziehen, indem wir dem Therapeuten den „schwarzen Peter" der Erkrankung übergeben, in der Erwartung, er möge uns gesund machen. So nach dem Motto: Geld geben – Heilleistung bekommen. Doch wir müssen auch selbst etwas leisten. Krankheit hat mit uns selbst zu tun und deshalb müssen wir uns auch unserer Selbst-Verantwortung stellen. Die besten Medikamente und Therapien können uns nicht heilen, wenn wir selbst nicht gleichzeitig Verantwortung für unser Leben übernehmen. Wie soll unser Körper heilen, wenn wir ihm keine gesunde Nahrung, Bewegung, Luft, Hygiene usw. schenken? Wie soll er heilen, wenn wir ihn nicht lieben, wenn wir ihm sein Grundelixier, die Liebe, verweigern?

„Das grundlegende Prinzip der Medizin ist die Liebe."
PARACELSUS

Die Medizin der Liebe gibt es jedoch nicht in der Apotheke zu kaufen. Sie ist völlig rezept- und kostenfrei und sie ist bereits im Überfluss in jedem von uns enthalten. Sie fließt durch unsere Adern ebenso wie durch unsere Seele und unseren Geist. Wir haben jedoch einen freien Willen, mit dem wir uns der Liebe zuwenden oder uns von ihr abwenden können. Wenn wir uns dieser inneren, wahren Liebe in uns öffnen, dann fließen wahrhaftige liebevolle Gedanken der Freude, der Harmonie, der Achtsamkeit, der Fülle, der Schönheit, der Dankbarkeit und des Friedens durch unseren Geist der Gegenwärtigkeit und ergießen sich auch in unseren Körper und in unsere Seele hinein. So fördern wir unsere ganzheitliche Heilung und werden selbst zum Heiler, indem wir den Fluss der kosmischen Heilkräfte freigeben, anstatt ihn zu behindern. – Kannst du die

Liebe in dir spüren, die alles durchströmt, die überall in dir das Leben schafft, die dich zusammenhält und deine Seele erhebt? Oder sind dir diese Gefühle im Laufe deines Lebens verloren gegangen? Fühlst du dich stattdessen innerlich eher unwohl, blockiert, unfrei, lustlos oder haben sich in deinem Geist gar Traurigkeit, Angst, Ärger, Wut, Missgunst, Hass, Eifersucht, Habgier, Selbstmitleid oder Lieblosigkeit breitgemacht? Doch wenn dein Geist mit solchen Gedanken angefüllt ist, wie kannst du da erwarten, dass dein Körper, der in der Einheit mit deinem Geist lebt, gesund sein könnte? Das eine durchdringt das andere. Wenn du über Mangel und Krankheit nachsinnst, wirst du immer mehr Mangel und Krankheit anziehen.

Gesundheit ist ein Zustand inneren Reichtums, inneren Gleichgewichts, innerer Harmonie, inneren Friedens und ein Ausdruck liebender Gegenwärtigkeit. Körperliche und seelische Gesundheit setzen voraus, dass wir auch unseren Geist gesund halten, indem wir ihn mit positiven, achtsamen, kreativen, freudigen, kraftvollen, gelassenen, friedvollen und liebevollen Gedanken anfüllen. Hätten wir dies unser ganzes Leben lang schon getan, so wäre unser Unterbewusstsein ebenfalls durch und durch mit diesen positiven Gedanken, Glaubenssätzen, Schwingungen und Affirmationen angefüllt. Dies hätte nicht nur zur Vervollkommnung der Heilungsprozesse unseres Körpers und unserer Seele beigetragen, sondern würde unseren Alltag in der Gegenwart wesentlich vereinfachen. Denn unser Unterbewusstsein wäre dann in der Lage, jedem Anflug von negativer Gedankenschwingung in unserem Geist sofort mit einer ausgleichenden Liebesschwingung zu begegnen, wodurch sich kein negativer Gedanke mehr halten könnte. Es ist wichtig, dass wir uns diese Zusammenhänge bewusstmachen, da wir im umgekehrten Falle die Heilungsprozesse in uns erheblich behindern. Leider ist genau dies bei sehr vielen Menschen der Fall. Sie machen sich buchstäblich keine Gedanken über ihre Gedanken. Sie sind sich nicht bewusst, dass alle negativen, destruktiven und lebensfeindlichen Gedanken nicht nur ihren Geist verschmutzen, sondern auch tief in ihr Unterbewusstsein eindringen. Sie haben kein Wissen darüber, dass die Verunreinigungen ihres Unterbewusstseins zu jedem späteren Zeitpunkt wiederum einen starken Einfluss auf ihren Geist haben. Sie haben keine Ahnung davon, dass sie dadurch ihrem Körper und ihrer Seele Schaden zufügen, anstatt deren Heilung zu unterstützen. Der eine oder andere mag entgegnen, dass wir, um Gut und Böse unterscheiden zu können, uns auch dem Negativen nicht verschließen dürfen. Doch darüber haben die meisten von uns mehr als ausreichende Erfahrungen gesammelt. Wir sollten uns also wahrhaftig bewusst darauf konzentrieren, welche geistige Nahrung wir in uns hineinlassen wollen, mit welcher geistigen Gesinnung wir dieser Welt gegenübertreten wollen und welche Informationen für unseren Geist wirklich wichtig sind und welche uns eher Schaden zufügen. Müssen wir wirklich jede Berichterstattung im Fernsehen bis in die detailliertesten Schrecklichkeiten gesehen und gehört haben? Haben wir nicht irgendwann einmal genug Gewaltszenen und Morde durch die zahllosen Fernseh- und Kinofilme in unser Inneres hineingelassen, um dieser Art der Unterhaltung endlich den Rücken zu kehren? Wäre es nicht an der Zeit, anstatt uns an den Auseinandersetzungen und an den Streitigkeiten irgendwelcher Doku-Soaps zu belustigen, uns um unsere eigenen Belange zu kümmern und in unserem Inneren für Harmonie und Frieden zu sorgen?

Wir haben unser Unterbewusstsein und unsere ganze Wesenheit schon mehr als genug mit all dem belastet. Jahre und Jahrzehnte haben wir uns damit selbst malträtiert und haben damit immer noch mehr Leid in uns erschaffen. Wenn wir die Selbstsabotage in uns beenden wollen, um den Weg für wahre Heilung zu ebnen, dann ist es überaus wichtig, alle erdenklichen Möglichkeiten zu nutzen, um positive Energie in uns aufzunehmen. Dies geschieht, indem wir uns nur noch auf das Positive im Leben konzentrieren, indem wir nur noch positive, lebensbejahende Gedanken in uns zulassen, indem wir in unserer Außenwelt selektieren lernen und uns vorrangig auf die Dinge, Menschen, Ereignisse, Filme, Musik usw. ausrichten, die uns gut tun, die eine positive Ausrichtung, eine gute Ausstrahlung, eine sinnvolle Information oder einen lebensfreudigen Unterhaltungswert für uns bereithalten. Doch dazu müssen wir unsere Komfortzone verlassen, mit alten Gewohnheiten brechen und uns ganz und gar auf diese neue Ausrichtung einlassen. Dabei werden neue Menschen in unser Leben treten und manche werden uns verlassen. Mehr und mehr wird sich unser Geist von all dem lösen, was der immer stärker werdenden Liebesschwingung in uns nicht mehr standhalten kann. Damit unser Unterbewusstsein unsere Neuausrichtung nicht mehr sabotieren kann, sondern sie hilfreich unterstützt, ist es wichtig, dass wir es mit positiven Affirmationen und Glaubenssätzen, die wir regelmäßig und täglich wiederholen, immer mehr auf dieselben hohen Schwingungsfrequenzen einstimmen.

„Ich bin – die Seele, die aus der Einheit des Unendlichen geboren wurde, die den Geist der Weisheit in sich trägt und die die Kostbarkeit dieser Körpererfahrung erleben darf.
Ich bin – geboren, getragen und geborgen durch die göttliche Quelle, die alles erschaffen hat und zusammenhält, was existiert.
Ich bin – in der Mitte meines Selbst ein unverwundbarer Teil dieser Einheit allen Seins. Ich bin – mir meiner selbst bewusst.
Ich bin – bereit, alles Karma in mir aufzulösen, indem ich mich der Illusion negativer Kräfte entziehe und nur die Macht des Guten anerkenne.
Ich bin – willens, mich den heilenden Kräften des Universums zu öffnen, und unterstütze die Reinigung und Heilung meines Körpers, meines Geistes und meiner Seele durch die Liebe in mir.
Ich bin – Freude, Dankbarkeit, Harmonie, Schönheit, Weisheit, Frieden.
Ich bin – Liebe!"

Vielleicht gefällt dir diese Affirmation oder du möchtest für dich selbst eine formulieren oder eine Affirmations-CD kaufen, die dich anzieht. Bedenke jedoch, dass ein Großteil der Menschen, die Affirmationen verwenden, deshalb nicht erfolgreich damit sind, weil sie diese entweder nicht regelmäßig und/oder zu wenig ausdauernd anwenden. Diese Menschen haben nicht bedacht, dass sich jahrelange oder gar jahrzehntelange negative Gedankengewohnheiten und negativ interpretierte Erfahrungen nicht von heute auf morgen beseitigen lassen. Denn diese haben sich in deren Unterbewusstsein als festgefahrene und hartnäckige Glaubensüberzeugungen verfestigt, wie z. B.: „Ich bin nicht schön." „Ich kann das nicht." „Ich kann mich über nichts mehr freuen." „Ich bin nichts wert." „Ich finde keinen Frieden in mir." „Mich hat niemand lieb." Die Neurobiologie hat zwar erforscht, dass sich neue Synapsenverbindungen in unserem Gehirn sehr rasch bilden und bereits nach 24 Stunden in der Lage sind, neue Informationen zu übertragen, doch wir brauchen Wochen und Monate, um unsere über Jahre gebildeten unterbewussten Glaubensmuster durch neue Gedanken, Erfahrungen und Glaubensüberzeugungen vollständig zu ersetzen. Deshalb ist es überaus wichtig, die Disziplin aufzubringen, seine gewählten Affirmationen über einen Zeitraum von einigen Monaten täglich beizubehalten, indem wir sie wenigstens ein Mal am Tag sprechen oder uns anhören. Wir werden für unsere Mühe und Ausdauer dadurch belohnt, dass in unserem Geist wieder positive, lebensbejahende und liebevolle Gedanken zu Hause sind, die die Grundlage für eine ganzheitliche Heilung bilden. Jeder Heilungserfolg auf der geistigen und auf der körperlichen Ebene wirkt auch heilend auf unsere Seele.

Doch bisher haben wir uns dem Thema „Heilung unserer Seele" nur aus der Perspektive des Körperlichen und Geistigen genähert. Um in das Innere, das Seelische in uns zu gelangen und um dort direkt Heilung zu finden, müssen wir wieder lernen, uns selbst, unser Selbst, uns als Seele selbst wahrzunehmen. Dies ist für uns westliche Menschen der Industriegesellschaften nicht so einfach, da wir unsere Identität meist nicht mehr aus unserem eigentlichen Sein als Seele beziehen, sondern aus den Gedankengebilden in unserem Verstand, die uns eine Scheinidentität aus der äußerlichen, oberflächlichen Vergangenheit unseres Lebens erschaffen. Unsere aus diesem Denken entstandene Illusion einer Egopersönlichkeit halten wir selbst aufrecht, indem wir einen fast unablässigen Gedankenstrom erzeugen, der zwischen den nicht existenten Gedankenwelten von Vergangenheit und Zukunft hin und her wechselt. Um diese Scheinexistenz zu verlassen und seiner wahren Seelenexistenz zu begegnen, bedarf es der Konzentration des Bewusstseins auf die Gegenwart. Wo vollständige Gegenwart ist, da ist Gedankenlosigkeit. Wo vollständige Gedankenlosigkeit ist, da ist unsere Seele. Die Schwierigkeit, dies zu praktizieren, ist die, dass es eben nichts zu praktizieren gibt. Wir sind es gewohnt, unentwegt etwas tun, etwas leisten zu müssen, irgendetwas durchdenken zu müssen oder zu wollen. Doch da gibt es nichts zu tun, nichts zu wollen und nichts zu denken. Das Wort Gedankenlosigkeit setzen wir gerne mit *Leicht-sinn-igkeit* gleich. Und im Grund genommen geht es genau darum: Der *Sinn*, der dahinter steckt, ist *Leicht-igkeit*. Unsere Seele ist *Leicht-igkeit*, sie ist schwerelos, sie wiegt nichts. Sie ist scheinbar nichts, und doch ist sie der tiefe Sinn unseres Lebens – ja, sie ist das Leben selbst. Das, was uns also so schwerfällt, ist eigentlich ganz leicht, nämlich einfach nichts zu denken – nur zu *sein*. Ein

Beispiel dafür wäre ein Leistungsschwimmer, der sich besonders anstrengt, um schnelle Bahnen zu schwimmen. Er wird sich vielleicht Gedanken machen über seinen Schwimmstil, seine Bahngeschwindigkeit, ob er eine gute Figur dabei macht, wann der nächste Wettkampf stattfindet und ob er Chancen hat, als Sieger hervorzugehen. Sein Egoverstand identifiziert sich selbst vermutlich als eine gut aussehende, sportliche, ausdauernde und erfolgreiche Schwimmer-Persönlichkeit, die in der Zukunft vielleicht sogar eine Sieger-Persönlichkeit sein wird. Dieser Schwimmer könnte sich aber auch einfach nur rückwärts ins Wasser legen, die Augen schließen, spüren, wie er vom Wasser getragen wird, wie die Sonne auf seinen Körper scheint, ohne nur einen einzigen Gedanken über diese Situation oder seine Person zu verlieren. Er könnte ganz und gar im So-*Sein* verweilen. In diesem Zustand spielt es keine Rolle, wer er seinem Egoverstand nach zu sein scheint oder nicht. Er ist einfach da und ruht in der gedankenlosen, gegenwärtigen Stille des So-*Seins*. Dieses Dahintreiben, Fühlen, Spüren des So-Seins ohne Worte, ohne Willen, ohne Gedanken, ohne Formen ist die Wahrnehmung des Seelengegenwärtigen – die Rückkehr des Bewusstseins in das gegenwärtige Selbsterkennen als Seele.

Manchmal geschieht es auch, dass wir in besonders tiefgreifenden, entscheidenden Lebenssituationen in unser Seelenbewusstsein zurückgeholt werden. So kann es bei einer lebensbedrohlichen Situation vorkommen, dass wir mit unserem Bewusstsein ganz plötzlich in die totale Gegenwart gezogen werden – ganz in unsere Mitte, in uns selbst hinein. Da spielt es dann auch keine Rolle mehr, wer wir zu sein scheinen, wie wir aussehen, was andere über uns denken, welches Selbstbild unser Egoverstand von sich hat. Je mehr unser Leben infrage gestellt wird, umso unwichtiger wird das alles und umso präsenter ist unser Bewusstsein im Hier und Jetzt. Wir werden dabei wieder vom denkenden zum fühlenden Wesen.

Doch wir brauchen nicht abzuwarten, bis das Schicksal unser Bewusstsein vom Verstand abzieht und in die Gegenwärtigkeit führt, denn sie ist immer da – in uns – und wir haben den freien Willen, dort mittels unserer Aufmerksamkeit zu sein, um Heilung zu finden – um das Leben selbst zu finden. Heilung findet in der Gegenwart des Jetzt statt, in dem auch unsere Seele lebt. Während wir uns bisher in unseren äußerlichen Gedanken in der Zeit verloren haben, können wir nun in unserem inneren Sein die Wahrheit des Lebens in der

Gegenwärtigkeit erfahren. Diese Wahrheit kann sich zunächst unangenehm, traurig oder schmerzhaft anfühlen, doch gleichzeitig ist sie umhüllt von einer machtvollen Stille der Gelassenheit, die uns einlädt loszulassen. Dieses immer mehr Loslassen aller illusionären Gedankenformen von Wollen und Müssen, Tun und Machen, Halten und Festhalten nimmt uns nach und nach die Bürde von unseren Schultern, die wir uns selbst auferlegt haben. In das Vakuum der Leere, das dadurch entsteht, fließt der Raum der Stille hinein – immer mehr, immer mehr.... Wenn wir es zulassen, füllt er uns schließlich ganz und gar aus. – Dort sind wir der Raum, in dem Leben und Heilung geschieht.

Ich bin – vollkommenes Bewusstsein.
Ich bin – der Raum, in dem das Leben stattfindet.
Ich bin – heil in mir.
Ich bin – grenzenlose, allgegenwärtige Liebe.

36 Seelenpotenzial

In jedem Menschen ist die Quelle unendlichen Potenzials vorhanden. Es gibt keine Begrenzungen außer denen, die wir mit unserem Verstand selbst erschaffen. Den meisten Menschen fällt es jedoch schwer, wenn ihnen jemand so etwas verkündet, daran zu glauben, weil ihr Verstand schon viel zu sehr auf Begrenzungen konditioniert und programmiert ist. Sie glauben lieber an das, was ihnen anerzogen wurde, was ihnen die Mehrheit vorlebt, was sie gewohnt sind und was die Wissenschaft darüber zu wissen glaubt. Doch dies alles ist in der Regel wirklich sehr begrenzt. Genauso begrenzt wie das Denken derjenigen, die schon seit so vielen Jahrzehnten darüber diskutieren, ob wir nun lediglich 5 %, 10 % oder doch eher Richtung 100 % unserer Gehirnleistung nutzen. Die Frage ist jedoch nicht, wie viel Prozent wir nutzen, sondern eher von welcher 100-%-Menge wir ausgehen? 100% von einem begrenzten Wissen entspricht vielleicht nicht einmal 0,000000001 % einer unerschöpflichen Weisheitsquelle. Was nützt uns der leistungsstärkste Computer, wenn er nur über eine sehr geringe Datenmenge verfügt und wir ihm intelligent programmierte Software vorenthalten? So bleibt der einzelne wie kollektive Verstand der scheinbar Wissenden so lange begrenzt, bis sie sich der unendlichen Weisheit des Universums öffnen, die jenseits aller Begrenzungen existiert. Solange sich der Mensch nicht seinem wahren Potenzial öffnet, bleibt er durch seine eigene Vorstellung begrenzt, die meint, er müsse sich alles selbst hart erarbeiten, indem er sich im Elternhaus, in der Schule, auf der Universität, im Betrieb, in Büchern, im Internet oder sonst wo Wissen aneignet, um dann dieses begrenzte Wissen zusammen mit seinem Hirnvermögen zu seinem möglichen Potenzial zu vereinen. Doch diese Vorstellung ist eine rein materielle und sie lässt unser unbegrenztes spirituelles Potenzial völlig außer Acht. Unser wahres Potenzial ist aber nicht das, was wir in unserem Denkapparat vereint haben, sondern es ist weit mehr als das...

Entdecke dein Seelenpotenzial, das in dir steckt. Nutze diese Inkarnation, dieses kostbare Leben, das dir geschenkt wurde, um das Bestmögliche daraus zu machen. Gehe in dich und schaue in der Tiefe deines Seins, was da gelebt werden möchte. Erkenne deine Lebensaufgabe, die sich aus lauter kleinen Lebensaufgaben zusammensetzt, z. B. der des heutigen Tages. Umarme den Lebensabschnitt des heutigen Tages, heiße ihn willkommen und lass ihn sich entfalten, wie eine Blüte, deren Potenzial durch die Strahlen der Morgensonne erweckt wird. Sieh, wie nicht nur du dich entfaltest, sondern wie sich alles um dich herum in einen strahlenden Blütenteppich verwandelt – die ganze morgendliche Wiese, in der du erwacht bist. Sei dankbar dafür und erkenne, dass das ganze Universum mit dir verbunden ist, dass alles synchron abläuft. Gehe in dich und entdecke, welches Potenzial sich heute in dir entfalten möchte. Schau, was der Tag für dich bereithält, schau in jeden Augenblick hinein, fließe in ihn hinein ohne Widerstand und entdecke in ihm die Entfaltung eines kleinen Potenzials, das durch deine Gegenwart an Größe gewinnt. Nutze deinen Verstand als Diener, anstatt ihm zu dienen. Es gibt mehr zu entdecken als zu verstehen. Entdecke die Vielfalt der Möglichkeiten, entdecke die Schönheit, die in allem verborgen ist, entdecke all das, was durch dich entdeckt werden möchte. Bleibe bei allem, was du tust, bewusst, anstatt dich den automatisierten, gewohnten Tagesabläufen hinzugeben und dich mit ihnen abzufinden. Bleibe in deiner Seelenpräsenz, damit du durch die Kraft der Gegenwärtigkeit dein volles Potenzial des heutigen Tages entdecken und erleben kannst. Hab den Mut, mehr zuzulassen, als du dir bisher zugetraut hast. Sei mutig bei allem, was du tust, denn nur der Mutige wagt sich über seine bisherigen Grenzen hinweg. Sei ein Entdecker deiner Talente und Fähigkeiten und befruchte sie mit dem Geist der Weisheit, der in dir steckt. Öffne dich dem unbegrenzten Weisheitspotenzial des Universums, an das du angeschlossen bist.

Für manchen ist dies die Verbindung mit dem heiligen Geist oder dem Geist Gottes, aus der er die Kraft der Weisheit geschenkt bekommt. Für andere ist es einfach die Weisheit einer intelligenten Schöpfung, die durch ihn wirkt, ob er sie nun benennt oder nicht. Je mehr wir uns den universellen Kräften des Kosmos öffnen, umso mehr spüren wir das enorme Potenzial, das sich uns dabei auftut. Obwohl die Wissenschaft ihre Forschungen viel zu lange in den Dienst einseitiger wirtschaftlicher Interessen gestellt hat, erwacht auch sie nun endlich in vielen Bereichen und entwickelt dort ein zunehmend spirituelles Bewusstsein. Immer mehr wird innerhalb und außerhalb der Labors erkannt, wie sich Spiritualität im Forscher wie auch im Erforschten offenbart. In fast allen Bereichen treten immer mehr Wissenschaftler hervor, die die alten Gleise verlassen und dadurch mehr und mehr Facetten des wahrhaftigen Weltbildes erkennen und uns dies präsentieren. Ihr offenes Herz öffnet ihnen die Augen für die Einsicht, dass der Geist Schöpfer der Materie ist, und lässt sie erkennen, dass spirituelle und evolutionäre Prozesse in allem ineinanderwirken. Namhafte und international berühmte Wissenschaftler haben z. B. in der Energieforschung bahnbrechende Entdeckungen gemacht. Dabei sind neue Begriffe für kosmische Energie entstanden, die sich aus den jeweiligen Ansätzen der Forschungen entwickelt haben. So spricht z. B. Ervin László vom „Psi-Feld", Gregg Braden von „der göttlichen Matrix" oder Rupert Sheldrake vom „morphogenetischen Feld". Wenn du noch ein Mensch bist, dem die Wirksamkeit geistiger Gesetzte nicht genügt, um darin Wahrheit zu erkennen, dann beschäftige dich mit diesen Forschungen, lies Bücher darüber, höre und schau dir Vorträge an, damit dein wissenschaftsgläubiger Verstand seine Beweise erhält. Doch gehe noch weiter, erlaube deinem Verstand über das Begrenzte hinauszugehen, denn auch in dir steckt ein Forscher, der Neues entdecken möchte. Nichts hätten all die Entdecker dieser Welt je erreicht, hätten sie sich nicht ständig auf unerforschtes Terrain gewagt. Nie wäre etwas außergewöhnlich Neues entstanden, wenn wir unserem Geist der Fantasie nicht erlaubt hätten, in das Imaginäre, in das Intuitive, in das Schöpferische einzutauchen. Wer glaubt, dass wir den Mayas, den Indianern, den alten Griechen, den Ägyptern usw. nur deshalb überlegen seien, weil wir heute Autos, Flugzeuge, Computer oder Ähnliches bauen können, der ist in oberflächlichen Vergleichen stecken geblieben.

Seit Tausenden von Jahren gab es Menschen, die Meisterschaft in ihrer Disziplin erlangt haben. Sie waren sicherlich meist besonders fleißig und begabt, doch der entscheidende Faktor, der sie zu mehr befähigte, der sie aus der Masse herausgehoben hat und zu Herausragendem beflügelte, der es ihnen ermöglichte, scheinbar Unmögliches zu entdecken, zu ersinnen und zu formen, war schon seit jeher jenseits des materiell Greifbaren zu finden und liegt außerhalb unserer Verstandesebene. Albert Einstein hat es sehr schön in fünf Worten zusammengefasst: „Was wirklich zählt, ist Intuition." Aber nicht nur berühmte Persönlichkeiten der Vergangenheit und Gegenwart waren bzw. sind imstande, durch ihre Intuition aus der Quelle der Weisheit und des höheren Wissens zu schöpfen. Auch wir sind dazu in der Lage und können mithilfe unserer Intuition Außergewöhnliches und Großartiges hervorbringen. Die Intuition offenbart sich auf unterschiedliche Art und Weise und wir haben ihr verschiedene Bezeichnungen gegeben wie Bauchgefühl, sechster (siebter) Sinn, Instinkt, innere Wahrnehmung, innere Stimme, Vorahnung, Hellsichtigkeit, Hellfühligkeit oder Hellhörigkeit. Viele von uns haben jedoch in unserer von Gedanken dominierten Welt meist verlernt, sie wahrzunehmen, oder messen der Weisheit, die sich ihnen durch ihre Intuition offenbart, zu wenig Bedeutung bei. Erkenne, dass deine Intuition dir die Türen zu deinem unbegrenzten Potenzial öffnet und dein Verstand dazu dienen sollte, die Intuition in Worte zu fassen, anstatt sie beurteilend wegzudiskutieren. Wachse durch das aufmerksame Beobachten deiner Intuition mehr und mehr über das reine Verstandesdenken und damit über die Materie hinaus. Je gegenwärtiger du wirst, umso mehr wird sich deine Intuition verstärken. Nur der vollkommen Gegenwärtige hat vollen Zugang zu seiner Intuition und damit die größtmögliche Chance, mit dem Maximum an universeller Kraft und wahrhaftiger Weisheit versorgt zu werden, um so die volle Fülle und ganze Größe seiner Möglichkeiten zur Entfaltung zu bringen. Wenn wir all unser Wissen und unser Können mit der all-einen Weisheit verbinden, die zu früheren Zeiten wie auch heute jedem Menschen zur Verfügung steht, wenn wir wirklich unser volles Seelenpotenzial zur Entfaltung bringen und in unsere materielle Welt integrieren, dann wird sich unser Leben zu einem authentischen und wahrhaftigen Sein verändern.

Wir leben inmitten eines revolutionären Prozesses, der sich gerade sowohl in der inneren Welt jedes Einzelnen wie in der gesamten äußeren Welt vollzieht. Jeder ist aufgerufen und befähigt, an ihm teilzunehmen. Jeder trägt seinen persönlichen Teil der Verantwortung am Gelingen dieses großen kollektiven Bewusstseinswandels, ohne den wir Menschen auf dieser Erde nicht überlebensfähig sind. Die Prophezeiungen dessen, was geschehen wird, wenn wir unseren Egoismus, unsere Gier, unseren Wachstumswahn nicht zügeln, haben uns die Weisen dieser Welt schon lange verkündet. Es offenbart sich uns heute vor unseren Augen. Während die einen jedoch noch mit geschlossenen

Augen auf den apokalyptischen Albtraum zulaufen oder mit offenen Augen fassungslos in den Fernsehapparat starren und tatenlos mit ansehen, wie sich immer mehr Katastrophenszenarien verschiedensten Ausmaßes auftürmen, sind viele andere Menschen inzwischen erwacht und haben ihr Leben auf eine bewusstere Denk- und Handlungsweise umgestellt. Es liegt an uns, ob wir unser volles Potenzial nutzen und uns ihnen anschließen, um an der Verwirklichung der Vision eines neuen goldenen Zeitalters mitzuwirken, oder nicht! Das Licht der Welt wartet auf unsere Antwort!

„Es [Licht] ist Energie und ebenso Information – Inhalt, Form und Struktur. Es bildet das Potenzial für alles."
DAVID BOHM

37 Seelenerleuchtung

"Alle Geburt ist Geburt aus Dunkel ans Licht; das Samenkorn muss in die Erde versenkt werden und in der Finsternis sterben, damit die schönere Lichtgestalt sich erhebe und am Sonnenstrahl sich entfalte."
FRIEDRICH SCHELLING

Alles strebt ins Licht. Jeder Mensch trägt die tiefe Sehnsucht nach dem Licht in sich. Wir freuen uns auf den neuen Tag, stehen vielleicht sogar früh auf, um mitzuerleben, wie er aus der Nacht geboren wird, wenn sich die Morgensonne am Horizont erhebt und Licht in die Dunkelheit bringt. Wir freuen uns auf den lichtvollen Frühling, der alles aus den dunklen Tagen des Winters erwachen lässt. Wir sehnen uns nach den Sonnenstrahlen, die nicht nur unsere Haut, sondern auch unsere Seele erwärmen. Wir alle tragen die tiefe Sehnsucht nach dem Licht in uns, und in vielen von uns erwacht die Sehnsucht immer stärker, noch viel mehr von diesem Licht, von dieser Wärme, von dieser allumfassenden Liebe, die im Licht der Schöpfung enthalten ist, in uns aufzunehmen. Viele Menschen spüren diese Sehnsucht so stark in sich, dass sie eine spirituelle Praxis wählen, um sich dem einen Licht der Wahrheit mehr und mehr zu nähern. Andere wenden sich noch viel intensiver den Wurzeln ihres Glaubens, mit dem sie aufgewachsen sind, zu und erkennen dabei immer mehr das Lichtvolle und Liebevolle, das dabei in ihnen erblüht. Doch auch viele, die bisher mit einer eher materiellen Sichtweise lebten, haben oftmals durch eine Krankheit, einen Schicksalsschlag oder ein anderes einschneidendes Erlebnis einen Wandel in ihrem Leben erfahren, der sie auf die Suche nach dem Grund ihres wahren Seins geführt hat. Bei manchen Menschen hat sich auch durch ein sogenanntes Gipfel- oder Quantenerlebnis der Standpunkt ihres Bewusstseins verändert. Diese magischen Augenblicke des Lebens erfahren wir als kurze Einblicke in die wahre Schönheit des Lebens. Sie geben uns eine Kostprobe dessen, wie sich die grenzenlose Liebe anfühlt, die alles durchdringt. Diese kostbaren Erfahrungen präsentieren sich uns wie ein Wunder, lassen uns plötzlich staunen und alles in einem ganz anderen Licht erscheinen. Wir halten inne und erleben spontan ein Naturschauspiel, einen Sonnenaufgang, einen Sonnenuntergang, einen Regenbogen, eine Begegnung mit einem wilden Tier, einen sternenklaren Himmel, die Geburt eines Kindes auf so eindrucksvolle und erhebende Weise, weil unser Bewusstsein augenblicklich wie von unsichtbaren Kräften in unsere Seelengegenwärtigkeit gezogen wird und sich gleichzeitig vollkommen mit dem Ereignis verbindet. So werden wir in diesem Augenblick ein Teil dieses Ereignisses und nehmen dadurch einen Ausschnitt dessen wahr, was bisher jenseits unserer gedanklichen Vorstellungskraft lag. Dies sind Momente der vollkommenen Glückseligkeit in unserem Leben, in denen wir die ganze Welt umarmen könnten. Sie geben uns einen flüchtigen Einblick in den Zustand der Erleuchtung.

Viele Menschen haben schon solche leuchtenden Augenblicke erlebt. Da sie meist ganz plötzlich und unerwartet geschehen und wir sie oftmals im Kontrast zu einer vorausgehenden eher dunklen, schweren oder bedrückenden Lebensphase erleben, fühlen sich diese Lichtblicke an wie das Hineingeborensein in eine neue Dimension des Lebens. Leider verblassen bei den meisten Menschen diese wahren Höhepunkte ihres Lebens wieder wie Sternschnuppen am nächtlichen Himmel und bleiben nur als lichtvolle Momente in ihrer Erinnerung zurück. Doch einige Menschen haben durch solch eine Erfahrung in ihrem Leben nicht nur kurzzeitig die Grenze ihres bisherigen Bewusstseins überschritten, um anschließend wieder in ihre gewohnte Wahrnehmung zurückzufallen, sondern sie haben dadurch einen Quantensprung in ein neues, höheres Bewusstsein ihres Lebens gemacht. Dadurch verändert sich die Wahrnehmung ihrer inneren und äußeren Welt grundsätzlich. Diese Menschen verändern dadurch auch meist ihr Leben von Grund auf, da sie selbst an den Grund ihres Lebens gestoßen sind. Ihre intuitiven Kräfte nehmen zu. So entdeckt der eine Heilkräfte in sich, der andere hellsichtige oder hellhörige Fähigkeiten. Manche werden plötzlich inspiriert, ein Buch zu schreiben, eine Melodie zu komponieren, oder fangen an, intuitiv zu malen. Einigen eröffnen sich großartige Visionen, um der Menschheit eine Idee, eine Erfindung, etwas Einzigartiges zu offenbaren. Diese Menschen schöpfen aus der unbegrenzten Fülle der Möglichkeiten des Unmanifesten. Sie sind ein Segen für unsere Welt, da sie durch ihre Anwesenheit und ihr Tun höhere Intelligenz in unsere Welt bringen und imstande sind, unsere festgefahrenen Muster aufzubrechen, damit etwas Neues entstehen kann. Sie sind die wahren Pioniere, die Hoffnungsträger und Vorreiter für das goldene Zeitalter, das sich der Menschheit gerade auftut. Allen voran gehen die Meister, denen die Gnade der vollkommenen Erleuchtung zuteilwurde. Sie sind die wahren Vorbilder und wichtige Wegweiser unserer heutigen Zeit für die notwendige Transformation der Menschheit. Ihr Auftreten ist genauso einfach und bescheiden wie die der Mystiker und Propheten vergangener Zeiten. Ihre Botschaften sind klar und deutlich und jeder, der mit seinem Herzen hinhört, erkennt die tiefe Weisheit und Wahrheit, die ihnen innewohnt. Einer von ihnen ist der indische Meister Sri Vast, der über die Erleuchtung sagt:

„Durch das Transformieren deiner selbst transformierst du die Welt. Wenn ein Mensch erleuchtet ist, dann wird die Welt dieses Menschen ebenfalls erleuchtet. In dieser Erfahrung wird alles und jeder als erleuchtet erfahren."

Viele Menschen sind heute unterwegs und suchen einen Weg, um zur Erleuchtung zu gelangen – sie wollen erleuchtet werden. Manche gehen in eine spirituelle Gemeinschaft, um dort einem Meister zu begegnen, der ihnen Inspiration und Hilfe bietet. Andere ziehen sich ganz allein zurück und versuchen im Allein-Sein die Erleuchtung zu finden. Viele lesen Bücher über Erleuchtung, um ihr durch das Wissen näherzukommen. Wieder andere verspüren zwar eine große Anziehung für das Lichtvolle, haben aber gleichzeitig auch Ängste und Vorurteile in sich, die von ihrer Erziehung, ihrem Umfeld oder ihren Erfahrungen herrühren. Viele Menschen fühlen sich auch nicht würdig genug, sich in ihrem So-Sein, wie sie sind, dem Göttlichen zu nähern. Andere wieder meinen, eine Erlösung sei nur nach ihrem physischen Tod möglich. Und viele Menschen können damit anscheinend überhaupt nichts anfangen. Doch die Bestimmung eines jeden Menschen, ob er sich dessen nun bewusst ist oder nicht, ist es, erleuchtet zu sein. Jeder Weg eines Menschen beginnt an der Quelle allen Seins und führt letztlich wieder zu diesem Ausgangspunkt zurück. Aus einer höheren Sichtweise haben wir diesen Punkt im Grunde genommen nie verlassen. Alles, was existiert, ist im Licht der Gegenwart des

Göttlichen. Nur unser Bewusstsein ist es, das sich von der allumfassenden Einheit entfernt hat, um sich als Ego selbst zu definieren und sich als solches seinen eigenen isolierten Weg in der Weite der Illusionen von Zukunft und Vergangenheit zu bahnen. In den biblischen Überlieferungen des Alten Testaments wird uns dies durch die Geschichte von Adam und Eva im Garten Eden symbolisch vor Augen geführt. Alles Leid und aller Schmerz, den wir in unserem irdischen Dasein erfahren, ist letztlich auf die illusorische Trennung von dem Göttlichen zurückzuführen. Wir werden erst dann kein neues Leid und keinen neuen Schmerz mehr für uns und andere erschaffen, wenn wir diesen Prozess umkehren, wenn wir zurückkehren in die authentische Mitte unseres wahren Seins, das in der vollkommenen Gegenwart zu Hause ist und in der oberflächlichen Unscheinbarkeit der Existenzen den inneren Glanz des Göttlichen wiedererkennt, der in allem enthalten ist. In diesem Bewusstsein ist die Liebe die treibende Kraft in uns, die unsere Gedanken, Worte und Taten bestimmt. Eine Möglichkeit, um zu erkennen, ob wir inmitten dieser Liebe angekommen sind und sie auch leben, ist es, bei allen Begegnungen mit uns selbst und anderen die Aussage des Buchtitels von Chuck Spezzano zu überdenken: „Wenn es verletzt, ist es keine Liebe." Je mehr sich die Liebe in unserem Leben ausbreitet, umso mehr verliert unser Ego die Kontrolle über uns. So wird nach und nach aus dem Egoisten wieder ein Liebender, aus dem Unbewussten wieder ein Bewusster, aus dem Suchenden wieder ein Heimkehrer.

Doch die unsichtbaren Fäden unseres Schicksals liegen nicht in unseren Händen. Wir können Erleuchtung nicht durch unsere Anstrengung, Zielstrebigkeit, Ausdauer, Disziplin oder Willenskraft herbeiführen. Erleuchtung kann niemals in der Zukunft geschehen, sondern nur im Jetzt. Wann uns dieses Geschenk des Göttlichen im Jetzt zuteilwird und ob dies noch in dieser Inkarnation geschieht, entzieht sich ebenso unserer Kenntnis, wie die Art und Weise, in der es sich vollzieht. Das Einzige, was wir tun können, um uns auf die Erleuchtung vorzubereiten, ist, unseren jetzigen Bewegungsspielraum zu nutzen, indem wir mit unseren zur Verfügung stehenden Mitteln in die geführte Richtung gehen, anstatt durch unsere andauernden Widerstände dem Leben gegenüber unser eigenes Schicksal zu behindern. Es gibt kein Patentrezept und keinen Ratgeber, der uns eindeutig und klar sagen könnte, wie wir das nun anzustellen haben. Doch wenn wir uns aufmerksam unserer Intuition zuwenden, erkennen wir im jeweiligen Augenblick, welche Schritte uns unserer Bestimmung näherbringen. Durch unsere Seele sind wir mit der uns leitenden schöpferischen Quelle verbunden und an die Weisheit des Lebens angeschlossen, die weiß, in welcher Strophe unserer Lebenssymphonie wir uns gerade befinden. Indem wir unsere alten Egogedanken loslassen und uns stattdessen der Freude, der Harmonie, dem Frieden und der Liebe zuwenden, also mit der Symphonie unseres Lebens schwingen, so, als ob wir gelassen der Kleinen Nachtmusik von Mozart lauschen, fließen wir mit der Melodie unseres Lebens dahin, in der Zuversicht und Gewissheit, dass sich unser wahres Leben zum richtigen Zeitpunkt vollständig offenbart – wie eine Lotusblüte, die in der Synchronizität zwischen dem Sonnenlicht und ihrer Bestimmung ihre wahre Schönheit entfaltet.

In den ersten neun Monaten unseres Lebens ereignet sich das Wunder der Manifestation aus dem Unmanifesten. Dies geschieht in Perfektion vollkommen ohne unser Zutun und unseren Einfluss. Ebenso entzieht sich der Zeitpunkt und der ganze Akt der Geburt unserer Kontrolle. In vollständiger Hingabe erleben wir in unserer Seelengegenwärtigkeit vollkommen egolos eine Phase bedrückender Dunkelheit, indem wir durch den Geburtskanal hindurch in das Licht der Welt hineingeboren werden und dadurch von der Dunkelheit befreit werden. Der Weg in die Erleuchtung führt uns ebenfalls durch einen Kanal der Dunkelheit, der als sehr bedrückend empfunden werden kann, uns aber in das Licht der Befreiung führt. Der Mystiker Johannes vom Kreuz, der im 16. Jahrhundert lebte, hat für diesen Prozess schon den heute noch gebräuchlichen Ausdruck „die dunkle Nacht der Seele" verwendet. Die Intensität und Dauer dieses Reinigungsprozesses, der den Menschen in seinen Grundmauern erschüttert, ihn scheinbar zerlegt und neu wieder zusammensetzt, ist bei jedem Menschen, der ihn durchlebt, verschieden. Unsere Egopersönlichkeit ist es, die dabei zerschmettert wird und durch ihren Widerstand den Prozess so dramatisch erscheinen lässt. Wir können diese Läuterung nur passiv unterstützen, indem wir versuchen, uns diesem Prozess hinzugeben wie ein Kind, das geboren wird. Durch unsere Widerstandslosigkeit erleichtern wir die Loslösung und Auflösung unseres Egos mit all seinen Anhaftungen. Doch Hingabe setzt auch Vertrauen voraus. Wahre Hingabe im spirituellen Sinne bedeutet auch, im Leben vollkommen auf die allgegenwärtige Anwesenheit einer höheren Führung und deren Unterstützung zu vertrauen. Eine der größten Herausforderungen in unserem Leben ist es, dieses Vertrauen auch dann aufrechtzuerhalten, wenn uns in einer Phase tiefster Dunkelheit diese Führung und Unterstützung scheinbar verloren gegangen zu sein scheint. Und genau dies geschieht in der „dunklen Nacht der Seele", die uns ins Licht der Wahrheit führt, in extremster Form. Besonders der spirituell Suchende, der vielleicht schon viele lichtvolle Wege gegangen ist, fühlt sich nun vollkommen von Gott abgeschnitten, er sieht und spürt nichts mehr von all dem Licht, das ihm auf seinem Weg bereits begegnet ist – nicht einmal die Liebe scheint ihm mehr geblieben zu sein. Nichts, außer dunklen Gedanken, die hochkommen, quälenden Emotionen der restlichen Egostruktur, die um ihr Überleben kämpft. Der Boden scheint wegzubrechen – nichts Gewohntes gibt mehr einen Halt. Ein wenig Trost und Hoffnung mag uns inmitten dieser Dunkelheit die Erkenntnis geben, dass auf jede Nacht ein Morgen folgt und über den dunkelsten Wolkenschichten unvermindert die Sonne scheint, um irgendwann zu uns hindurchzubrechen. Obwohl wir auf diesen Transformationsprozess, der sich auch über einen längeren Zeitraum hinziehen kann, keinen nennenswerten Einfluss haben, können wir doch mithilfe unseres Bewusstseins den uns gewährten Spielraum nutzen, um die Situation besser annehmen zu können. Anstatt unser Bewusstsein in den zerbröckelnden Resten unseres Egos zu halten und in Fassungslosigkeit, Furcht, Selbstmitleid oder Verzweiflung zu verharren, Widerstände gegen das, was uns geschieht aufzubauen oder uns darauf zu konzentrieren, wie wir aus dieser Situation entkommen könnten, ist es hilfreich, wenn wir versuchen, trotz aller Dramatik, die sich vor uns auftut, ruhig zu bleiben und das ganze Geschehen so weit als möglich aus unserer Seelengegenwärtigkeit zu betrachten. So fällt es uns leichter, die ganzen aufwallenden Emotionen, die Zweifel, die Angst, die Frustration, die Verwirrung, die Wut usw. als das zu erkennen, was nicht zu unserem wahren Sein gehört. In der Gewissheit, dass uns diese scheinbaren Bedrohungen nicht zerstören können, sind wir eher in der Lage, all dies liebevoll anzunehmen, anstatt dagegen anzukämpfen. So fällt es uns leichter, die Transformation all dessen, was transformiert werden muss, zu überstehen. Wenn der innere Sturm in uns an Stärke verliert, klart unser

Blick mehr und mehr auf und wir erkennen immer deutlicher, dass in jedem Teil der Dunkelheit bereits das Licht der Wahrheit enthalten ist. Die dualen Pole der Erscheinungen rücken zusammen als zusammengehörige Bausteine einer Einheit. Die Konturen begrenzter Gedanken werden durchlässig für neue Einsichten, die Eigenschaften wie Mitgefühl, Demut, Bescheidenheit, Geduld, Loslassen, Vertrauen, Weitherzigkeit und Liebe verstärkt hervortreten lassen. Ein beständiges Gefühl von Gelassenheit und Geborgenheit macht sich in uns breit und weitet sich immer mehr aus. Freude steigt in uns auf, ohne dass wir dazu einen besonderen Anlass benötigen. In der erwachten, vollkommenen Präsenz des Seelengegenwärtigen offenbart sich uns die wahre Schönheit unserer inneren und äußeren Welt in ihrem ursprünglichen, unverfälschten Glanz. Wir leben von nun an unser Leben aus der Kraft unseres wahren Seins heraus und empfangen dankbar jeden Augenblick unseres Lebens als ein Geschenk der göttlichen Schöpfung.

Nachwort

Es fällt nach eineinhalb Jahren des Schreibens, nach achtzehn Monaten von „DU zu DU", von „Seele zu Seele" gar nicht so leicht, Sie als Leserin oder Leser wieder mit dem förmlicheren „SIE" anzusprechen. Das „SIE" versucht, uns immer ein klein wenig aus der Seelenebene in die Welt der Persönlichkeiten zu rücken – in das, was man äußerlich darstellt, wer man als Person ist, was man gelernt oder studiert hat oder welchen Status man sonst hat. Natürlich ist gegen das Persönliche, gegen die Person, die wir darstellen, nichts einzuwenden. Jeder hat eine gewisse Position, füllt vielleicht seinen Familienstatus als Mutter oder als Vater aus, stellt eine menschliche individuelle Persönlichkeit dar und spielt eine gewisse Rolle im Leben. Ich glaube, es ist aber besonders wichtig, dass wir in diesem Spiel des Lebens unsere Rolle wirklich authentisch spielen. Damit meine ich wirklich, bei allem, was wir sind oder zu sein glauben, bei allem, was wir tun oder nicht tun, bei allem, was wir denken oder sagen, unser wahres Sein und das der anderen nicht zu vergessen. Vermutlich gelingt es Ihnen nicht auf Anhieb, Ihr Leben mit dem Bewusstsein aus dem inneren Sein heraus zu erfahren und es Augenblick für Augenblick aus dieser Gegenwärtigkeit zu erleben. Vielleicht fallen Sie immer wieder in die Position des Denkers, in den Status dessen zurück, was Ihr Ego zu sein glaubt oder vorgibt zu sein. Doch es ist wie bei allem, was wir noch nicht perfekt beherrschen – Übung macht den Meister. Die wichtigste Übung dabei ist, immer wieder aus unserem ständigen Gedankenstrom über Vergangenes und Zukünftiges auszusteigen und im gedankenfreien Raum des Jetzt anzukommen. Denn nur im Jetzt begegnen wir unserer Seele, nur im Jetzt erfahren wir uns selbst als Seele und haben die Kraft, unser volles Potenzial zu empfangen und auszuleben. So wünsche ich Ihnen von ganzem Herzen, dass sich Ihr Leben wie die schönste Lotusblume entfalten möge – ganz aus Ihrer Seele heraus – ganz aus Ihrem wahren Sein.

Angebot

Wenn Sie dieses Buch angesprochen hat, dann stellen Sie es nicht gleich ins Bücherregal, sondern schlagen Sie doch immer wieder mal ein Kapitel auf, um einen neuen Impuls zu bekommen, oder reichen Sie es an jemanden weiter. Wenn Sie noch mehr über das Thema „Seele" hören und erfahren wollen oder Sie Interesse an meinen weiteren Projekten haben, dann schauen Sie doch einfach in meine Homepage. Dort finden Sie auch eine Vorschau zu meinen aktuellen Lesungen, Vorträgen und Seminaren und erhalten Informationen über meine Angebote an Einzelcoachings. Ich würde mich sehr freuen, wenn wir uns von Mensch zu Mensch – von Seele zu Seele begegnen.

Ihr Klaus Manfred Janko

Klaus Manfred Janko
Autor – Lebenslehrer – Visionär

www.klaus-manfred-janko.de

Weitere Bücher aus dem Verlag Via Nova:

Liebe dich selbst, sonst liebt dich keiner
Ein neues Selbstwertgefühl für Frauen
Irene Goldmann

2. Auflage

Hardcover, 168 Seiten, ISBN 978-3-86616-125-2

Warum fällt es Frauen heute trotz besserer Möglichkeiten so schwer, ihr Leben glücklich zu gestalten? Dieser Frage geht die Autorin nach und kommt auf überraschende Antworten: Die Vorstellung von der Liebe als einer Art „Schlaraffenland" ist es, die verhindert, in der Partnerschaft das ersehnte Glück zu finden. Viele Frauen haben nicht genügend gelernt, sich um sich selbst zu kümmern, sich selbst zu lieben. Warum aber mangelt es Frauen an dieser Fähigkeit, die doch die Grundlage für persönliches Glück ist? Auf der Basis jüngster wissenschaftlicher Forschung erklärt die Autorin nicht nur, wie dieser Mangel entsteht. Sie macht auch deutlich, dass es möglich ist, Selbstliebe zu lernen, und begleitet Frauen auf diesem Weg. Sie zeigt ihnen, wie sie ihre Bedürfnisse optimal befriedigen, ihr Leben glücklich und sinnerfüllend gestalten und zu seiner einzigartigen Bedeutung vordringen können, um dann wirklich fähig für wahre Liebe und Partnerschaft zu werden.

Lebenskrisen meistern
Handbuch für Selbstmanagement in schwierigen Zeiten
Erika Helene Etminan

Paperback, 320 Seiten, ISBN 978-3-86616-145-0

Dieses Buch ist eine wichtige Unterstützung für Menschen, die eine schwere Lebenskrise durchleben oder die einen anderen Menschen durch eine solche Krise begleiten. Es hilft zu verstehen, was eigentlich in Krisenzeiten geschieht. Dies gilt für Krisen im privaten wie im beruflichen Leben, aber auch in Unternehmen und Organisationen. Alle wichtigen Aspekte der Krisenentstehung und Krisenbewältigung mit vielen praktischen Hinweisen und Erfahrungsberichten sind in diesem Buch übersichtlich dargestellt und verständlich erläutert. Ausführlich wird die spirituelle Dimension des Krisengeschehens erläutert und zugänglich gemacht.

Die Vision vom göttlichen Menschen
Eine spirituelle Weg-Begleitung in das neue Jahrtausend
Barbara Schenkbier

Paperback, 424 Seiten, 21 ganzseitige Bilder, ISBN 3-928632-68-X
Prachtband: Geb., 424 Seiten, Einband, Kunstleder mit Goldaufdruck,
21 ganzseitige Bilder, Zweifarbendruck, ISBN 3-928632-18-3

Das Buch ist ein umfassendes Standardwerk, das den Durchbruch einer neuen Evolutionsstufe im Bewusstsein des Menschen vorbereiten hilft. Aufbauend auf wissenschaftlichen Erkenntnissen und der mystischen Tradition aller Religionen führt es zu einem tieferen Wissen über das menschliche Bewusstsein, um dann den Weg zum göttlichen Menschen zu beleuchten. Alle wichtigen Schritte werden beschrieben, wesentliche Übungen aus einer neuen Sicht heraus dargestellt und die Transformationsstufe zu einem neuen Bewusstsein geschildert. Beim Lesen und Anwenden der beschriebenen Wahrheiten eröffnet sich dem Leser eine neue Sicht auf den Sinn des Lebens. Alle, die den geistigen Weg beschreiten, werden ihn besser verstehen, ihn bewusster, mutiger und konsequenter weitergehen. Das Buch ist aus der eigenen spirituellen Erfahrung der Autorin heraus geschrieben und eröffnet den Blick in eine Zukunft, die die evolutionäre Schöpferkraft selbst schaffen wird.

Wenn alle Menschen Freunde wären ...
Dein Beitrag für eine bessere Welt
Chuck Spezzano

Hardcover, 176 Seiten, ISBN 978-3-86616-168-9

Die Welt von heute krankt daran, dass viele Menschen nur auf ihr eigenes Wohl bedacht sind und für ihre Mitmenschen kaum einen Blick übrig haben. Spezzano macht deutlich, dass wir die Welt verändern können, wenn wir alle Menschen als Freunde betrachten. Er zeigt Wege und Möglichkeiten auf, wie wir unseren Freunden helfen und damit nicht nur ihr Leben, sondern auch unser Leben positiv beeinflussen können. Im ersten Teil wird das Prinzip der „Freunde, die Freunden helfen" anhand zahlreicher Beispiele aus der persönlichen Erfahrung des Verfassers ausführlich erläutert. Der zweite Teil bietet eine ganze Reihe von heilenden Prinzipien und Übungen, die dem Leser zeigen, wie er sich mit anderen Menschen verbinden kann, um ihnen – und damit zugleich sich selbst und der Welt – zu helfen.

Freundschaft – ein Geschenk des Lebens
Max Lang

Paperback, 240 Seiten, ISBN 978-3-86616-143-6

Was wäre unser Leben ohne gute Freunde! Wie könnte es ohne sie gelingen! Die Freundschaften sind es, die dem eigenen Dasein Fülle und Tiefe verleihen. Im Geben und im Nehmen erschließen sie menschliches Werden und Vollenden. In zahlreichen Geschichten, im Blick auf die Jahrhunderte und auf die Kulturen der Welt und die Weisheit der Philosophen erschließt er die spirituelle Dimension der Freundschaft. Als besonders hilfreich erweisen sich hierbei Impulse aus der Welt des Buddhismus. Ein eigenes Kapitel ist der Freundschaft mit alten Menschen gewidmet.

Mach mehr aus deinem Leben!
20 Schlüssel, Ausstrahlung und Attraktivität zu verbessern
Frank Ihle

Paperback, 160 Seiten, ISBN 978-3-86616-126-9

Menschen sind oft unsicher im Umgang mit sich selbst und mit anderen, fühlen sich minderwertig und haben Probleme, einen passenden Partner, eine Partnerin zu finden. Der Autor Frank Ihle erforscht seit Jahren Möglichkeiten und Wege, wie Menschen ihre Lebensqualität steigern können. Er vermittelt in diesem Ratgeber und Arbeitsbuch seine Erfahrungen und Erkenntnisse, zeigt auf, wie man mit 10 „äußeren Schlüsseln" selbstbewusst sein Aussehen und Auftreten verbessern und mit 10 „inneren Schlüsseln" Charakter, Geist und Psyche, seine inneren Werte positiv entwickeln kann. Der Leser kann sich mit Hilfe dieses Ratgebers Kenntnisse erarbeiten, sie anwenden und entsprechende Verhaltensweisen und Einstellungen trainieren, um sie bis ins Unterbewusstsein hinein als Ausdruck und Ausstrahlung seiner Persönlichkeit zu festigen. Ein klarer Aufbau, eine deutliche, eindringliche, z.T. humorvolle Sprache erleichtern das Lesen.

Räum dein Leben auf!
100 % mehr Lebensfreude
Matt Galan Abend

2. Auflage

Hardcover, 144 Seiten, 41 z.T. ganzseitige Zeichnungen, ISBN 978-3-86616-060-6

Der Mensch ist eingeschlossen in ein Gefängnis aus Konditionierungen, wie „man" zu sein hat, was „man" tut, was „man" von ihm erwartet, was „man" von ihm denkt usw. Der Mensch „kämpft" um alles und jedes, um sein Ansehen, um sein Geld, um seine Gesundheit, seine Sicherheit, seinen Arbeitsplatz oder was auch immer. Leichtigkeit, Lebenslust und Lebensfreude bleiben dabei meist auf der Strecke.Wenn wir gründlich Hausputz halten, wenn wir uns aus dem Dickicht unserer Konditionierungen befreien, wenn wir endlich aufräumen und das berühmte „Man" aus unserem Leben verbannen, wenn wir die Sorge darum verlieren, wie andere über uns denken, wenn wir die Angst überwinden, unseren Partner, unseren Job oder gar unser Geld zu verlieren, wenn wir den Maßstab in uns selbst und nicht im Außen finden, kann dies so etwas wie unsere zweite Geburt sein. Aber diese Änderung kann immer nur von innen nach außen, und niemals von außen nach innen erfolgen. Die vielen künstlerischen Zeichnungen von Annette Kramer unterstützen die eindringlichen Aussagen des Buches.

Im Einklang mit sich und der Welt leben
Die Kräfte der Natur nutzen für mehr Lebensqualität
Urs-Beat Fringeli

Paperback, 224 Seiten, ISBN 978-3-86616-179-5

Erprobte, praktische Übungen, lebensnahe Anregungen und Tipps helfen dem Leser, in sich geistige Lebens- und Heilkräfte zu entwickeln und sein Leben im Frieden mit sich und seiner Mitwelt zu gestalten. Die wachsende Sensibilisierung für Nachhaltigkeit und Schutz unserer Erde weckt in vielen Menschen das Bedürfnis, etwas konkret dafür zu tun. Dieses Buch vermittelt ein ganzheitliches Welt- und Menschenbild, eine neue „Spiritualität der Natur", die den Menschen wieder stärker in Natur und Kosmos einbindet, ihm Tatkraft, Gesundheit, Harmonie und Lebensfreude, mehr Lebensqualität schenkt.

Das Paradies in uns
Die eigenen schöpferischen Kräfte wecken
Astrid Jaritz

Paperback, 224 Seiten, ISBN 978-3-86616-183-2

Ausgehend vom schwierigen Lebensweg ihrer Mutter Margarete zeigt die Autorin, wie es jedem gelingt, trotz aller Hindernisse den alles entscheidenden Wandel herbeizuführen und „sein ganz persönliches Paradies" hier und jetzt zu verwirklichen. Ein inspirierendes und zutiefst transformierendes Buch von zwei Frauen mit der Erkenntnis: Jede Seele hat eine Botschaft, die uns zurück nach Hause führen soll, zurück zu unserer gottähnlichen Struktur, wo die Sehnsucht unserer Seele gestillt wird und dadurch alles möglich ist.

Heilgebärden
Verbindung mit dem heilenden Feld durch Bewegung und Meditation – Vorwort von Chuck Spezzano
Barbara Schenkbier

Hardcover; 160 Seiten, 42 mehrfarbige Fotos, ISBN 978-3-86616-175-7

Die Heilgebärden sind im Rahmen der Ausbildung für spirituelle Heilung inspirativ von der Autorin Barbara Schenkbier empfangen und ausgestaltet worden. Sie sind für jeden leicht durchzuführen. Achtsame Gebärden und Haltungen öffnen den Übenden für den Strom der Heilenergie aus dem heilenden Feld. Dynamische Bewegungen und Energiemassage aktivieren die Lebensenergie, so dass der Körper und die Feinstoffebenen durchströmt und geheilt werden. In der wachen Vergegenwärtigung der strömenden Heilkraft und in den Meditationen werden auch Geist und Seele angesprochen und wichtige spirituelle Grundhaltungen wie Achtsamkeit, Hingabe und Demut entfaltet.

Dein Seelenhaus
2. Auflage
Ein direkter Weg mit der Seele zu sprechen / Peter Reiter

Hardcover, 200 Seiten, ISBN 978-3-86616-062-0

Spielerisch die eigene Seele erkunden, Vorzüge und Defizite seiner Persönlichkeit in wenigen Minuten erkennen lernen und dabei auch noch Spaß und Entdeckerfreude haben – geht das? Ja, mit der hier vorgestellten und neu entwickelten Methode von Dr. Peter Reiter ist dies einfach. Nicht nur, dass Sie endlich wissen werden, welche Talente und Fähigkeiten in Ihnen schlummern, Sie erkennen in diesem Bild des Seelenhauses sofort, schnell und sicher Ihre Defizite oder Bereiche, die der Zuwendung, Entwicklung und Heilung bedürfen. Sie verändern mit dem Umbau des Seelenhauses auch Ihre Seelenmuster und von da ausgehend auch Ihre äußere Erscheinung und Ihr Verhalten zur Mitwelt. Dies funktioniert bei Ihnen selbst wie auch bei Ihren Freunden, Kindern, Partnern oder Klienten und Patienten – eine kurze Bildmeditation genügt, um das Innere zu erfassen. Es geschieht mühelos, nur über eine entsprechende Visualisation und Absicht, denn die Lebensenergie folgt den Gedanken oder Bildern.

Sich ändern – statt ärgern
Vom Umgang mit turbulenten Gefühlen
Kurt A. Richter

Paperback, 288 Seiten, ISBN 978-3-86616-124-5

Machen Sie sich fit im Umgang mit arroganten, nörglerischen, vorwurfsvollen, eifersüchtigen, rechthaberischen, neidischen und zynischen Zeitgenossen. Erkennen Sie die inneren Ursachen negativer Gefühlszustände, die Ihr Selbstbewusstsein und Ihre besten Qualitäten unterdrücken. Entdecken Sie anhand von 22 inspirierenden Gesprächen, ähnlich der Dialog-Methode von Sokrates, völlig neue Möglichkeiten, mit verbalen Tiefschlägen und turbulenten Gefühlszuständen wie Ärger, Schuldgefühlen, Streit, Sorgen, Prüfungsängsten und Schlafstörungen umzugehen. „Update your brain" heißt: Aktualisieren Sie Ihr Denken und bringen Sie Ihre soziale Kreativität auf den neuesten Stand. „Update your brain" heißt:
Update für deinen Geist ... dein Gemüt ... dein Wohlbefinden ... deine Leistungsfähigkeit ... deine Lebendigkeit ... dein Glückserleben ... deine Liebe ... deine Lebensfreude ... deine Kreativität ... deine Inspiration ... deine Leidenschaft ... deine Energie ... deinen Humor.